Helmut Lautner
Das 30-Tage-Glücks-Training

Helmut Lautner

Das 30-Tage-Glücks-Training

So genießen Sie alles,
was Ihnen über den Weg läuft

Die Deutsche Bibliothek – CIP-Einheitsaufnahme
Ein Titeldatensatz für diese Publikation ist bei der Deutschen Bibliothek
erhältlich.

Leserservice:
Wenn Sie Fragen oder Anregungen zu diesem
Buch haben, schreiben Sie uns:

TRIAS Verlag
Postfach 30 11 07
70451 Stuttgart
oder schicken Sie uns eine E-Mail:
trias.lektorat@thieme.de

Lektorat: Stefan Vieregg M.A.

Umschlaggestaltung: CYCLUS · Visuelle Kommunikation, Stuttgart

Umschlagfoto: Stock Market

Dieses Buch wurde in der neuen deutschen Rechtschreibung verfasst.

© 2000 Georg Thieme Verlag
Rüdigerstraße 14, D-70469 Stuttgart
Printed in Germany
Satz: Satz & mehr, 74354 Besigheim
Druck: Gutmann, Talheim

ISBN 3-89373-567-4   1 2 3 4 5 6

Inhalt

Kapitel 3

So programmieren Sie Ihr Unterbewusstsein auf Genuss

Vorwort

»Es kommt nicht darauf an, wo du herkommst,
die Richtung, die du jetzt einschlägst,
entscheidet darüber, wo du ankommen wirst.«

Es fühlt sich fantastisch an, wir brauchen es, wie eine Pflanze das Wasser, doch richtig vermissen tun wir es erst dann, wenn es uns abhanden gekommen ist.

Dieses geheimnisvolle Etwas scheint wie die Würze in der Suppe des Lebens zu sein, man könnte zwar theoretisch ohne auskommen, aber so richtig »schmecken« würde das Leben dann nicht, es wäre fade, ohne Tiefen und Höhen. Dieses Ding hat außerdem auch noch großartige Nebenwirkungen; zum Beispiel erhöht es unsere Immunabwehr, lässt uns Schmerzen besser ertragen, steigert unsere Kreativität und gibt uns eine Menge Energie. Das Dumme an diesem Ding ist nur, dass es sehr zurückhaltend ist und nicht von selbst vorbeikommt, genauso wenig wie sich eine Suppe selbst würzt. Man muss es suchen wie ein Trüffelschwein die Trüffel. Man braucht den richtigen »Riecher«, sprich Wissen darüber, wo man es findet, und wenn man es dann gefunden hat, gilt es, dieses Ding wie seinen eigenen Augapfel zu hüten, es zu hegen und zu pflegen, sonst macht es sich schnell wieder aus dem Staub.

Die Worte, die der Mensch diesem wundersamen Wesen gegeben hat, sind vielfältig, man kann es als »Glück«, »Lebensgenuss«, »Spaß«, »Erfüllung«, »Wohlgefühl«, »Eu-Stress«, »Flow« oder »Vergnügen« bezeichnen. Es wäre müßig, diese Begriffe eindeutig voneinander trennen zu wollen, denn im Endeffekt beschreiben sie die gleiche Sache aus verschiedenen Blickwinkeln.

> *»Jemand sollte uns darauf hinweisen,*
> *und zwar am Anfang unseres Lebens,*
> *dass wir sterblich sind.*
> *Dann würden wir unser Leben besser auskosten,*
> *jede Minute, jeden Tag.*
> *Tue es, rate ich dir.*
> *Was immer du tun willst, tue es jetzt!*
> *Es gibt zu viele ›Morgen werde ich ...‹«*
> (Michael Landon)

Glück und Lebensgenuss sind Dinge, nach denen die gesamte Menschheit von Anbeginn ihrer Existenz strebt. Lebensgenuss zu empfinden und Lebensverdruss zu vermeiden ist doch eigentlich das, worum es im Leben überhaupt geht: Ganze Philosophierichtungen, Religionen, große Denker und Dichter haben sich mit diesem Thema bis zur Erschöpfung beschäftigt. Nach Jahrtausenden müsste eigentlich genügend Wissen über die Sache vorhanden sein, weshalb also fällt es den meisten Menschen so schwer, diesen offensichtlich erstrebenswerten Zustand täglich zu erreichen?

Nun, unter anderem deshalb, weil wir in einer Zeit leben, in der alles leicht und ohne Anstrengung gehen muss. Fühlen wir uns nicht wohl, nehmen wir Pillen, denn das ist die leichteste Art, diesen Zustand zu überdecken. Neu angepriesene Schlankheitsmethoden haben dann den größten Erfolg, wenn man möglichst nur Wunderpülverchen ohne großen Aufwand zu schlucken braucht und der durchtrainierte Körper sich wie von Zauberhand selbst herausformt. »In 14 Tagen zur Traum-Bikini-Figur«, »So erreichen Sie in nur 6 Monaten Ihre erste Million« oder »In 60 Tagen einen athletischen Körper« sind Schlagzeilen, die die Auflagen von Zeitschriften in die Höhe schnellen lassen. Obwohl eigentlich jeder, der im Vollbesitz seiner geistigen Kräfte ist, weiß, dass diese Versprechungen nicht in Erfüllung gehen können, werden diese Zeitschriften sehnsüchtig gekauft, leben ganze Industrien und Heerscharen von Quacksalbern davon. Nichts dafür tun und möglichst alles haben ist die Devise, die dahinter steckt. Eine Philosophie, die von Anfang an zum Scheitern verurteilt ist, jeder weiß es und jeder glaubt insgeheim: »Vielleicht geht es ja doch ...«

Wie sieht es aus mit *Ihrem* täglichen Glück und Lebensgenuss? Meinen Sie, so etwas müsse überraschend auftauchen? Glauben Sie, das »Schicksal« wäre dafür zuständig? Gehören Sie zu jenen, die ein Buch wie dieses nur schnell überfliegen und dann geduldig darauf warten, dass jetzt die große Kehrtwende in Ihrem Leben einsetzt? In meinem ersten Buch »Nimm Dir einfach mehr vom Leben«, das im gleichen Verlag erschienen ist, habe ich meinen Lesern den Satz *»Die wesentlichen Dinge im Leben sind einfach«* ans Herz gelegt. Damit wollte ich sagen, dass sich jeder in seinem Leben eine Menge Stress, Unzufriedenheit und Verdruss ersparen kann, wenn er sich kompromisslos an diese drei einfachen Regeln hält.

Regel 1
Genieße alles, was dir über den Weg läuft!

Regel 2
Wenn du etwas nicht genießen kannst, ändere es!

Regel 3
Wenn du etwas nicht genießen oder ändern kannst,
akzeptiere es so, wie es ist!

In meinem ersten Buch habe ich gezeigt, wie man etwas ändert und wie man etwas, das nicht änderbar ist, akzeptiert. Der Weg dahin ist ganz einfach, was jedoch nicht heißt, dass man nichts dafür tun braucht. Man muss nur verstehen, dass das Leben eigentlich sehr unkompliziert ist, wenn man ihm eine positive Grundeinstellung entgegenbringt und die Sache anpackt.

Dieses zweite Buch, das Sie nun in Händen halten, habe ich für Leute geschrieben, die sich entschieden haben, ihr Leben zukünftig zu genießen, die bereit sind, die Verantwortung für ihr Glück, für ihren Lebensgenuss zu übernehmen und die erkannt haben, dass das etwas mit Tun, Machen und Aktivwerden zu tun hat und nicht mit Warten, Schicksalsergebenheit und Passivität.

»Aktivwerden« heißt, sich nicht nur das nötige Wissen anzueignen, sondern dieses Wissen auch *sofort* praktisch anzuwenden.

Beide Komponenten – Wissen und praktische Anwendung – sind untrennbar miteinander verbunden. Wissen ohne praktische Anwendung ist wertlos, führt zu einem Wasserkopf, voll mit Theorien. Praxis ohne das dazu nötige Wissen wiederum führt zu Chaos, Misserfolg und Unzufriedenheit mit dem Ergebnis. Deshalb finden Sie in den ersten Kapiteln dieses Buches das Wissen, das Know-how, das Sie brauchen, um Ihrem Lebensgenuss auf die Sprünge zu helfen. Die letzten Kapitel sind dem Thema »Verändern« und »Verlassen eingefahrener Bahnen« sowie der praktischen Anwendung in 30 Tagen gewidmet.

Mit guten Vorsätzen ist der Weg zur Hölle gepflastert: Kein Auto fährt, wenn Sie sich lediglich vornehmen, damit zu fahren, keine Rakete startet, wenn Sie nur vorhaben, sie zu zünden, und kein Buch hat irgend eine Wirkung auf Ihr Leben, wenn Sie es nur lesen und zustimmend nicken. Auf diesen Umstand werde ich Sie im Laufe dieses Buches immer und immer wieder hinweisen, selbst auf die Gefahr hin, dass ich mich wiederhole. Kein Mensch hat auf diesem Planeten jemals etwas geändert oder in Gang gebracht, indem er nichts getan hat!

Also tun Sie es endlich, werden Sie aktiv, das Glück liegt auf der Straße, wie ein altes Sprichwort sagt, Sie können es aufheben oder liegen lassen, das bleibt ganz Ihnen überlassen ...

Kapitel 1
Leben Sie Ihr Leben

Leben nach eigener Regie

»Verlierer leben im Eines-Tages-werde-ich-Land ...
Gewinner leben jeden Tag so, als ob es ihr letzter wäre!«
(Denis Waitley)

Zwei Männer wandern mitten in der Wüste auf einer Eisenbahn-
schiene entlang. Stundenlang gehen Sie von Schwelle zu Schwelle.
Plötzlich hören sie hinter sich einen Zug kommen. Sie beginnen
schneller, immer schneller zu laufen, doch der Zug kommt mit
hohem Tempo immer näher. Da keucht der eine schweißgebadet
zum anderen: »Wenn jetzt nicht sofort eine Abzweigung kommt,
sind wir verloren!« ...

Ziemlich alter Witz, werden Sie jetzt möglicherweise denken,
vielleicht schießt ihnen aber auch durch den Kopf: »Wie kann man
nur so blöd sein, die brauchen doch nur von den Gleisen zu gehen
und das ganze Problem existiert nicht mehr!« Und mit dieser Erkenntnis haben Sie eine fundamentale Lebensweisheit entdeckt.
Viele Probleme im Leben eines Menschen entstehen dadurch, dass
er vorgegebenen Bahnen folgt, ohne zu merken, dass es auch noch
andere, leichtere und effektivere Wege gibt. Wege, die ihm Möglichkeiten eröffnen, von denen er, so lange er sich auf seinen ge-
wohnten Gleisen bewegt, nur träumen kann.

Eingefahrene Bahnen geben dem Leben zwar
eine gewisse trügerische Sicherheit,
aber sie versperren dummerweise
den Blick für Chancen und Lösungen.

Wie steht es mit Ihnen? Wie sehen Ihre »Gleise« aus? Was hält Sie davon ab, neben die Gleise zu treten? Oder andersherum gefragt, weshalb haben Sie sich eigentlich dieses Buch zugelegt? Nun, tauchen wir doch einmal ein in die Materie, von der dieses Buch handelt. Was ist das Wertvollste, das Sie besitzen? Ich hoffe, Sie brauchen bei dieser Frage nicht sonderlich lange nachzudenken, denn es kann darauf nur eine Antwort geben:

Ihr Leben und Ihre Freude daran!

Nichts auf der Welt kann für Sie wichtiger sein. Ihr Beruf kann es nicht sein, denn er ist nur ein winziger Teil Ihres Lebens, Ihr Partner kann es nicht sein, denn er gehört zwar zu Ihrem Leben, aber er *ist es nicht*, Ihre Kinder können es nicht sein, denn Ihr Leben ist die Grundvoraussetzung dafür, dass sie überhaupt das Licht der Welt erblickt haben, und die Probleme, mit denen Sie sich auseinander setzen, sind es nicht, denn kein einziges auch noch so gravierendes Problem lässt sich durch den Preis eines weggeworfenen Lebens lösen, nicht ein einziges!

Das Wertvollste, das Sie je auf dieser Welt besitzen können, ist Ihr Leben und Ihr Lebensgenuss. Es liegt an Ihnen, diese Erkenntnis zu Ihrem Lebensstil zu machen. Wenn Sie es wollen, können Sie alles das, was wir uns gemeinsam auf diesen Seiten bedruckten Papiers erarbeiten, nutzen. Übernehmen Sie die Verantwortung für Ihre Welt, bekommen Sie sie in den Griff, gestalten Sie Ihr Leben, anstatt es abzusitzen. Und auf die Frage, wann Sie das alles tun werden, gibt es nur eine Antwort:

»Jetzt sofort!«

Dr. Denis Waitley hat dafür den Namen »Action TNT« geprägt. TNT ist, wie Sie wissen, einer der stärksten Sprengstoffe, und wenn man die Abkürzung mit »Today Not Tomorrow!« (Heute, nicht morgen!) übersetzt, dann wird verständlich, welche Kraft dem »Jetzt sofort!« innewohnt: Es ist der Sprengstoff, der Sie in Ihr neues Leben katapultiert, das Dynamit, das die Hindernisse aus Ihrem Weg räumt, und das Feuerwerk, das Ihr Leben zum Glitzern bringt.

»Die Zeit geht an mir vorüber,
und ich habe den tiefen Wunsch,
irgendetwas zu tun,
was ich nicht näher erklären kann.«
(Raymond Hull)

Geht es Ihnen nicht auch manchmal so, dass Sie das Gefühl haben, irgendetwas in Ihrem Leben ändern zu wollen, ohne so genau zu wissen, was es ist? Eine vage Unzufriedenheit, ein neidvoller Seitenblick auf andere, in späteren Stadien psychosomatische Beschwerden, »Krisen« und belastende Gefühle aller Art sind meist die Hinweise darauf, dass ein oder mehrere Lebensbereiche nicht »passen«. Viele Zeitgenossen lassen es bei dieser vagen Unzufriedenheit, bei dem Gefühl, dass das eigentliche Leben an ihnen vorbeirauscht, bewenden. Sie sitzen ihre Zeit auf dieser Erde ab, vergeuden die Tage damit, zu jammern, zu klagen und andere zu beneiden, und sind mehr oder weniger froh, wenn sie dieses irdische Jammertal hinter sich gelassen haben. Andere machen sich die Mühe, den zweiten Schritt zu wagen, indem sie nachforschen, was es denn mit ihrer Unzufriedenheit auf sich hat, welche Lebensbereiche denn dafür ausschlaggebend sind. Nach gar nicht langer Suche werden sie fündig:

- Es ist der Beruf, der ihnen keine Freude macht.
- Es ist der Partner, den sie eigentlich nicht lieben.
- Es ist das Geld, das hinten und vorne nicht ausreicht.
- Es ist das Land, in dem sie leben, das ihnen vom politischen System, der Landschaft oder aufgrund des Klimas nicht gefällt.
- Es ist ihr Aussehen, ihr Auftreten, das sie am liebsten verstecken möchten.
- Es ist ihr Tagesablauf, der sie nur noch anödet ...

Sie wissen, an was es liegt, und dennoch bleibt ein Großteil von ihnen in diesen Lebensbereichen stecken, denn sie wissen nicht, wie man mit Frustrationen umgeht, wie man »Ich kann nicht« ablegt, wie man Probleme löst, wie man sich Ziele setzt, wie man selbsterfüllende Prophezeiungen in Gang setzt, wie man seinem Leben eine Richtung gibt!

Wie viele Menschen bleiben in festgefahrenen Bahnen, die ihnen nichts als Verdruss bringen – wie viele? Und weshalb klammern sie sich so leidenschaftlich an diesen Verdruss? Nun, dafür gibt es sicher mehrere Gründe; vielen fehlt beispielsweise einfach das nötige Wissen, Wissen aber bedeutet Macht, die Macht, sein Leben zu ändern!

Wollen Sie überhaupt aktiv werden?

Wenn Sie das Wissen darüber, wie Sie Ihr Leben ändern können, hätten, was würden Sie damit tun? Würden Sie diese Macht nutzen, um Ihr Leben zu einem Dasein voll von Genuss umzugestalten, oder sind Sie einer von diesen *Ich-weiß-wie-es-geht-aber-meine-Trägheit-geht-mir-über-alles-Menschen*, die immer nur »versuchen«, etwas zu ändern? Was nützt Ihnen ein 600 PS starker Sportwagen in der Garage, wenn es Ihnen schon zu viel Arbeit ist, den Zündschlüssel ins Schloss zu stecken? Wenn Sie eh nicht vorhaben, damit zu fahren, nützt Ihnen ein 600-PS-Motor genauso viel, wie einer mit lediglich 30 »Pferdchen«, nämlich gar nichts. Und wenn Sie nicht vorhaben, Wissen anzuwenden, dann ist jeder Wissenserwerb und damit auch dieses Buch für Sie unsinnig, denn es hat keinen »Sinn« und dient damit keinem Zweck.

Deshalb lassen Sie uns einen Blick auf Ihr Leben werfen, auf Ihr Leben, wie es im Moment ist, und wie es sein könnte. Ihr Leben ist etwas Einmaliges, etwas Unwiederbringliches, etwas, dem Sie deshalb mit hoher Achtung und Sorgfalt begegnen sollten. Lernen Sie, Ihre Zeit, die Sie hier auf diesem Planeten verbringen, zu schätzen; jede noch so kleine Zeiteinheit, in der Sie nicht das Beste aus Ihrem Leben gemacht haben, wird Ihnen eines Tages fehlen, und es wird keine Chance geben, sie zurückzuholen. Verplempern Sie Ihr Leben nicht – leben Sie es!

Um ein Leben zu leben, bedarf es einer bestimmten Lebensführung und um diese Lebensführung anzusteuern, eignen sich zwei Fragen:

Frage 1:
Wie würden Sie Ihr Leben ändern, wenn Sie wüssten,
dass Sie nur noch ein Jahr zu leben hätten?

Frage 2:
Was würden Sie in Ihrem Leben ändern, wenn Sie
die Garantie hätten, dass dabei nichts schief gehen könnte?

Zugegeben, diese Fragen haben es »in sich«. Diese Fragen zeigen Ihnen schonungslos die Wahrheit über Ihr bisheriges Leben auf. Diese Fragen helfen Ihnen aber auch, zu erkennen, wie sich ein Leben führen lässt, das mit Sinn und Genuss ausgefüllt ist. Ein Leben, in dem die Erkenntnis *»Wenn ich noch einmal leben könnte, dann würde ich alles ganz anders machen!«* ebenso wenig Platz hat, wie die neidischen Blicke auf andere und deren Lebensstil. Es gibt keinen Mangel an Gelegenheiten, so zu leben, dass dabei ein Maximum an Genuss entsteht – aber vielen Leuten mangelt es an Entschlusskraft, ihre Erkenntnis in die Tat umzusetzen.

> *»Nur ein Erfolg zählt wirklich:*
> *Das Leben nach seinen*
> *eigenen Vorstellungen leben zu können!«*
> (Christopher Morley)

Und diese mangelnde Entschlusskraft hat zur Folge, dass nicht wenige Zeitgenossen morgen mit Bedauern auf das Heute zurückblicken, weil sie das, was sie heute hätten tun können, nicht getan haben. Und morgen werden sie wieder zögern und zaudern, damit sie wieder mit Bedauern zurückblicken können – und nach einer langen Kette von »morgen« werden sie die Bilanz ihres Lebens in Händen halten, eine Bilanz, die bei weitem nicht den Gewinn ausweist, den sie hätten haben können.

Hand aufs Herz, was könnte Sie daran hindern, Ihr Leben nach eigenen Vorstellungen zu gestalten? Haben Sie sich darüber schon einmal Gedanken gemacht? Ist es der Beruf, den Sie haben und nicht aufgeben können, weil Sie die Arbeit haben *müssen*? Ist es die Gesellschaft, welche Sie durch Werte und Normen in Ihrer Selbstverwirklichung behindert, Werte und Normen, denen Sie entsprechen *müssen*? Ist es Ihr Kontostand, der Sie davon abhält, Ihr Leben zu genießen, weil Sie zu Ihrer Sicherheit eine bestimmte Menge Geld haben *müssen*?

Nein, es ist *nicht* Ihr Job, es ist *nicht* die Gesellschaft, in der Sie leben, es ist auch *nicht* Ihre aktuelle Lebenssituation, egal, wie sie auch beschaffen sein mag. Es sind vielmehr zwei Faktoren, die einzig und allein von Ihnen abhängen: *Ihre Trägheit und Ihre Angst!*

Ich bin schon vielen Menschen begegnet, deren Leben nicht so lief, wie sie sich das vorstellten. Auf die Frage, weshalb sie denn nichts ändern, hörte ich immer wieder die gleichen Begründungen: Entweder änderten sie nichts, weil »es nicht einfach sei!« oder weil sie dadurch »Ihre Sicherheit« gefährden würden. »Das ist aber nicht einfach!« mag Ihnen jetzt durch den Kopf schießen. Was nützt Ihnen dieser Satz? Sie benötigen diesen Satz nicht, um ein Ziel in Angriff zu nehmen.

**Wann immer Sie etwas erreichen wollen,
wann immer Sie etwas in Ihrem Leben ändern wollen,
stellt sich nicht die Frage, ob es einfach oder schwer ist,
sondern ob Sie es wollen oder nicht!**

»Das ist aber nicht einfach!« Mit diesem unscheinbaren Sätzchen lässt sich ein Leben voll von Behinderungen arrangieren, ein Leben, das im Großen und Ganzen »nicht einfach« war.

*»Deine Einstellung zum Leben wird
entweder zur Behinderung oder katapultiert dich
geradewegs zum Erfolg!«*

»Das ist nicht einfach!« hat keinen Sinn außer dem, Ihre Kraft zu bremsen. Deshalb ist es auch der Lieblingssatz aller Zauderer und Zögerer, aller derjenigen, die nur mit gebremster Energie an Herausforderungen herangehen – und scheitern.

Konzentrieren Sie sich bei anstehenden Aufgaben nur auf die Mittel, die Sie zur Lösung benötigen. Umgesetzt auf Ihren Lebensgenuss bedeutet dieses einfache Prinzip, dass Sie sich auch hier nur auf diese Denkweisen, Gefühle und Verhaltensweisen konzentrieren, die Ihnen Genuss bringen und Ihnen nutzen, Ihr Ziel zu erreichen. Nehmen wir an, Sie möchten abnehmen und Ihren Körper in Schuss bringen, was nützt Ihnen dabei die Erkenntnis, dass das nicht leicht sei? Nehmen wir an, Sie möchten sich beruflich selbstständig machen, wie viel Hilfe erfahren Sie dabei durch ein »Das ist aber nicht einfach!«? Oder stellen Sie sich vor, Sie haben sich endlich durchgerungen, sich nach jahrelangem Martyrium von Ihrem Partner zu trennen. Sie benötigen eine neue Wohnung, einen neuen Job, einen eigenen Wagen und deshalb eine gewisse Summe Geld. Was davon werden Sie mit dem Gedanken »Das ist alles nicht so einfach!« erreichen? Egal, wie oft Sie dieses »Das ist aber nicht einfach!« denken, egal, auf welches Problem dieser Gedanke auch bezogen ist, sie werden immer nur eines damit erreichen: *absolut nichts!*

Dieser Gedanke gehört in die gleiche Kategorie wie die bekannte »Warum?«-Fragerei, das »Ja, aber ...« und wie sie alle heißen mögen. Die Bezeichnung dieser Kategorie lautet: *Es-kommt-nichts-dabei-heraus-außer-Verdruss.*

Der Zauderer und Zögerer

Vor Jahren traf ich bei einem Seminar einen Mann, nicht wesentlich jünger als ich, der in seiner beruflichen Entwicklung an einem Nullpunkt angekommen war. Es stellte sich heraus, dass er einen Beamtenjob hatte, in dem er allerdings außer der damit verbundenen »Sicherheit« keinerlei Sinn sah. Jeden Arbeitstag verbrachte er damit, in einem Büro zu sitzen und Dinge zu tun, die ihm langweilig und sinnlos erschienen. Jeden Tag konnte er zusehen, wie sein Leben um einen Tag abnahm, einen Tag, der zum Großteil mit für ihn sinnloser Tätigkeit vergeudet war. Aus den Tagen wurden Wochen, aus den Wochen Monate und aus den Monaten Jahre; Jahre, angereichert mit Langeweile und Sinnlosigkeit. Es war alles andere als das, was ich unter einem erfüllten Leben verstehen würde. Seit geraumer Zeit litt er zudem an diffusen psychosomatischen Beschwerden und die Depression klopfte auch ab und zu an seine Tür. Ein Zustand also, der schnellstens der Änderung bedurfte. Was aber tat er? *Nichts!* Er sah nur zu, wie seine Lebenszeit täglich um 24 Stunden abnahm.

Wir unterhielten uns während des Mittagessens über seine Situation, über seine Unzufriedenheit und seine Ziele. Es zeigte sich, dass er sich über seine Situation bereits Gedanken gemacht hatte, er hatte auch schon so etwas wie ein Ziel ins Auge gefasst, nämlich den Sprung in die Selbstständigkeit. Sein Hobby, an dem er viel Freude hatte, war der Umgang mit Computern. In seiner Freizeit hatte er sich beachtliches Wissen und Geschick in diesem Bereich angeeignet und war damit durchaus in der Lage, dieses Hobby zum Beruf auszubauen. Aber er zögerte und zauderte, anstatt seine Zeit zu nutzen. Es dauerte gar nicht lange und der »Zaudererlieblingssatz« entfleuchte seinem Mund: »Weißt du, eigentlich möchte ich mich selbstständig machen, mein eigener Herr sein und beruflich die Dinge tun, die mir Spaß machen, *aber das ist nicht einfach!*« Da war er wieder, in seiner vollen Pracht, dieser Satz, der für so viele nicht gelebte Zeit verantwortlich ist, das Glaubensbekenntnis aller Zögernden, die Vereinssatzung des Klubs der Zaudernden. Und als ob es noch nicht gereicht hätte, kam, ohne dass er Luft holte, gleich das Sicherheitsargument: »Ich würde dann doch meine Sicherheit aufgeben, einen sicheren Arbeitsplatz, meine Beamtenrente. Woher soll ich denn wissen, ob ich nicht Schiffbruch mit meiner Selbstständigkeit erleide?«

Wie wir schon gesehen haben, sind es zwei Faktoren, mit denen Sie sich hindern, ein Leben nach Ihren Vorstellungen zu führen. *Die Trägheit* folgt unmittelbar auf den Satz »Das ist nicht einfach!« und *die Angst* entsteht aus dem überzogenen Sicherheitsdenken. Mit »Das ist nicht einfach!« haben wir uns bereits beschäftigt, nehmen wir nun die Angst und damit das Sicherheitsdenken als hemmenden Faktor etwas genauer unter die Lupe.

> »*Du kannst keine neuen Ozeane entdecken,*
> *wenn du dich nicht traust,*
> *das Ufer aus den Augen zu verlieren!*«
> *(Sprichwort)*

Was ist denn überhaupt das, wonach so viele Menschen streben, diese vielbegehrte »Sicherheit«? Gibt es sie in einer Welt der Wahrscheinlichkeiten überhaupt oder handelt es sich dabei lediglich um ein theoretisches Konstrukt? Und wenn es sie wirklich gibt, welcher Preis ist dafür zu zahlen und bis zu welcher Höhe ist dieser Preis überhaupt sinnvoll?

Betrachten wir zur Beantwortung dieser Fragen noch mal unseren Zauderer, den Beamten. Die Sicherheit, die er jetzt im Augenblick hat, besteht aus einem unkündbaren Arbeitsplatz, das heißt monatlich in regelmäßigen Abständen einen bestimmten Betrag auf dem Gehaltskonto und der »Sicherheit«, im Alter eine Rente zu beziehen. Sie haben vielleicht bemerkt, dass ich Sicherheit in Anführungs- und Schlusszeichen gesetzt habe, denn die Frage ist, ob er jemals das Alter erreichen wird, in dem er seine Rente kassieren kann. Gibt es dafür eine Sicherheit? Hat er irgendeine Bestätigung, die ihm garantiert, dass er sein Rentenalter erreichen wird? Und wenn er es erreicht, wie lange darf er sich dann an seiner »sicheren« Rente erfreuen? Wie Sie leicht erkennen können, wird die heiß geliebte »Sicherheit« durch ein paar einfache Fragen sehr schnell zur gar nicht mehr so sicheren Wahrscheinlichkeit. Es gibt nur eine einzige Sicherheit in Ihrem Leben, nämlich die, dass es eines Tages zu Ende sein wird und dass sich kein einziger Tag, kein einziger Monat und kein einziges Jahr Ihres Lebens wiederholen lässt.

> *»Wenn Sie jetzt Ihr Leben nicht bewusst leben,*
> *werden Sie keine Möglichkeit haben,*
> *es noch einmal zu wiederholen*
> *um es dann besser zu machen,*
> *so viel ist sicher!«*

Wie hoch ist also der Preis, den Sie für eine Sicherheit, die in der Realität so nicht existiert, bezahlen möchten? Würden Sie dafür wirklich Ihren Lebensgenuss opfern? Würden Sie dafür in Kauf nehmen, am Ende Ihres Lebens mit Bedauern auf die vergebenen Chancen zurückzublicken in dem Bewusstsein, jede Möglichkeit gehabt und keine davon genutzt zu haben? Ist es das wirklich wert, nur um eine trügerische Sicherheit zu besitzen, die sich jederzeit in Nichts auflösen kann?

Leben heißt nicht »vegetieren«

Kein Fortschritt, kein Genuss ist ohne eine gewisse Unsicherheit möglich. Fortschritt heißt, sich in die Richtung des Unbekannten zu bewegen, und Genuss bedeutet, sich auf etwas einzulassen, was morgen schon zu Ende sein könnte. Es wäre absurd, sich deswegen nicht vorwärts zu bewegen oder nichts zu genießen. Wenn Sie das vorhaben, wäre es sinnvoller, sich gleich nach der Geburt zu erschießen, denn mit dieser Einstellung bestünde der ganze Sinn des Lebens darin, den Körper etwa 70 Jahre lang zu ernähren, mit dem Endergebnis, dass er doch stirbt. Ein Tod gleich nach der Geburt würde also eine Menge an Arbeit und Nahrung einsparen, denn im Endeffekt dient die Arbeit nur dazu, um Nahrung für den Körper kaufen zu können, der ganze Aufwand der Ausbildung dient nur dazu, um Arbeit zu finden. Zwölf Jahre Schulbildung, etliche Jahre Berufsausbildung, nur um innerhalb von 70 Jahren Tonnen von Gemüse, Fleisch und anderen Nahrungsmitteln kaufen zu können, für einen Körper, der dann irgendwann doch seinen Geist aufgibt! Welch eine Verschwendung!

Möglicherweise finden Sie meine Ansichten etwas sarkastisch, aber ist es nicht wesentlich sarkastischer, dass nicht wenige Ihrer und meiner Zeitgenossen mit genau dieser Einstellung durchs Leben rennen? Sie äußern diese Einstellung zwar nicht so deutlich, aber ihr Lebensstil lässt leicht darauf schließen. Weshalb sonst sollte ein Mensch ein Leben, mit dem er nicht zufrieden ist, weiterhin auf die gewohnte Art und Weise führen? Weil ihn die Umstände, die Gesellschaft oder das Schicksal dazu zwingen? Wenn Sie dieses Buch bis jetzt richtig gelesen haben, wissen Sie genau, dass es nicht so ist. Sie wissen, welche immense Kraft menschliche Einstellungen und Vorstellungen haben und Sie wissen, wie sich damit Lebensumstände und so genanntes Schicksal beeinflussen lassen. Ziehen wir als Beispiel unseren Beamten wieder heran. Unser damaliges Gespräch dauerte etwa 20 Minuten, danach ging jeder von uns wieder seiner Wege. Nach zwei Jahren traf ich ihn wieder auf einem Seminar, ich erkannte ihn nicht gleich, denn er war in diesen zwei Jahren optisch ziemlich gealtert. Und wieder kamen wir beim Mittagessen ins Gespräch, natürlich interessierte mich, was er inzwischen auf die Beine gestellt hatte. Und die

Antwort, die ich auf meine Frage bekam, war ein lethargisches »*Nichts!*«.

Ich erfuhr weiterhin, dass er inzwischen massive psychosomatische Störungen hatte, seine Partnerschaft durch vielfältige Konflikte gefährdet sei und die Depression nicht nur ab und zu an seine Tür klopft, sondern bereits Dauergast in seinem Haus bzw. Kopf ist. Sein Job kotze ihn nur noch an, aber er sei inzwischen in einer Therapiegruppe, wo er sich seinen Frust von der Seele reden könne, berichtete er mit fast so etwas wie Stolz, und das Reden täte ihm wirklich gut! Er war unten, sehr weit unten, aber anstatt jetzt etwas zu ändern, redete er nur. Er sah zu, wie seine Gesundheit langsam, aber sicher »den Bach hinunterging«, er sah zu, wie er tagtäglich einen Job erledigte, den er hasste, er sah zu, wie sich seine berufliche Unzufriedenheit auf sein Privatleben übertrug und Einzug in seine Beziehung zu einem geliebten Menschen hielt, und er sah zu, wie seine Depressionen prächtig gediehen. Und nachdem er dabei ausgiebig zugesehen hatte, redete er darüber ...

Das war der Preis, den er für seine »Sicherheit« bezahlt hatte; mehrere Jahre ein Leben gelebt, das bei weitem nicht dem entsprach, was er sich wünschte, Gesundheit ruiniert, Partnerschaft gefährdet und die verbleibende Zeit damit verbracht, darüber zu reden. Aber er hatte einen Job, der absolut »sicher« war, ein Job, der ihm »Sicherheit« bis ans Grab versprach, ein Job, mit dem auch die Finanzierung eines teuren Grabsteins kein Problem darstellte. Auf einem derart exklusiven Grabstein wird sich sicherlich so viel Platz finden, dass man darauf mit natürlich nicht gerade billigen Buchstaben den Satz schreiben kann:

»Hier liegt einer, der mit Sicherheit
einen großen Teil seines Lebens vergeudet hat.«

Ich weiß, ich bin sarkastisch ... Wie wär's denn damit?

»Ich habe nur ein Leben und lebe jeden Tag nur ein einziges Mal.
Das Beste für mich dabei herauszuholen ist mir jedes Risiko wert!«
(Josef Kirschner)

Wie hoch ist der Preis, den Sie am Ende Ihres Lebens bezahlen werden, wenn Sie nicht jede Möglichkeit nutzen, so zu leben, wie es Ihren Vorstellungen entspricht? Haben Sie sich darüber jemals Gedanken gemacht? Wenn nicht, dann tun Sie das jetzt! Fragen Sie sich, ob Trägheit und Angst die Kompassnadeln sind, an denen Sie Ihr Leben ausrichten möchten, ob sie es wert sind, ein nicht mehr wiederholbares Leben daran zu orientieren. Und wenn Sie zu dem Schluss kommen sollten, dass Trägheit und die Vermeidung von Angst die Grundessenzen für ein erfülltes Leben sind, dann legen Sie dieses Buch schnellstens zur Seite, denn es würde Sie bei diesen Tätigkeiten nur behindern.

Nun, ich hatte Ihnen gesagt, dass es zweier Fragen bedarf, um zu überprüfen, ob Sie Ihr Leben wirklich »leben«, Sie erinnern sich?

> Wie würden Sie Ihr Leben ändern, wenn Sie wüssten,
> dass Sie nur noch ein Jahr zu leben hätten?
> *und*
> Was würden Sie in Ihrem Leben ändern,
> wenn Sie die Garantie hätten,
> dass dabei nichts schief gehen könnte?

Nehmen wir an, heute würde Ihnen ein Arzt sagen, dass Sie nicht mehr länger als ein Jahr zu leben haben, er würde Ihnen raten, dieses Jahr gut zu nutzen, weil es Ihr letztes sei. Nachdem Sie sich nach dieser Offenbarung vom ersten Schock erholt hätten, gäbe es irgendetwas, was Sie daraufhin ändern würden? Oder anders gefragt, würden Sie in diesem Jahr anders leben, als in den Jahren davor? Würden Sie sich in diesem, Ihrem letzten Jahr lang gehegte Träume erfüllen? Gäbe es irgendwelche Dinge, die Sie schon längst ändern wollten, aber immer wieder aufgeschoben haben? Würde sich Ihre Einstellung zum Leben ändern, wenn Sie nur noch eine begrenzte Zeit leben dürften? Würden Sie sich eventuell nicht mehr über Kleinigkeiten aufregen, weil Ihnen Ihre Zeit zu wertvoll dafür erscheint, und sich stattdessen an vielen Dingen erfreuen, die Sie vorher nicht einmal beachtet haben? Wäre Ihnen Ihre Freizeit wichtiger, das Reisen in fremde Länder? Wollten Sie nur noch nach Ihren eigenen Vorstellungen, nicht nach denen anderer leben und sich von niemandem mehr in Ihre Lebensführung hineinreden lassen?

> *»Aus grauen Haaren und Runzeln lässt sich noch nicht schließen,*
> *dass einer lange gelebt habe; er hat nur lange existiert.*
> *Ich wundere mich immer wieder, wie viel Zeit manche vergeuden;*
> *sie behandeln diese kostbare Sache, als wäre sie nichts.*
> *Betrachtet man aber die gleichen Leute,*
> *wenn sie krank sind und der Tod näherrückt,*
> *dann sind sie bereit, alles zu opfern,*
> *nur um weiterleben zu können.*
> *Welch ein Widerspruch ...«*
> (Seneca)

Ist es nicht erstaunlich, dass viele Menschen erst dann richtig zu leben beginnen, wenn Sie wissen, dass sie nur noch kurze Zeit zu leben haben? Erst wenn Ihnen die Begrenztheit ihres Daseins schmerzlich vor Augen geführt wird, erst dann stellen Sie sich die Fragen, die sie sich schon wesentlich früher hätten stellen können. Und das Seltsamste daran ist doch, dass jeder Mensch weiß, wie begrenzt sein Leben ist. Jeder weiß, dass er nur eine bestimmte Zeit zur Verfügung hat, und trotzdem geht die überwiegende Mehrheit damit um, als stünde sie unbegrenzt zur Verfügung, verschwendet sie mit Verdruss und Problemen, statt sie bewusst zu gestalten und zu nutzen.

Wie ist es mit Ihnen? Was können Sie heute, morgen und in Zukunft tun, damit Ihr Leben farbig wird, damit Sie auf die »sunny side« des Lebens kommen, damit die Vereinigung der Lebensgenießer, der Optimisten und derjenigen, die erkannt haben, worum es im Leben wirklich geht, ein Mitglied mehr in ihren Reihen begrüßen kann.

Kapitel 2

Genießen Sie alles, was Ihnen über den Weg läuft ...

Was tun Sie, um sich gut zu fühlen?

> Lebenskunst besteht nicht nur darin,
> dem Leben möglichst viele Jahre abzugewinnen,
> sondern auch den Jahren viel Leben!

In meinem ersten Buch »Nimm Dir einfach mehr vom Leben« hatte ich Ihnen gezeigt, wie Sie jeden negativen Stress in den Griff bekommen. Aber das ist ja nur die eine Seite der Medaille. Mit diesen Methoden hört Ihr Verdruss auf – wie aber können Sie Ihren *Genuss* weiter steigern? Verdruss zu vermeiden, heißt doch noch nicht, ein Maximum an Genuss zu erreichen! Die meisten Menschen haben keinen Plan für ihren Genuss, sie erwarten, dass er irgendwann einmal zufällig vorbeikommt. Und vielleicht haben auch Sie schon die Erfahrung gemacht, dass man darauf lange warten kann ...

Diesbezüglich können Sie von kleinen Kindern sehr viel lernen. Kinder, sofern sie in einer einigermaßen harmonischen Umgebung aufwachsen, sind mehr oder weniger den ganzen Tag damit beschäftigt, Genuss zu suchen. Sie spielen, sie malen, sie erforschen, sie genießen mit einer Vehemenz, die den meisten Erwachsenen offensichtlich abhanden gekommen ist. Sie leben ein unbeschwertes Leben, in dem Genuss an erster Stelle steht. Und genau das ist auch der Grund, weshalb viele Erwachsene Kinder irgendwie beneiden. Kinder denken nicht an eventuelle Probleme in der Zukunft, sie leben ausschließlich in der Gegenwart. Alles, was irgendwie Spaß machen könnte, wird erforscht und ausprobiert. Sie gehen bei dem, was sie tun, völlig in sich auf und vergessen die Welt um sich herum. Beneidenswert, nicht wahr?

Nun, all das geht allerdings nur bis zu dem Zeitpunkt, an dem dann plötzlich »ein anderer Wind weht«, wie es mein Großvater auszudrücken pflegte. Dieser Wendepunkt ist spätestens dann erreicht, wenn gesellschaftliche Normen und Werte Einfluss auf den kleinen Menschen nehmen, wenn er »schulreif« ist und seine neuen Erzieher bestimmen, für was er sich zu interessieren und wie lange er still zu sitzen hat. Aber selbst in dieser Zeit nützt das Kind den ihm verbleibenden Freiraum dazu, um sich seinen Genuss zu suchen. Morgens geht es in die Schule und nachmittags wird bewusst nach Genuss gesucht.

Wie ist es aber mit uns Erwachsenen? Wie viel unserer Zeit verbringen wir mit der bewussten Suche nach Genuss? Im Idealfall haben wir einen Beruf, in dem wir aufgehen – das schaffen heutzutage jedoch nur etwa ein Drittel aller Berufstätigen. Wenn Sie jedoch zu den restlichen zwei Dritteln gehören, dann ist ja schon ein großer Teil Ihres Tages nicht unbedingt mit Genuss gesegnet. Wie verbringen Sie den Rest?

Wie oft pro Woche tun Sie etwas ganz bewusst für Ihren Genuss?

Ed Diener, ein amerikanischer Psychologe, kam nach langen Forschungen zu dem Ergebnis, dass es bei einem erfüllten Leben weniger auf die Intensität der beglückenden Situationen, als vielmehr *auf deren Häufigkeit* ankommt.

Wie häufig am Tag genießen Sie bewusst?

Und wie häufig haben Sie das als Kind getan? Versuchen Sie einmal, sich an Ihre Kindheit zu erinnern, wie Ihr Tagesablauf aussah. Was haben Sie den ganzen Tag über gemacht, welche Spiele haben Sie gespielt? Welche Spielsachen hatten Sie, was gefiel Ihnen besonders, was erlebten Sie mit Ihren Freunden und Freundinnen?

Wenn Sie jetzt an alles das denken, waren nicht viele Dinge, die Sie damals taten, unheimlich spannend, beglückend und für Sie interessant? Und wie viel davon tun Sie heute, als Erwachsener, noch? *Wahrscheinlich nichts mehr!* Denn jetzt sind Sie ja erwachsen, jetzt tut »man« solche kindischen Sachen nicht mehr, jetzt sucht »man« nicht mehr bewusst nach Genuss, jetzt ist »der Ernst des Lebens« über Sie hereingebrochen. Das Spielerische, Leichte und Genießende in Ihnen hat sich dem harten Leben unterzuordnen. Zumindest hat man Ihnen das so beigebracht und Sie haben es möglicherweise geglaubt. Trotzdem finden sich in dem, was Erwachsene ab und zu tun, die Relikte des kindlichen Spiels. Aus dem kindlichen Cowboy-und-Indianer-Spiel entwickelt sich vielleicht die Leidenschaft für die Jagd; ein Mädchen, das gerne Puppen gehegt hat, wird eventuell Kinderkrankenschwester und jemand, der schon als Kind gerne konstruiert und gebaut hat, restauriert eventuell in seiner Freizeit mit Freude Oldtimer. Im Idealfall werden aus solchen kindlichen Vorlieben und Spielen später Berufe und Hobbys, bei denen der Betreffende ein Höchstmaß an Genuss empfindet. Aber selbst wenn es nicht so ist, gibt es unzählige Möglichkeiten, etwas bewusst zu tun, um sich gut zu fühlen, sich einen Lebensstil zuzulegen, der zu einem Maximum an Genuss führt. Der Schlüssel zu einem erfüllten und erfolgreichen Leben besteht darin, über diese Möglichkeiten zu verfügen und sie vor allem bewusst täglich anzuwenden! Und welche Möglichkeiten es gibt, damit werden wir uns in diesem Teil des Buches beschäftigen ...

> Wissen Sie eigentlich, was Sie tun können,
> um sich gut zu fühlen?

Jeder Mensch kennt bestimmte Mittel und Wege, die er dazu benutzt, um aus einer schlechten emotionalen Verfassung in eine bessere zu kommen. Manche fahren Rad, andere kaufen sich etwas Schickes und wieder andere geben sich einem bestimmten Musikstück hin. Welche Möglichkeiten kennen und benutzen Sie, um zu genießen? Haben Sie jemals eine Liste der Möglichkeiten erstellt, die Ihnen sofort eine bessere Verfassung bringen? Viele Leute haben sich noch nie Gedanken darüber gemacht, wie sie ihren Zustand ändern können. Logischerweise haben sie auch keinerlei Handlungsmöglichkeiten, wenn es ihnen nicht gerade gut geht.

Übernehmen Sie die Kontrolle über Ihr Leben!
Dazu gehört, dass *Sie* über Ihre Gefühle bestimmen, nicht ein anderer Mensch oder eine Situation, die Ihnen gerade widerfährt. Kontrolle heißt, dass Sie Ihre Gefühlszustände jederzeit ändern können, wenn diese nicht zu Ihrem Ziel »Maximum an Genuss« passen. Was mir in meiner täglichen therapeutischen Praxis auffällt ist, dass Klienten, denen es schlecht geht, in der Regel nichts an ihrem Zustand ändern, obwohl sie dafür keinen Psychotherapeuten bräuchten. Oft sind es die einfachsten Dinge, die sie einfach nicht tun!

Vor geraumer Zeit kam eine Klientin zu mir, die aussah wie eine graue Maus. Farblose Kleidung, ungepflegte Haare, Ringe unter den Augen, kurzum: sie sah aus wie »Der Tod von Creußen«. Es stellte sich heraus, dass sie an einer mittelschweren Depression litt, weil ihr Mann offensichtlich eine oder mehrere Geliebte hatte, oft die ganze Nacht nicht nach Hause kam und ihr über sein Verhalten keinerlei Rechenschaft gab. Er betrachtete sie mehr oder weniger als seine Putzfrau und Köchin, eine Art »Leibeigene«, woraufhin sie jegliches Selbstvertrauen verloren hatte. In solchen Fällen frage ich mich jedes Mal, wieso sich die Betreffenden so gehen lassen. Denn hinter dieser grauen Maus verbarg sich eine durchaus ansehnliche Frau. Ich habe schon oft die Erfahrung gemacht, dass sich solche Zustände rasant schnell ändern lassen, wenn der Betreffende das tut, was ihm Spaß macht – wenn er an seinen Genuss denkt, wenn er sich fragt, was er braucht, um sich gut zu fühlen, unabhängig von der Situation, in der er sich befindet.

Bei dieser Frau stellte sich heraus, dass sie vor ihrer Heirat begeisterte Leichtathletin war, gerne tanzen ging und durchaus einem Flirt nicht abgeneigt war. Nachdem wir uns mit ihrem

- *Musturbieren* (»*Ich muss diesen Mann unbedingt haben, der Mann muss sich so verhalten, wie ich das gut finde*« usw.),
- ihrem *Katastrophisieren* (»*Es wäre schrecklich, ihn zu verlieren*«) und
- ihrem *Ich kann nicht* (»*Ich könnte nicht alleine leben*« usw.)

auseinandergesetzt hatten, bat ich sie nur, doch wieder Dinge zu tun, an denen sie früher Freude hatte, zum Beispiel wieder zu joggen, zum Tanzen zu gehen und Ähnliches. Nach einer Woche, als sie zu ihrem nächsten Termin erschien, erkannte ich sie kaum wieder. Ein sexy Minikleid, eine neue Frisur, dezent geschminkt und einen strahlenden Blick ...

Alles, was sie getan hatte, war, dass sie täglich wieder ein paar Kilometer gelaufen war, dass sie mit ihrer Freundin zum Tanzen ging und dass sie auch sonst unter der Woche darauf geachtet hatte, möglichst viel Spaß zu haben. Sie wartete also nicht mehr, bis ihr Göttergatte von seinen Streifzügen nach Hause kam, sondern unternahm Dinge, die ihr Spaß machten, und zwar unabhängig davon, ob ihr Mann zu Hause war oder nicht. Anfangs belächelte dieser noch das ungewohnte Verhalten seiner Frau, doch als sie immer attraktiver wurde, sich die Männer auf der Straße nach ihr umdrehten und sie ihn in keinster Weise mehr beachtete, war ihm die Sache langsam, aber sicher nicht mehr geheuer. Die Folge davon war, dass er eifersüchtig wurde und Angst hatte, seine Frau zu verlieren. Aber dazu war es inzwischen zu spät!

Was diese Frau getan hatte war nichts anderes, als wie ein Kind zu reagieren: also bewusst nach Genuss zu suchen und Dinge zu tun, die sie früher getan hatte, um sich gut zu fühlen. Ein solches Verhalten kann auf komplizierte therapeutische Kunstgriffe verzichten. Alles, was Sie dazu brauchen, ist eine klare Vorstellung von den Dingen, die Ihnen Freude bereiten. Klare Vorstellungen bekommen Sie, indem Sie sich Gedanken über die betreffende Sache machen. Also setzen Sie sich hin und listen Sie auf einem Blatt Papier die Dinge auf, die Ihnen Freude machen, die Sie tun können, um jederzeit in eine großartige emotionale Verfassung zu gelangen. Notieren Sie alles, was Ihnen spontan einfällt!

Meine Lebensgenussliste
Was kann ich tun, um meinen Zustand zu ändern, mich sofort gut zu fühlen und zu genießen?

1) _____

2) _____

---

3) _____

4) _____

5) _____

6) _____

7) _____

8) _____

9) _____

10) _____

11) _____

12) _____

13) _____

14) _____

15) _____

16) _____

17) _____

18) _____

19) _____

20) _____

Hören Sie nicht auf, bevor Sie nicht mindestens zwanzig Möglich-keiten gefunden haben. Sie können diese Liste jederzeit ergänzen, wenn Ihnen neue Möglichkeiten einfallen. Je mehr Sie finden, desto besser. Hier einige Anregungen:

Spazieren gehen · Musik hören · ein warmes Bad nehmen · Sport treiben · schick Essen gehen · ins Kino gehen · Auto fahren · an Blumen schnuppern · auf einer Sommerwiese liegen · in einem Gebirgsbach schwimmen · Bilder vom letzten Urlaub betrachten · Witze erzählen · schlafen · eine Komödie im Fernsehen anschauen · ein gutes Buch lesen · Pläne für die Zukunft machen · in ein Konzert gehen · Töpfern · »Mensch, ärgere dich nicht« spielen · sich mas-sieren lassen · mit jemandem ins Bett gehen · etwas Schönes kaufen · einen Stadtbummel machen · Boot fahren · sich an ein schönes Ereignis erinnern · Freunde in der Kneipe treffen · tanzen gehen · einen guten Weinbrand trinken · das Lieblingsgericht kochen · sich gut kleiden · auf einen Rummelplatz gehen · den Vögeln beim Zwitschern zuhören · den Nachthimmel betrachten · Kindern beim Spielen zusehen · etwas erforschen · stricken · Kaffeepause machen · herumhüpfen · ein gutes Parfum riechen · Musik machen · in Urlaub fahren · Ski fahren · einen Schneemann bauen · im Schwimmbad vom Sprungbrett springen · ein Bild malen · Eis essen · usw.

Wie Sie sehen, ist weder Ihre Liste noch diese hier vollständig. Es gibt unendlich viele Möglichkeiten, Dinge zu tun, die als angenehm empfunden werden.

Robert Holden, ein englischer Psychologe, trainierte mehrere unglückliche Personen in Sachen »Glück«, indem er so einfache Hausaufgaben stellte, wie zum Beispiel tiefen regelmäßigen Schlaf, täglich eine halbe Stunde intensive Ganzkörperbewegung (zum Beispiel Joggen, Schwimmen, Tanzen), bewusstes tägliches Lächeln, ein neues Hobby und ähnliche Dinge. Nach nur zwei Monaten erbrachten Untersuchungen der Gehirnströme und Fragebögen, dass sich das Glücksniveau der Teilnehmer drastisch verbessert hatte.

Wie oft haben Sie in der letzten Woche diese oder ähnliche Dinge getan? Wie viel Zeit des Tages haben Sie bewusst mit Genuss zugebracht? Zehn Minuten, 30 Minuten oder wie viel? Und wie groß war Ihr Verdruss?

Heute schon gelebt ...?

Das ist die Frage, die Sie sich jeden Tag aufs Neue stellen sollten, denn vor lauter Beruf, Hektik und Pflichten besteht die Gefahr, dass das Wichtigste vergessen wird – das Leben ist zum Leben da! Schreiben Sie sich diese Frage ruhig auf einen Zettel und befestigen Sie ihn an einem Ort, wo Sie ihn jeden Tag sehen können; denn leben können Sie nur *jetzt im Augenblick.*

> *»Wenn Leben zum Absitzen da wäre, würde es ›Sitzen‹ heißen.*
> *Wenn Leben zum Zögern da wäre, würde es ›Zaudern‹ heißen.*
> *Wenn Leben zum Leiden da wäre, würde es ›Qual‹ heißen.*
> *Leben heißt deswegen ›Leben‹, weil es zum ›Er-leben‹ gedacht ist.*
> *Wie viel von Ihrer wertvollen Zeit haben Sie heute er-lebt?*
> *Wie viel davon haben Sie heute bewusst gelebt?«*

Ob Sie morgen noch leben ist ungewiss, und alles, was gestern war, ist unwiderruflich vorbei. Sie können zwar Pläne für die Zukunft machen oder über die Vergangenheit nachdenken, aber leben können Sie nur heute. Und unter »leben« haben wir ein Maximum an Genuss definiert, nicht das bloße »Absitzen« von Jahren. »Carpe diem!«, nutze den Tag, lautet ein alter lateinischer Sinnspruch, nutze den Tag, denn du weißt nie, wie viele du davon hast! Wenn Sie also heute nicht genießen, wann wollen Sie es dann tun?

Morgen? Übermorgen? In ein paar Jahren? Wenn Sie in Rente gehen? Oder wann? Der englische Dichter Alexander Pope hat einmal treffend bemerkt:

> *»Solange wir jung sind,*
> *arbeiten wir wie die Sklaven,*
> *um uns etwas zu schaffen,*
> *wovon wir bequem leben könnten,*

wenn wir alt geworden sind.
Und wenn wir alt sind,
merken wir,
dass es zu spät ist, so zu leben.«

Womit er sicher nicht aussagen wollte, dass es unsinnig wäre, zu arbeiten, sondern dass wir bei all dem, was wir tun, unseren Lebensgenuss nicht aus den Augen verlieren sollten. Ich hatte Ihnen bereits gesagt, dass Lebensgenuss nicht etwas ist, was ohne Ihr Zutun über Sie kommt. Lebensgenuss ist eine Entscheidung. Manche Ihrer Zeitgenossen kommen auf der Leiter des Lebensgenusses offensichtlich deshalb nicht sonderlich gut voran, weil Sie denken, es handele sich dabei um eine Art Rolltreppe, auf die man nur zu steigen braucht, um dann passiv zu verharren.

Kinder warten nicht, bis Genuss über sie kommt, sie suchen ihn, sie gehen ihm entgegen. Und genau das ist es, was viele Erwachsene nicht mehr tun – *aktiv* ihren Lebensgenuss suchen. Sie sind in ihrer täglichen Routine gefangen und haben darüber vergessen, was sie eigentlich vom Leben wollten. Das Leben träufelt so vor sich hin und wenn sie Glück haben, kriegen sie früher oder später eine »Krise«. Sie haben richtig gelesen: Wenn Sie Glück haben! Denn es gibt nicht wenige, deren Leben träufelt und die es nicht merken, welchen Schatz sie auf diese Weise verschwenden. Sie bemerken es erst, wenn es vorbei ist, das Leben, aus dem sie nichts gemacht haben. Deshalb seien Sie dankbar, wenn Sie diese Krise haben, egal, ob sie sich als Depression, psychosomatische Erscheinung, Unzufriedenheit oder in einer anderen Form äußert. Diese Krise, meist mit Worten wie »Midlife-Crisis«, »Depression« oder »vegetative Dystonie« bezeichnet, zeigt Ihnen an, dass es höchste Zeit ist, Ihr Leben zu genießen. Höchste Zeit, Ihren Genuss bewusst zu suchen, und vor allem, etwas dafür zu tun, dass Sie ihn auch finden. Zu diesem Thema lassen sich nur schwer allgemein gültige Anweisungen geben, denn unter »Genuss« versteht jeder etwas anderes. Während für den einen ein schnelles Auto auf der Straße höchstes Vergnügen bedeutet, steht der andere bei derartigen Geschwindigkeiten Todesängste aus.

Dennoch bestehen Möglichkeiten, die bei konsequenter Anwendung bei allen Menschen funktionieren.

> Genuss, Glück und Zufriedenheit beruhen auf biochemischen
> Veränderungen in Gehirn und Körper
> und lassen sich durch bestimmte Techniken
> jederzeit bewusst erzeugen.

Ihr Gehirn ist sozusagen eine kleine chemische Fabrik und kann die Stoffe, die es zum Glücklichsein braucht, selbst herstellen. Sie brauchen es dazu nur anzuregen.

Wenn Sie sich Ihre Liste ansehen, werden Sie feststellen, dass zumindest ein Teil Ihres Lebensgenusses eng mit Ihrer Fähigkeit, die Welt wahrzunehmen, verbunden ist. Zum Wahrnehmen Ihrer Umwelt haben Sie Ihre sieben Sinne, Sie können damit sehen, hören, schmecken, riechen, Wärme und Kälte wahrnehmen, die Lage Ihres Körpers im Raum überprüfen, Vorgänge auf Ihrer Haut wahrnehmen, aber auch Vorgänge im Körperinneren spüren. Wenn Sie diese Sinne nicht hätten, könnten Sie keinerlei Genuss durch Ihre Umgebung erfahren, weil Sie nicht in der Lage wären, diese Dinge wahrzunehmen.

- Wenn Sie beispielsweise blind wären, würde Ihnen das Betrachten von Urlaubsfotos wenig Freude bereiten.
- Wenn Sie taub wären, könnten Sie mit einer entspannenden Musik wenig anfangen.
- Wenn Ihr Riechorgan nicht funktionierte, könnte auch der betörende Duft von Blumen Sie nicht erfreuen.

Der Mensch ist also auf seine Sinnesorgane angewiesen, wenn er seine Umwelt dazu benutzen will, Genuss zu empfinden. Genuss kann er aber nur dann über die Sinnesorgane erzeugen, wenn er diesen Organen etwas bietet. Unser ganzes Wahrnehmungssystem ist darauf ausgerichtet, ständig wechselnde Reize aus der Umgebung zu erhalten. Der Mensch hat ein Bedürfnis nach Wahrnehmung, genauso wie er ein Bedürfnis nach Essen und Trinken hat.

Entzieht man einem Menschen die Möglichkeit, seine Umwelt wahrzunehmen, kommt es sehr rasch zu dramatischen Folgen. So wurden in einem Experiment Versuchspersonen für drei Tage und Nächte weitgehend von Umweltreizen isoliert. Sie hatten den ganzen Tag nichts weiter zu tun, als auf weichen Betten zu liegen. Damit sie nichts sehen konnten, bekamen sie Spezialbrillen aus Milchglas, die dafür sorgten, dass ein gleichmäßiges und konturloses Gesichtsfeld entstand. Sämtliche Umgebungsgeräusche wurden ausgeschaltet und Berührungsreize wurden durch dicke Spezialhandschuhe verhindert. Und obwohl die Versuchspersonen für diese drei Tage geradezu fürstlich bezahlt wurden, war keine danach bereit, dieses Experiment noch länger durchzustehen. Es zeigte sich nämlich, dass sich bei den Betreffenden Symptome wie Konzentrations-, Denk- und Orientierungsstörungen, Stimmungsschwankungen, emotionale Ausbrüche, Halluzinationen und ein unbändiger Hunger nach Reizen einstellten.

Reize und Erlebnisse sind die Bausteine, mit denen unser Gehirn arbeitet. Fehlen diese Bausteine, dann ist es offensichtlich nicht mehr in der Lage, so zu arbeiten, dass dabei ein Maximum an Lebensgenuss entsteht. Und da der Mensch seit jeher ein »Reiz- und Erfahrungssammler« ist, ist er auf seine Sinnesorgane angewiesen, sowohl um zu genießen als auch um zu lernen und dadurch sein Leben zu gestalten.

Ihre Sinne sind wertvolle »Genusslieferanten«!

Tagtäglich werden Sie von ihnen mit allerlei Informationen versorgt, die Ihnen dabei helfen, Ihr Leben nach Ihrem Geschmack zu gestalten. Nimmt man die Leistung Ihrer Sinne etwas näher unter die Lupe, dann zeigt sich, dass eine deutliche Abstufung hinsichtlich der gelieferten Informationsmenge besteht. So liefern Ihre Augen etwa zehn Millionen Informationseinheiten pro Sekunde, während Ihre Ohren in der gleichen Zeit etwa eine Million dieser Informationseinheiten aufnehmen. Ihr Hautsinn schafft gerade mal 400.000 Einheiten und auf die restlichen Sinne entfallen magere 5.000. Wie Sie unschwer erkennen können, sind es Ihre Augen und Ohren, die Ihnen die meiste Information über Ihre Umwelt vermitteln. Von seinen Anlagen her ist der Mensch ein Augen- und Ohrentier, deshalb lassen sich diese Sinnesorgane hervorragend dazu benutzen, sich das Leben angenehm zu machen.

Sehen wir uns doch ein paar Möglichkeiten an, wie Sie Ihre Glücksfabrik durch einfache Tricks schnellstens auf Hochtouren bringen ...

Der Genuss, der durch den Körper kommt

Ihr Körper ist ein hochsensibles Organ, dessen Sensibilität sich hervorragend nutzen lässt, um damit ein Maximum an Genuss zu erreichen. Ich brauche Ihnen nicht näher erläutern, wie angenehm eine bestimmte Berührung sein kann, wie es ist, wenn einem »vor Freude die Brust zerspringen will«, oder wie es sich anfühlt, wenn man seine eigene Kraft spürt. Alle Gefühle haben eine körperliche Komponente, man spürt sie an bestimmten Körperstellen, sei es im Bauch, der Brust oder dem Unterleib.

Kinder schaukeln gerne, weil sie dadurch ganz bestimmte lustvolle körperliche Empfindungen auslösen, sie rennen gerne, weil sie dabei ihre unbändige Kraft spüren. Haustiere lassen sich gerne streicheln, weil es ihnen ein angenehmes Gefühl vermittelt, und ich habe beispielsweise bei mir festgestellt, dass ich in einem startenden Flugzeug absolute Glücksgefühle erlebe, wenn ich durch die Geschwindigkeit der Maschine in den Sitz gedrückt werde. Alles das sind Empfindungen, die unser Körper aufgrund seiner Oberflächen- bzw. Tiefensensibilität liefert, Empfindungen, die Genuss bereiten und deshalb ein ausgezeichnetes Mittel sind, um »in Laune« zu kommen. Sehen wir uns also an, wie Sie durch Ihren Körper Genuss erfahren können.

Sich regen bringt Segen

Wir alle leben in einer Zivilisationsgesellschaft. Die einfachsten Handgriffe werden heutzutage von Maschinen übernommen. Diese Arbeitsteilung führt dazu, dass wir uns nicht einmal mehr zur Beschaffung unserer täglichen Nahrungsmittel großartig zu bewegen brauchen. Oder gehen Sie etwa täglich auf die Jagd, laufen mehrere Kilometer, um ein Reh zu erlegen? Säen Sie das Korn noch selbst, ernten Sie es mit den Händen und kneten dann den

Brotteig? In der Regel nicht! Wenn Sie Hunger haben, gehen bzw. fahren Sie in den nächsten Supermarkt und kaufen sich Ihr Brot oder Ihren Rehbraten. Und auch um es im Winter angenehm warm zu haben, brauchen Sie nicht kilometerweit laufen, um Holz zu sammeln, und es dann mühsam nach Hause schleppen, sondern Sie rufen den Heizölhändler an und der bringt Ihnen die gewünschte Menge davon vorbei.

Der durchschnittliche Tag eines durchschnittlichen Menschen in unserer Gesellschaft besteht aus *Sitzen*. Frühmorgens steht er auf und setzt sich an den Frühstückstisch. Dann setzt er sich in sein Auto oder den Bus und fährt zur Arbeit. Dort sitzt er im Büro bis zur Mittagspause. Die Mittagspause verbringt er sitzend in der Kantine, um anschließend wieder in sein Büro zurückzukehren. Ist dann die tägliche Arbeit vollbracht, setzt er sich wieder in sein Auto, fährt nach Hause und setzt sich an den Tisch, um sein Abendessen einzunehmen. Anschließend setzt er sich auf die Couch und sieht fern, bis ihn die Müdigkeit übermannt und er sich ins Bett legt. Und am nächsten Tag geht das Spiel von vorne los ...

Selbst Berufe, von denen man annimmt, sie wären mit intensiver Bewegung verbunden, wie zum Beispiel Krankenpfleger, Maurer oder Postbote, sind doch im Vergleich zu früheren menschlichen Lebensgewohnheiten eher bewegungsarm. Denn alle diese Bewegungen werden nicht mehr bewusst wahrgenommen und nicht selten als Belastung statt als Genuss empfunden. Unter Bewegung verstehe ich den Genuss, das Einssein von Psyche und Körper. Und wieder sind wir beim bewussten Genießen. Nicht nur Bewegung als Mittel zum Zweck, sondern Bewegung um der Bewegung willen, um die Bewegung zu genießen.

Kinder haben einen unwahrscheinlichen Bewegungsdrang, dauernd sind sie am Laufen, Klettern und Herumtollen. Sie sind so etwas wie »Bewegungs-Besessene«, süchtig nach Bewegung. Das wird ihnen früh genug abgewöhnt, denn mit viel Bewegung können sie weder eine Schul- noch eine Berufskarriere machen. Das Endergebnis davon ist das, was man eine Zivilisations- und Leistungsgesellschaft nennt: leistungsfähig, reich und konkurrenzfähig auf der einen Seite, Herz-Kreislauf-, darm- und krebskrank auf der anderen Seite. In einer solchen »bewegungsentwöhnten« Gesellschaft muss man sich jene Lusterlebnisse, die durch Bewegung vermittelt werden, bewusst und willentlich verschaffen.

Was regelmäßige Bewegung für unsere Gesundheit bedeutet
Wie gesund Sport und Bewegung sein kann, ist inzwischen ausgiebig erforscht und dokumentiert. So senkt sich beispielsweise bei körperlich aktiven Menschen das Risiko, an Herz-Kreislauf-Erkrankungen zu leiden, gegenüber Bewegungsfaulen um rund 50%. Bewiesen ist auch, dass die allgemeine Leistungsfähigkeit bei Sport treibenden älteren Menschen deutlich weniger nachlässt als bei ungeübten. Dass Gesundheit und Lebensgenuss eng zusammenhängen, dürfte einleuchtend sein. Was aber in diesem Zusammenhang noch wesentlich interessanter für uns erscheint, das ist die Tatsache, dass körperliche Bewegung über die schon erwähnten biochemischen Veränderungen direkt zu Genuss führt. Eine Studie der Universität von Kalifornien von 1994 weist nach, dass körperliche Aktivität ein ausgezeichnetes Mittel darstellt, um Depressionen, Ängste und schlechte Laune loszuwerden. Diese Wirkung basiert auf zwei Faktoren:
- Zum einen wird die überschießende Aktivität des vegetativen Nervensystems kanalisiert und damit der Stresshormonspiegel gesenkt,
- zum anderen führt körperliche Bewegung dazu, dass so genannte *endogene Morphine* im Körper produziert werden.

»Endogen« heißen sie deshalb, weil sie der Körper bzw. das Gehirn selbst herzustellen vermag, »Morphine« heißen sie, weil sie eine ähnliche Wirkung wie Morphium haben, nämlich schmerzstillend und euphorisierend. Man bezeichnet sie deshalb auch als die Glückshormone des Menschen. Und diese Glückshormone sind es, die Sie durch bewusste körperliche Betätigung produzieren. Aber nicht nur das, durch intensive körperliche Bewegung regen Sie den Ausstoß von ACTH und Serotonin an, die man auch als Kreativitätshormone bezeichnet, was bedeutet, dass Sie über körperliche Betätigung Einfluss auf Ihr Lernvermögen und Ihre Problemlösefähigkeiten haben. Neben dieser relativ kurzfristigen Wirkung hat sportliche Betätigung auch Einfluss auf die Persönlichkeitsentwicklung. So konnten Studien zeigen, dass Untrainierte bereits nach etwa einem Vierteljahr sportlicher Betätigung deutliche Persönlichkeitsveränderungen aufwiesen. Sie wurden leistungsbewusster, unabhängiger und allgemein sicherer im Leben.

Genauso positiv sind auch die gesundheitlichen Auswirkungen sportlicher Betätigungen. Eine Studie der Harward-Universität an rund 17.000 Personen führte beispielsweise zur Entdeckung des *LLL-Effektes*. Hinter dieser Abkürzung verbirgt sich die simple Weisheit:

»Läufer leben länger.«

Durch regelmäßiges Laufen werden typische Zivilisationskrankheiten wie Übergewicht, Bluthochdruck, hohe Cholesterinwerte, Kreislaufprobleme und Ähnliches äußerst positiv beeinflusst. Und das wiederum führt natürlich zu höheren Lebenserwartungen der Betreffenden gegenüber vergleichbaren Untrainierten, wie sich in der Harward-Studie deutlich nachweisen ließ. Bereits 1938 gelang es einem Forscher namens Silvertsen, nachzuweisen, dass körperliche Bewegung einen massiven Einfluss auf die Krebserkrankungsrate hat. Er verwendete für sein Experiment einen Stamm krebsanfälliger Mäuse, denen er ausgiebige Bewegung und kalorienreduzierte Nahrung verordnete. Im Vergleich zu einer Kontrollgruppe, bei der die Krebsrate etwa 88% betrug, ließ sich die Rate der Krebserkrankungen bei den »bewegten« Mäusen auf 16% reduzieren. Auch zeigte sich bei Untersuchungen der Krankengeschichten von 86.000 Verstorbenen, dass die Sterblichkeit bei Krebs unter denjenigen am höchsten war, deren berufliche Tätigkeit die wenigste Muskelanstrengung erforderte, während bei körperlich arbeitenden Patienten die Krebssterblichkeitsrate erheblich geringer ausfiel.

»Run for fun« nennt sich die in Amerika geborene Jogging-Bewegung. Der Name drückt bereits einen wichtigen Grundsatz aus:

Verwenden Sie Bewegung dazu, Spaß zu haben!

Sehen Sie sich an, wie sich Kinder bewegen! Da gibt es keine Regeln, da existiert kein Muss über Zeit oder Distanz einer zu laufenden Strecke, es zählt nur Freude, Begeisterung und Spaß. Den Körper spüren und sich an seiner Kraft erfreuen ist das, worauf es ankommt und sonst nichts! Kinder rennen ein Stück, machen Pausen, laufen wieder, wechseln das Tempo, langsamer, schneller, laufen kürzere und dann wieder längere Distanzen, Regeln existieren nicht, wohl aber Regelmäßigkeit.

Ich erinnere mich an meine Schulzeit: Wir hatten einen Lehrer, der für seine Sportlichkeit bekannt war. Durch sein intensives Training hatte er ein geradezu asketisches Aussehen, er war ein Fitness-Fanatiker, einer, der »gesund« lebte, sich bewegte, Leistung von sich und den anderen verlangte. Vor nicht allzu langer Zeit hörte ich, dass er einen Herzinfarkt erlitten hatte ... Nun, er war einer von diesen Typen, die auch noch ihren Ausgleichssport dazu verwendeten, immer bessere Leistung zu erbringen. Heute fünf Kilometer, morgen einen Kilometer mehr, übermorgen sieben Kilometer, Hauptsache jeden Tag ein Stück weit besser als am Vortag.

»Leistung«, »besser sein«, »Triumph des Geistes über das Fleisch«, man kann es nennen, wie man will, es wird alles Mögliche dabei herauskommen, nur kein seelisch-körperliches Gleichgewicht. An Spitzensportlern lässt sich nachweisen, dass deren Immunsystem besonders im Wettkampf geschwächt ist, also eine höhere Anfälligkeit gegenüber möglichen Infekten besteht. Auch bei Freizeitjoggern zeigt sich bei mehr als 80 gelaufenen Kilometern pro Woche eher ein schädlicher Effekt. Laufen ist eine Frage der Einstellung. Der größte Fehler, den man bei dieser Sportart machen kann, besteht darin, mit seinem Kopf dem Körper aufzwingen wollen, wie er zu funktionieren hat. So können Sie selbstverständlich unmöglich Ihr natürliches Laufgefühl entdecken.

»Vogel fliegt, Fisch schwimmt, Mensch läuft«

So lautete die Begründung des berühmten tschechischen Langstreckenläufers Emil Zatopek dafür, dass er Laufen als die Sportart schlechthin betrachtete – für ihn war es einfach die natürlichste Bewegungsart des Menschen. Seit Urzeiten sind die Beine das natürliche Fortbewegungsmittel des Menschen, sie wurden fast jede Minute seiner Wachzeit »in Betrieb genommen«. Erst in den letzten Jahrhunderten verkommt er mehr und mehr zu einer Art Sitz- und

Nichtbewegungswesen, das Beine nur noch dazu benutzt, sie in Hosen zu stecken. Doch alle mit dem Laufen einhergehenden nachgewiesenen positiven körperlichen und psychischen Veränderungen legen den Schluss nahe, dass gerade diese und mit ihm verwandte Aktivitäten wie Gehen, Fahrrad fahren, Schwimmen, Treppen steigen, Berg steigen usw. für unser Wohlgefühl unerlässlich sind. Sportwissenschaftlich spricht man dabei von *rhythmischen Ganzkörperbewegungen*, bei denen gleich bleibende Bewegungsabläufe über längere Zeit wiederholt werden. Und gerade diese Gleichmäßigkeit führt dazu, dass Laufen zu einer Art Meditation werden kann. Durch die gleichmäßigen, harmonischen Bewegungen kommt es zu einem Abschalten von Beruf, Alltag und Sorgen und zu einer Entspannung in der Bewegung.

Es erstaunt mich immer wieder, wie man mit den einfachen Dingen des Lebens die faszinierendsten Effekte erzielen kann. Sie finden die Technik der gleichmäßigen Bewegung bei allen Völkern dieser Erde. Schon immer haben sich Menschen durch derartige Bewegungsabläufe in Trance versetzt und dadurch Glücksgefühle erzeugt. Ob es ein Eingeborenenstamm im tiefsten Afrika ist, dessen Mitglieder in monotonem Tamtam stundenlang um das Feuer laufen, ob es Derwische sind, die sich über einen längeren Zeitraum im Kreis drehen, oder ob es Jugendliche sind, die sich zu den gleichmäßigen Rhythmen von »Techno« durch monotone Bewegungen in Stimmung bringen: Sie alle erzeugen sich ihren Genuss durch körperliche Aktion, indem sie die Ausschüttung der bereits erwähnten endogenen Morphine in ihrem Körper anregen.

**Und genau das ist wahrscheinlich der Grund,
weshalb sich Depressionen oder schlechte Laune
durch ein Lauftraining bessern lassen –
der zu niedrige Morphinspiegel wird dadurch erhöht!
Aber nicht nur das: Bei Otto Normalverbraucher,
der nicht unbedingt an Depressionen oder
schlechter Laune leidet, wird die Stimmung
um Nuancen besser, er kommt dabei seinem Ziel
»Maximum an Lebensgenuss« ein ganzes Stück näher.**

Laufen und Laufen ist nun jedoch nicht das Gleiche. Untersuchungen an der Universität von West-Virginia beispielsweise haben gezeigt, dass sich die hervorragende Wirkung des Laufens auf die Psyche noch steigern lässt, wenn Sie es in der Natur tun. Menschen, die ihre Läufe in der Natur absolvieren, fühlen sich in der Regel nach dem Lauf wesentlich fitter und glücklicher als solche, die auf einem Laufband trainieren. Auch zeigten sich in dieser Studie bei den Naturläufern wesentlich höhere Werte des Hormons Noradrenalin, das eine deutlich stimmungsaufhellende und stimulierende Wirkung hat.

Wann sind Sie zum letzten Mal bewusst gelaufen,
wann haben Sie gejoggt,
wann waren Sie das letzte Mal schwimmen?

Ich meine damit nicht den Gang zur Post oder den Sprint, um den Bus zu erreichen, sondern die bewusste Bewegung um der Bewegung willen, das Spüren des Körpers, die Lust an der Aktion. Wenn Sie also Ihr Wohlbefinden steigern möchten, nehmen Sie regelmäßige Bewegung in Ihren Tagesablauf auf. Bewegung, bei der Sie Ihren Körper spüren, bei der Sie merken, dass Ihr Körper noch da ist. Dazu eignen sich alle Sportarten, die mindestens ein Fünftel der gesamten Körpermuskulatur beanspruchen, also Laufen, Joggen, Schwimmen, Rad fahren usw. Um eine Wirkung zu erzeugen, sollten Sie wenigstens drei- bis viermal die Woche mindestens eine halbe Stunde laufen, wobei die Faustregel für gesunde sportliche Belastung

Puls = 180 minus Lebensalter

gilt. Bei einem 50-Jährigen wären das also um die 130 Pulsschläge pro Minute. Für Kreislauf und Stoffwechsel würde das etwa eine Belastung von zwei Dritteln der Maximalleistung bedeuten, eine Belastung, die sich als optimal für das Training erwiesen hat. Der Belastungspuls beginnt bei etwa 120 Schlägen pro Minute; die Rückkehr vom höchsten Puls zu diesem Wert sollte nach höchstens drei Minuten Ruhe erfolgen, sonst war die Belastung zu groß.

Wenn Sie noch untrainiert sind, ist »Intervall-Training« zu bevorzugen. Dabei sollte auf eine dosierte Laufzeit eine entsprechende Gehpause folgen, denn weshalb sollten Sie mit aller Gewalt weiterlaufen, wenn Ihnen das Herz bis zum Halse schlägt? Nur weil Sie sich in den Kopf gesetzt haben, dass Sie eine halbe Stunde am Stück laufen müssten oder weil ein Anderer scheinbar mühelos die doppelte Strecke zurücklegt? Es gibt kein »Muss«, dem Sie unterworfen sind, außer dem »Muss« Ihres Todes. Begehen Sie also nicht den weit verbreiteten Fehler, aus einer fantastischen Möglichkeit, die Ihnen dabei hilft, Ihren Genuss zu steigern, durch ein verbissenes »Muss« nichts als Verdruss zu schaffen. Intervalltraining kann beispielsweise so aussehen, dass Sie in der ersten Woche immer abwechseln zwischen einer Minute Laufen und drei Minuten Gehen, das Ganze mindestens 15 Minuten lang, drei- bis viermal die Woche. Sie werden feststellen, dass sich Ihr Körper sehr schnell an das Laufen gewöhnt und nach einer gewissen Zeit ganz »von sich aus« länger als eine Minute laufen will. Wenn Sie das Gefühl haben, das Ganze war nicht gerade »läppisch«, aber auch keine Strapaze, dann haben Sie Ihren Rhythmus gefunden. In einer neueren Studie zeigte sich, dass untrainierte Laufanfänger, die mit zwei Minuten Laufen und Gehen im Wechsel (zweimal wöchentlich etwa 30 Minuten) begannen, mit diesem Intervalltraining bereits nach sechs Wochen eine Stunde ohne Pause joggen konnten.

Regelmäßigkeit heißt das Zauberwort, das für Ihren Genuss ausschlaggebend ist. Es nützt Ihnen nur wenig, wenn Sie einmal laufen und dann drei Wochen nichts mehr tun, genauso wie es Ihnen nur wenig nützt, wenn Sie ein Glas Wasser trinken und dann eine Woche nichts mehr. Ihr Körper braucht regelmäßig Nahrung und Flüssigkeit, um funktionieren und überleben zu können, ähnlich verhält es sich mit Ihrer Psyche. Damit Sie psychisch fit sind, Spaß am Leben haben und sich rundum wohl fühlen, gibt es bestimmte Faktoren, die bei regelmäßiger Anwendung diese Wirkung erzielen. Bewegung ist einer davon. *Wann fangen Sie damit an?*

Nehmen Sie »Haltung« an

Damit aus all der hohlen Theorie nun auch ein Stück Praxis wird, ein kleines Experiment zu Beginn:

Stellen Sie sich aufrecht hin, Beine etwa schulterbreit aus-einander und schauen Sie dabei nach oben. Nehmen Sie nun die Hände nach oben und breiten Sie sie aus, so als ob Sie eine große Kugel über dem Kopf tragen wollten. Beginnen Sie nun, breit zu lächeln und zu hüpfen. Schreien Sie dann mit aller Leidenschaft, derer Sie fähig sind:
»Ach Gott, bin ich depressiv!«

Wenn Sie einen derartigen Blödsinn veranstalten, werden Sie fest-stellen, dass Sie bei diesem Satz lachen müssen, weil er so gar nicht zu dem passt, was Sie da gerade tun.

Lange Zeit wurden gerade in unserer Kultur Psyche und Körper betrachtet und behandelt, als ob sie zwei voneinander unabhängige Größen des Menschen wären. In den letzten Jahren jedoch hat sich auf diesem Gebiet ein deutlicher Wandel vollzogen. Man spricht nun von »ganzheitlichem Denken«, »ganzheitlicher Medizin«, »ganzheitlicher Gesundheit« usw. und meint damit, dass Psyche und Körper eine Einheit bilden, dass beide wechselseitig aufei-nander einwirken. Mehr und mehr wird der Einfluss der Psyche auf körperliche Vorgänge erkannt und umgekehrt der Einfluss von körperlichen Vorgängen auf die Psyche. Dieser enge Zusammen-hang wird bei Gefühlen sehr deutlich. Je nachdem in welchem Gefühl Sie gerade »stecken«, haben Sie in der Regel die dazu pas-sende Körperhaltung eingenommen. Wenn Sie beispielsweise de-pressiv oder traurig sind, werden Sie eine völlig andere Körperhal-tung einnehmen, als wenn Sie vor Begeisterung geradezu sprühen. Wenn Sie traurig sind, wird Ihr Körper zusammensinken und Ihr Blick möglicherweise nach unten gerichtet sein. Sie werden wenig Gestik verwenden und Ihr Gesicht wird einen eher starren Aus-druck bekommen. Ihre Stimme wird leise, schleppend und kraftlos klingen. Sobald Sie aber von etwas begeistert sind, wird sich Ihr

Körper straffen, Ihre Augen werden strahlen, Sie werden den Mund womöglich öffnen, »mit Händen und Füßen reden«. Sie werden lauter und schneller reden und Ihre Gestik wird sehr kraftvoll und dynamisch erscheinen. Alle diese Veränderungen geschehen unbewusst – sobald Sie ein bestimmtes Gefühl empfinden, sorgt Ihr Gehirn automatisch dafür, dass Ihre Körperhaltung dazu passt. Automatisch heißt, dass Sie diese Veränderung nicht bewusst mit Ihrem Willen steuern. Das bedeutet aber nicht, dass Sie das nicht könnten! Denn alle diese Veränderungen können Sie bewusst hervorrufen und deshalb auch bewusst steuern.

Nehmen wir zum Beispiel das Gefühl »Langeweile«. Nehmen wir an, Sie würden in einer Vorlesung sitzen, der Redner spräche seit einer Stunde ununterbrochen und Sie langweilten sich zu Tode. Was tut sich so in Ihrem Körper? Beschreiben Sie doch einmal Ihre körperlichen Veränderungen, die Sie bei Langeweile an sich feststellen können.

Wie sitzen Sie da?

Was tun Sie mit Ihren Armen und Händen?

Was tun Sie mit Ihren Beinen?

Wie ist Ihr Blick, wie ist Ihre Mimik?

Wo in Ihrem Körper spüren Sie die Langeweile, wo sitzt sie? Beschreiben Sie dieses Gefühl so exakt wie möglich!

Womöglich wird Ihnen gerade diese letzte Frage etwas ungewohnt vorkommen und womöglich kommen Sie deshalb auf die Idee zu behaupten, Sie »könnten das nicht«. Und rumms sind Sie schon wieder in Ihr altes bequemes »Ich kann Nicht«-Programm gerutscht.

»Ich kann nicht« gibt es für Sie nicht mehr, Ihr Ziel ist »Maximum an Lebensgenuss«, und es waren doch Sie, der bereit war, dafür einiges zu tun! Sie kennen mittlerweile auch den Unterschied zwischen Leuten, die ein Ziel erreichen, und anderen, die ihr ganzes Leben nur in Vorsätzen schwelgen ...

Also tun Sie es, hören Sie auf, sich einzureden, Sie könnten es nicht, Sie nehmen sich dadurch eine Menge Kraft und Genuss weg. Sie können sich genau jetzt entscheiden, ob Sie damit aufhören werden. Änderung ist ein Prozess, den Sie sofort beginnen können. Sie müssen nicht warten, bis er sich irgendwann einstellt. Also wenn Sie die Aufgabe nicht durchgeführt haben, weil Sie das angeblich nicht können, dann fangen Sie jetzt damit an, es zu können!

> *»Ob du glaubst, etwas zu können,*
> *oder ob du glaubst, etwas nicht zu können ...*
> *du wirst immer Recht behalten.«*
> (Sprichwort)

Sehen wir uns typische Antworten an, die in meinen Seminaren zum Thema »Langeweile« kamen:

Wie sitzen Sie da?
»Mehr liegend als aufrecht, spannungslos.«
Was tun Sie mit Ihren Händen und Armen?
»Arme sind verschränkt, entspannt.«
Was tun Sie mit Ihren Beinen?
»Sind ebenfalls verschränkt, eventuell leichtes Wippen.«
Wie ist Ihre Mimik, Ihr Blick?
»Schlafzimmerblick, schwere Augenlider, schlaffe Mimik.«
Wo in Ihrem Körper spüren Sie die Langeweile, wo sitzt sie, wie sieht sie aus?
»Im oberen Brustbereich, zieht sich hinunter bis in die Beine, fühlt sich schwer an, wie eine Eisenplatte, Farbe grauschwarz.«

In der Regel kann man mit einigem Nachdenken diese Fragen sogar sehr detailliert beantworten. Interessant ist dabei vor allem die letzte Frage. Wie Sie vielleicht wissen, ist alle Information in unserem Gehirn durch *Assoziationen* verbunden, das heißt, auch

Gefühle haben bestimmte Verbindungen zu inneren Bildern, Vorstellungen, Klängen und anderen Gedächtnisinhalten. Aber eben auch zu Beschreibungen, die auf den ersten Blick etwas seltsam anmuten. Bei intensivem Nachdenken werden Sie feststellen, dass Sie sogar Farben, Formen, Gewicht, Größe, ja sogar Temperatur eines Gefühls angeben können. Klingt verrückt, nicht wahr?

Nun, probieren wir das Ganze doch einfach aus ...

Was fällt Ihnen zu Begeisterung ein?
Wenn Sie von etwas so richtig begeistert sind, wenn Ihre Augen funkeln, wenn Sie gar nicht mehr ruhig sitzen oder stehen können vor lauter Begeisterung ...

Wo in Ihrem Körper sitzt dieses Gefühl?

Welche Form hat es?

Welche Farbe sehen Sie vor Ihrem geistigen Auge?

Ist es schwer oder leicht?

Ist es warm oder kalt?

Ist es eng umgrenzt oder strahlt es in bestimmte Richtungen aus?

Wenn ich mir persönlich diese Fragen stellen würde, käme ich zu folgenden Antworten:

> *Begeisterung ist etwas, das bei mir im Brustbereich sitzt, von der Form her ist es etwa so groß wie mein Brustkorb und gezackt, die Farbe ist hellblaumetallic, es ist sehr leicht und trotzdem sehr kraftvoll, es ist eher*

47

> kühl, aber nicht unangenehm kalt, und es strahlt in die Arme hinein und
> dehnt sich langsam Richtung Gesicht aus. Ich empfinde es mehr an der
> Vorderseite des Körpers, es ist etwas, das mich vorwärts zieht.

Sicherlich werden Sie eine davon abweichende Beschreibung dieses
Gefühls abgeben. Jeder Mensch empfindet es anders. Aber charakteristisch ist, dass es Ihre Beschreibung des Gefühls ist, das heißt
anhand Ihrer Beschreibung erkennen Sie jederzeit, um welches
Gefühl es sich handelt. Was aber haben Sie davon, wenn Sie hier
Beschreibungen von Gefühlen von sich geben? Was hat das Ganze
mit Ihrem Lebensgenuss zu tun? Nun, eine ganze Menge, auch
wenn es auf den ersten Blick etwas seltsam klingen mag. Vielleicht
kennen Sie die alten Weisheiten:

»Wenn du Macht haben willst, dann tu so, als hättest du sie bereits!«
oder
»Wie du kommst gegangen, so wird man dich empfangen.«

Welche Haltung Sie zum Verlierer und welche Sie zum Gewinner macht

Es ist ein »alter Hut«, dass Körperhaltung und Auftreten eines Menschen Wirkungen haben. Wirkungen, die Ihnen helfen, Ihr Leben
zu gestalten, Ihre Gefühle unter Kontrolle zu bringen und damit
Ihren Genuss zu maximieren. Ihre Körperhaltung beispielsweise
bewirkt zweierlei:

- Einerseits nimmt sie direkt Einfluss auf Ihren psychischen Zustand,
- andererseits haben Sie durch Ihre Körperhaltung einen gewissen
  Einfluss darauf, wie Ihre Mitmenschen Sie sehen und auch behandeln.

Und das sind Einflüsse, die Sie nicht unterschätzen sollten. Denn
diese Einflüsse führen zu einer Art Spirale, die sich, je nachdem,
wie Sie sie benutzen, nach oben oder nach unten dreht.

Lassen Sie mich dieses Prinzip anhand zweier Beispiele verdeut-
lichen.

Die Spirale nach unten

Nehmen wir an, Sie wären ein bedauernswerter Zeitgenosse, der von Minderwertigkeitskomplexen geplagt werde, keinerlei Selbstvertrauen hätte und dem man schon von weitem ansähe, was er von sich selbst hielte. Ihre Einstellungen spiegelten sich in Ihrem Körper, das heißt Sie hätten eine schlaffe, zusammengesunkene, kraftlose Körperhaltung, Ihre Stimme wäre eher leise, Sie vermeideten, anderen direkt in die Augen zu sehen, Sie zeigten nur sehr spärliche Gestik, kurzum: Sie stünden, säßen, bewegten und verhielten sich wie ein »graues Mäuschen«. Und wenn dies alles zuträfe, würden Sie bei näherer Betrachtung eine interessante Feststellung machen: Ihre Mitmenschen behandelten Sie genauso, wie Sie sich fühlten. Dies wiederum führte dazu, dass Sie sich noch tiefer in dieses Karussell des Verdrusses hineinfallen ließen, weil Ihnen ja Ihre Umwelt dauernd bestätigen würde, dass Sie wirklich minderwertig seien. Man gäbe Ihnen keine verantwortungsvollen Jobs, man ließe Sie auf Ämtern ewig warten, übersähe oder unterdrücke Sie, wo immer es möglich wäre, nicht einmal Ihr Hund hätte Respekt vor Ihnen. Sie wären das, was man einen »geborenen Verlierer« nennt.

So würde also die Spirale nach unten aussehen. Wie aber setzt man eine Spirale nach oben in Gang? Ganz einfach, indem man das Gegenteil dessen tut, was zur Richtung »nach unten« gehört! Vielleicht geht Ihnen jetzt durch den Kopf: *»Wenn das so einfach wäre, das sind doch über Jahre eingeschliffene Gewohnheiten, die kann man nicht so einfach ändern!«* Stimmt und stimmt nicht! Es stimmt, dass es sich bei diesen oder ähnlichen Verhaltensweisen, Denkweisen, Körperhaltungen usw. um Gewohnheiten handelt, aber es stimmt nicht, dass sie sich nicht ändern lassen! Verschränken Sie doch einmal Ihre Arme vor der Brust! Welcher Arm ist oben? Sehen Sie, das ist Gewohnheit. Sooft Sie die Arme verschränken, ist immer wieder derselbe Arm oben. Machen Sie doch einmal das Gegenteil. Nehmen Sie beim Verschränken den anderen Arm nach oben. Möglicherweise entsteht zunächst einmal »Armsalat«, doch Sie sind durchaus in der Lage, gegen Ihre Gewohnheit zu handeln und den anderen Arm nach oben zu legen. Das Ganze fühlt sich natürlich etwas künstlich an, weil es für Sie ungewohnt ist, aber es ist trotzdem weder schwer noch unmöglich. Was würde passieren, wenn Sie alle Faktoren, die gewohnheitsmäßig mit Ihrem Verdruss zusammenhingen, änderten?

Die Spirale nach oben

Nehmen Sie nun bewusst eine Körperhaltung ein, die Selbstbewusstsein ausdrückt. Sie sitzen oder stehen aufrecht, gerade, den Kopf leicht erhoben, Sie blicken Ihr Gegenüber ruhig, aber sicher an und Ihre Stimme ist laut und kräftig, nicht jedoch aufdringlich. Bemerken Sie die positive Wirkung?

Sich minderwertig zu fühlen, fällt Ihnen bei dieser Haltung schwer, weil Ihre Körperhaltung und Ihr Verhalten nicht zu diesem Zustand passen. Das Resultat: Ihre Mitmenschen reagieren anders auf Sie, sind möglicherweise freundlicher zu Ihnen und zeigen mehr Achtung vor Ihnen. Das wiederum führt dazu, dass es Ihnen leichter fällt, sich sicher und selbstbewusst zu fühlen. Und wenn Sie sich sicher und selbstbewusst fühlen, zeigt sich das wiederum in Ihrer Körperhaltung und auf diese reagieren Ihre Mitmenschen ...

Sie sehen, jetzt dreht sich die Spirale nach oben! Sie glauben es noch nicht? Wie viele andere Skeptiker denken Sie vielleicht: *»Aber wenn ich das mache, das ist doch künstlich, das bin doch nicht ich, das entspricht nicht meinem Charakter!«* Und schon haben wir das Wort, das von all denen strapaziert wird, die nichts ändern wollen, der geheimnisvolle und schicksalshafte »Charakter«. Nun, bevor wir hier lange über eine abstrakte Konstruktion reden, sehen wir ihn uns an, Ihren »Charakter«.

Lässt sich Ihr Charakter ändern?

Was ist denn eigentlich »Charakter«? Das Wort kommt aus dem Griechischen und bedeutet soviel wie Stempel, Einkerbung oder Prägung. Seit dem 17. Jahrhundert bezieht man diesen Begriff auf den Menschen und meint damit die Gesamtheit seiner Wesenszüge, seiner Eigenheiten, die eben »charakteristisch« für ein Individuum ist und es auch von anderen unterscheidet. Dieses seltsame Gebilde des Charakters scheint etwas mit Gewohnheiten zu tun zu haben, denn wenn Sie sich jeden Tag änderten, könnte man Sie nur schwer »charakterisieren«, höchstens dahingehend, dass es »charakteristisch« für Sie ist, sich jeden Tag zu ändern, was ja auch eine Art von Gewohnheit wäre. »Es kommt nicht auf Äußerlichkeiten, sondern auf den Charakter an!« können Sie relativ oft hören oder lesen. Dieses wunsame Ding kann man aber weder sehen noch hören, riechen, schmecken oder gar anfassen und in der äußeren Umwelt scheint es auch nicht zu existieren! Also scheint es etwas zu sein, was tief drinnen im Menschen sitzt, was sich aber weder in Röntgenbildern noch durch eine Computertomographie sichtbar machen lässt. Nun, dann kann es nur noch etwas sein, das sich mit so verschwommenen Begriffen wie »seelisch-geistig« umschreiben lässt.

Jetzt haben wir schon zwei Anhaltspunkte, was Ihren Charakter ausmacht: Einerseits sind es Gewohnheiten und andererseits hat er etwas mit Ihrem Geist, mit Ihrer Seele zu tun. Also könnte man Charakter als »seelisch-geistige Gewohnheiten« definieren. Was aber sind »seelisch-geistige Gewohnheiten«? Was tut Ihr »Geist« den ganzen lieben langen Tag? Er denkt und er fühlt! Jetzt, wo Sie diese Zeilen lesen, denken Sie. Sie bilden sich eine Meinung über das, was ich hier schreibe. Sie bilden sich Meinungen über die Welt um sich herum, Sie schmieden Pläne für die Zukunft, Sie erinnern sich an Vergangenes, kurzum: Sie denken und fühlen tagtäglich. Und wie Sie das tun, ist das, was Ihren Charakter ausmacht.

Ihr Denken und Fühlen wiederum hat Einfluss auf Ihr Verhalten. Ihr Verhalten ist ja das Medium, über das Ihre Mitmenschen etwas über Ihren Charakter erfahren. Wie Sie reden, welche Meinungen Sie äußern, wie Sie bestimmte Dinge tun, wie Sie sich bewegen, wie Sie jemand die Hand geben, wie Sie an Probleme herangehen – alles das gehört zu Ihrem Verhalten und dieses wiederum ist Abbild Ihres Denkens und Fühlens.

> »Charakter« ist, wenn man es einfach ausdrückt,
> nichts anderes als bestimmte Gewohnheiten
> bezüglich des Denkens, Fühlens und Verhaltens.

Das bedeutet, dass wenn Sie Ihr gewohnheitsmäßiges Denken, Fühlen und Verhalten verändern, Sie auch Ihren Charakter ändern! Denken, Fühlen und Verhalten ändern sich bei jedem Menschen im Laufe der Zeit durch Erfahrung und andere Lernprozesse. Sicher denken Sie jetzt über einige Dinge anders als noch vor 15 Jahren, möglicherweise haben Sie inzwischen einige Verhaltensweisen aus Ihrer Jugend abgelegt und vielleicht hat sich auch Ihr Gefühl einem Menschen oder einer Situation gegenüber mit der Zeit geändert. Charakter ist also nichts Statisches, sondern Änderungen unterworfen. Was heute noch charakteristisch für Sie ist, muss es deswegen morgen noch lange nicht sein. Sie sind auch keinesfalls gezwungen, mit einer Denkweise, emotionalen Reaktion oder einer Verhaltensweise, die in der Vergangenheit charakteristisch für Sie war, bis zu Ihrem Dahinscheiden weiterzuleben. Charakter verändert sich als Reaktion auf Erfahrungen mit der Umwelt. Diese Änderungen werden meist durch irgendwelche Ereignisse in Gang gebracht, weshalb nicht die Richtung bewusst selbst bestimmen? Weshalb darauf warten, bis sich Ihr Charakter so ändert, dass Sie damit ein Maximum an Lebensgenuss erreichen? Wie lange wollen Sie darauf warten? Jahre, Jahrzehnte?

Leute, die etwas ändern wollen, warten nicht.
Sie handeln!

Womit wir uns in diesem Kapitel beschäftigen, ist der Einfluss Ihres Körpers, Ihrer Haltung, Ihres Körpergefühls auf Ihre Psyche. Wie Sie wissen, hat jede Emotion eine dazugehörende Haltung, ein bestimmtes Körpergefühl, einen bestimmten Gesichtsausdruck und andere körperliche Veränderungen zur Folge. Sie wissen auch, welche Gefühle Sie brauchen, um ein Maximum an Lebensgenuss zu erfahren und welche nicht. Wenn Sie bestimmte Gefühle nicht brauchen, weshalb sollten Sie dann in Zukunft alles tun, um eben diese Emotionen aufrecht zu erhalten oder gar zu erzeugen? Erscheint es nicht wesentlich sinnvoller, stattdessen Gefühle zu »erzeugen«, die Ihnen Spaß machen, mit denen Ihr Leben »lebendig« wird?

Das »Als-ob-Prinzip«

Um belastbar, glücklich und zufrieden zu sein, brauchen Sie nur das bewusst zu tun, was Leute, die in diesem Zustand sind, automatisch tun. Also hören Sie auf, so zu denken, zu fühlen und zu handeln, wie es diese Leute *nie* tun würden. Verhalten Sie sich stattdessen so, wie es diese Menschen ihr Leben lang tun – so lange, bis es für Sie zur Gewohnheit geworden ist, zu denken, zu fühlen und sich zu verhalten wie ein Gewinner. Und wenn es für Sie zur Gewohnheit geworden ist, dann sind Sie einer dieser Menschen.

Es nutzt Ihnen gar nichts, wenn Sie nur über Ihren Zustand jammern, wenn Sie immer wieder darüber reden, aber gleichzeitig nichts tun, um aus diesem Zustand herauszukommen. Ich erlebe es immer wieder gerade im psychotherapeutischen Bereich, dass Menschen mit Problemen in eine Gruppentherapie gehen, dort ausführlich über ihren Zustand berichten und sich nichts ändert. Es kann sich auch nichts ändern, weil die Betroffenen nichts ändern wollen. Sie warten, dass die Änderung über sie kommt, wie die Menschen früher darauf gewartet haben, dass Manna vom Himmel fällt. In keinem anderen Bereich menschlichen Handelns würde jemand einen derartigen Unsinn veranstalten und erwarten, dass sich eine Wirkung zeigt.

Nehmen Sie an, Sie möchten KFZ-Mechaniker werden. Dann werden Sie die Dinge lernen, die man dazu braucht, Autos zu reparieren, und Sie werden das tun, was ein KFZ-Mechaniker so macht. Zu Beginn wird das Ganze noch etwas unsicher und holprig sein, aber wenn Sie sich das Wissen angeeignet haben und tagtäglich Autos instand setzen, dann beherrschen Sie das, was einen KFZ-Mechaniker ausmacht. Kein Mensch käme auf die Idee, sich hinzusetzen, zu wehklagen, dass er kein KFZ-Mechaniker sei, mit vielen Leuten darüber zu reden, in eine Gruppentherapie zu gehen und darauf zu warten, dass der KFZ-Mechaniker irgendwann wie durch Zauberhand über ihn kommt und ihm eine geheimnisvolle Fee zeigt, wie man einen Auspuff wechselt oder die Zündung einstellt.

In fast jedem Bereich handelt man auf diese Art, man benimmt sich, als ob der Zustand bereits eingetreten wäre, macht daraus eine Gewohnheit und erreicht damit nach einer gewissen Zeit den angestrebten Zustand. Nur wenn es um den psychischen Bereich, um die Kunst des Lebens geht, werden derartige Handlungen plötzlich als zu einfach, als zu oberflächlich angesehen. Psyche erscheint als etwas wahnsinnig Komplexes und nicht wenige Leute empfinden vor psychischen Phänomenen eine geradezu inbrünstige Ehrfurcht. Nun, mit derartigen Weltanschauungen lässt sich das Leben sehr kompliziert machen. Ob Ihr Leben einfach oder kompliziert verläuft, hängt allein von Ihren Einstellungen, Ihrer Weltanschauung ab, denn das sind die Grundzutaten für jede Art von selbsterfüllender Prophezeiung! So genannte selbsterfüllende Prophezeiungen sind Vorstellungen, Meinungen oder Urteile über sich selbst, andere Menschen oder die Welt, die sich, egal, ob wahr oder falsch, immer bestätigen werden. In meinem Buch »Nimm Dir einfach mehr vom Leben« habe ich diesem weit verbreiteten Phänomen ein ganzes Kapitel gewidmet, deshalb an dieser Stelle nur eine kurze Erklärung. Wann immer Sie zu einem Sachverhalt eine bestimmte Meinung haben (egal, ob richtig oder falsch), wird diese Meinung dazu führen, dass sich Ihr Verhalten dementsprechend ändert. Dieses Verhalten wird zu bestimmten Ergebnissen führen und diese Ergebnisse wiederum werden Ihnen bestätigen, dass Ihre Meinung richtig war: Ihre Prophezeiung ist also eingetroffen.

Falls Ihnen das zu abstrakt war, hier noch ein Beispiel zur Verdeutlichung. Wenn Sie der Meinung sind, keiner mag Sie, dann wird sich diese Meinung auf Ihr Verhalten auswirken. Sie werden sich zum Beispiel unsicher benehmen, sich zurückziehen, eventuell um die Gunst der anderen buhlen, andere vor den Kopf stoßen, um nicht enttäuscht zu werden usw. Aufgrund dieses Verhaltens kann es passieren, dass andere Sie wirklich ablehnen. Und das wiederum bestätigt Ihnen, dass Ihre Meinung »Keiner mag mich« wirklich stimmt. Selbsterfüllende Prophezeiungen funktionieren natürlich auch in positiver Hinsicht. Wenn Sie der Meinung sind, die Welt sei ein freundlicher Ort, wird sich das auch auf Ihr Verhalten auswirken. Sie werden zum Beispiel freundlich zu anderen sein, lächelnd durch die Stadt laufen und damit das Ergebnis erzielen, dass auch einige Leute zurücklächeln und auch Ihnen gegenüber zuvorkommend sind. Das wiederum wird Ihnen bestätigen, dass die Welt tatsächlich ein freundlicher Ort ist. Selbsterfüllende Prophezeiungen sind ein Phänomen, das Sie durch Ihre Denk- und Handlungsweise in Gang setzen. Wenn Sie also die selbsterfüllende Prophezeiung in positiver Hinsicht für sich arbeiten lassen möchten, dann fangen Sie bei den Inhalten an. Die wichtigen »Grundzutaten« für Lebensgenuss sind Gefühle, Denk- und Verhaltensweisen, die mit Genuss verbunden sind.

Wenn Sie ein Ziel erreichen möchten,
dann richten Sie Ihr Denken, Fühlen und Handeln danach aus!

Was tun denn Menschen, die Gefühle von Freude, Begeisterung, Zufriedenheit und Glück empfinden? Können Sie sich vorstellen, dass jemand, der gerade im Moment sein Leben in vollen Zügen genießt, die Mundwinkel nach unten zieht und ein verdrossenes Gesicht macht? Können Sie sich vorstellen, dass er seine Augenlider hängen lässt und total desinteressiert und lustlos in die Landschaft blickt? Nein, natürlich nicht! Was zeichnet jene Menschen aus, die man allgemein als »sonnige Gemüter« bezeichnet?

Sie lächeln relativ oft!

Ist das etwas, was Sie nicht können? Ist das etwas, was irrsinnig schwer ist? Ist das etwas, wozu Sie jahrelange Ausbildung und ein Universitätsstudium brauchen? Ist das etwas, was sich »langsam entwickeln« muss? Mit Sicherheit nicht! Sie können augenblicklich damit anfangen!

Ihr Ziel kennen Sie. Dass Sie es nur erreichen, wenn Sie darauf hinarbeiten, wissen Sie auch und dass »darauf hinarbeiten« bedeutet »jetzt gleich anfangen« ist Ihnen auch bekannt. Also fangen Sie doch jetzt gleich damit an. Betreiben Sie »Stimmungskosmetik«, das heißt, bringen Sie sich in eine angenehme Stimmung, anstatt in einer griesgrämigen zu verharren und wertvolle Zeit damit zu verschwenden.

Schritt 1: Lächeln Sie

Einer der einfachsten Wege, in eine beschwingte Stimmung zu geraten, ist – neben dem berühmten Glas Champagner – das Lächeln. Gewöhnen Sie sich an, bei allen Ihren täglichen Arbeiten zu lächeln! Jetzt gerade, in dem Moment, wo Sie dieses Buch lesen, können Sie entspannt vor sich hinlächeln. Wenn Sie das tun, werden Sie nach gar nicht langer Zeit eine Veränderung in Ihrer Stimmung bemerken. Ihre Gemütslage wird um ein paar Nuancen vergnügter, zufriedener und ausgeglichener.

Dieser Zusammenhang ist seit langem bekannt. Untersuchungen an der Universität von Michigan (Prof. R. B. Zajonc) und der Universität von Kalifornien (Prof. P. Ekman) bestätigen diesen Effekt. Man nimmt an, dass sich durch das Lächeln die Durchblutung bestimmter Hirnareale verändert und auf diese Weise direkter Einfluss auf die Stimmungslage genommen wird. Dr. J. Diamond, New York, nimmt an, dass die Anspannung bestimmter Muskeln während des Lächelns darunter liegende Nerven reizt, die eine Art positive Nachricht an das Gehirn weiterleiten. Nun, ich will Sie hier nicht mit trockenen Forschungsergebnissen langweilen, im Endeffekt ist es für uns nicht so sehr von Interesse, *wie* es funktioniert, sondern *dass* es funktioniert. Tun Sie so, als ob. Wenn Sie möchten, dass es Ihnen seelisch gut geht, dann weigern Sie sich Dinge zu tun, die Ihrem Wunsch widersprechen.

<blockquote>
Sie können sich jederzeit entscheiden,
die Mundwinkel nach oben statt nach unten zu tragen!
</blockquote>

Lächeln Sie nicht nur, wenn Sie vergnügt sind, sondern lächeln Sie einfach ohne Grund – die Vergnügtheit kommt dann hinterher! Und spätestens dann haben Sie einen Grund zu lächeln. Sicher wird es am Anfang etwas ungewohnt sein, möglichst oft ein Lächeln ins Gesicht zu zaubern, aber je häufiger Sie das bewusst tun, umso schneller wird es für Sie zur Gewohnheit; und wenn Lächeln für Sie zur Gewohnheit wird, ist es bereits Teil Ihres Charakters. Es hat Sie damit wieder einen Schritt weiter gebracht. Ich will, ich kann und ich werde, also los:

- Sie werden frühmorgens schon Ihr Spiegelbild beim Zähneputzen anlächeln,
- Sie werden lächelnd Auto fahren,
- Sie werden quietschvergnügt zur Arbeit gehen,
- Sie werden lächelnd Ihr Mittagessen zu sich nehmen,
- Sie werden lächelnd die Arbeit erledigen, die sich auf Ihrem Schreibtisch türmt,
- Sie werden abends lächelnd nach Hause kommen ...

Und nach einer gewissen Zeit werden Sie eine erstaunliche Entdeckung machen. Die Menschen in Ihrer Umgebung werden auf Ihr Lächeln reagieren. Womöglich wird man Ihnen Komplimente über Ihre Fröhlichkeit machen, womöglich werden Sie des Öfteren ein Lächeln zurückbekommen, womöglich werden Sie häufiger angesprochen, womöglich fühlen sich andere Menschen in Ihrer Gegenwart einfach wohl. Und alles das wird Ihnen wiederum sehr gut tun, und wenn es Ihnen gut geht, werden Sie ... Na, was wohl?

Lächeln!

Alles, was ich Ihnen hier erzähle, habe ich mir nicht aus den Fingern gesogen oder durch Theoriewissen angeeignet, sondern ich kenne das aus eigener Erfahrung. Ich beobachte immer wieder erstaunt, wie ich diese Prinzipien, von denen hier die Rede ist, automatisch, ohne großartig nachzudenken, anwende. Wenn ich beispielsweise wochentags Psychologievorlesungen halte, dann sind diese nicht selten früh am Morgen, was für mich bedeutet, dass ich sehr früh aufstehen muss. Da ich jedoch ein Morgenmuffel bin, dauert es eine gewisse Zeit, bis ich in Fahrt komme. Allerdings weiß ich, genau wie Sie, dass es Mittel und Wege gibt, um in Fahrt zu kommen. Mich erinnert diese wundersame Verwandlung des Helmut Lautners manchmal an die Geschichte von Dr. Jekyll und Mr. Hyde aus der gleichnamigen Novelle von Robert Stevenson (es geht dabei – verkürzt dargestellt – um einen Mann, der sich regelmäßig in ein anderes Wesen veränderte).

Lassen Sie mich Ihnen einen derartigen Morgen beschreiben. Der Wecker klingelt viel zu früh, ich bleibe noch ein paar Minuten liegen, bis mich meine Göttergattin endgültig aus dem Bett befördert. Schlaftrunken wandere ich dann ins Badezimmer, frühstücke, lese Zeitung und begebe mich dann unter extremem Gähnen zu meinem Wagen. Ich fahre zu dem betreffenden Bildungsinstitut und steige immer noch müde aus meinem Wagen aus. Kaum aber bin ich durch die Eingangstür gegangen, beginnt die wundersame Veränderung. Plötzlich fange ich an, zu pfeifen oder ein Liedchen zu trällern. Der Körper strafft sich, der Schritt wird energisch. Ich beginne zu lächeln – jede Frau, die sich mir mehr als zehn Meter nähert, wird bei diesem Zustand automatisch schwanger – und mit dieser Energie breche ich dann ins Klassenzimmer hinein ... Die Show beginnt.

Von der Eingangstür bis zum Unterrichtsraum sind es nicht mehr als 50 Meter. 50 Meter reichen völlig aus, um von einem Zustand der Abgeschlafftheit in einen Zustand von sprühender Energie zu gelangen! Und alles, was ich tue, ist, dass ich meinen Gesichtsausdruck, meine Haltung, meinen Gang ändere – dass ich mich so verhalte, wie man sich automatisch verhält, wenn man »gut drauf« sein will. Auf diese Art erlange ich genau den Zustand, den ich benötige, um abgeschlaffte Schüler zu aktivieren. 50 Meter reichen dazu völlig aus! Faszinierend, nicht wahr?

Lächeln Sie!
Geben Sie Ihrem Gesicht den Ausdruck,
der zu Lebensgenuss passt!

Raymund Hull schreibt in seinem Bestseller »Alles ist erreichbar«: *»Lächeln Sie, während Sie nachdenken. Es ist psychologisch erwiesen, dass angenehme Gedanken sich in einem Lächeln äußern und dass andersherum ein Lächeln ein angenehmes Gefühl hervorruft. Deshalb lächeln Sie. Erfahren Sie Vergnügen, während Sie an die Realisierung Ihres Wunsches denken ... Ich habe es mir zur Regel gemacht, das Wort ›lächeln‹ gut sichtbar auf jede Seite obenan zu schreiben, die sich mit diesen Übungen befasst. Das würde ich auch Ihnen empfehlen ...«*

Bob Hope, der bekannte amerikanische Komiker, soll einmal auf die Frage, weshalb er so oft lächle, gesagt haben: *»Weil ich mich nicht überanstrengen will. Zu einem lachenden Gesicht braucht man 13 Muskeln, während man zu einem todernsten Gesicht 60 Muskeln benötigt.«*

Durch ein Lächeln ändert sich nicht nur Ihre Stimmung, sondern auch die Stimmung anderer Leute. Sie kennen diesen Effekt, dass wenn jemand beispielsweise herzhaft lacht, geradezu »Ansteckungsgefahr« besteht. Unwillkürlich fühlt man sich veranlasst mitzulachen. Ich habe mir die Mühe gemacht, einige Filmausschnitte zusammenzustellen, auf denen nur gelacht wird. Es sind Zusammenschnitte aus den unterschiedlichsten Filmen, eine Handlung ist nicht zu erkennen, es wird nur gelacht. Wenn ich diese Ausschnitte in Seminaren zeige, dauert es nicht lange und der ganze Saal hält sich den Bauch vor Lachen. Ich wurde schon mehrmals gebeten, den Film abzubrechen, weil die Leute vor lauter Lachen keine Luft mehr bekamen. Alles, was auf diesem Film zu sehen ist, sind Leute, die lachen, sonst nichts ...

Nun, was für das Lachen gilt, trifft auch auf Lächeln zu. Lächeln steckt an, ein freundliches Wesen führt dazu, dass die Wahrscheinlichkeit steigt, auch von anderen Zeitgenossen freundlich behandelt zu werden. Sie müssen für diesen Effekt nur eines tun: Die Winkel Ihres Mundes etwas in die Höhe ziehen und die Augen etwas zusammenkneifen! Das folgende Sprichwort birgt eine ganz tiefe Weisheit in sich. Denken Sie darüber nach!

»Wer nicht lächeln kann,
sollte keinen Laden eröffnen.«
(Chinesisches Sprichwort)

Schritt 2: Nehmen Sie die Haltung der Sieger ein

»Der menschliche Körper ist das beste Abbild der menschlichen Seele.«
(Ludwig Wittgenstein)

Was ich mich als Schüler immer wieder gefragt habe war, weshalb einige Lehrer darauf bestanden, dass sich die Schüler aufrecht hinsetzten. »Setz dich gerade hin!«, »Lümmel dich nicht so auf deinen Tisch!« sind Aufforderungen, die wahrscheinlich jeder im Laufe seiner Schulzeit mehr oder weniger häufig zu hören bekam. Möglicherweise wussten die Lehrer selbst nicht, weshalb sie auf diesen Forderungen bestanden. Meistens ging es jedoch um den nötigen Respekt ... Aber lassen Sie uns auch an einen anderen Zusammenhang denken.

Wenn Sie sich langweilen, wenn Sie geistig abgeschaltet haben, welche Körperhaltung werden Sie automatisch einnehmen? Richtig, Sie werden sich in Ihrem Stuhl oder Sessel bequem zurücklegen, werden sich hineinrutschen lassen, oder Sie werden Ihren Kopf aufstützen und den Körper gegen den vor Ihnen stehenden Tisch lehnen. Diese Haltung passt einerseits zu Ihrem Gefühlszustand, andererseits verstärkt sie ihn auch noch. Sobald Sie sich jedoch aufrecht und gerade hinsetzen, werden Sie feststellen, dass Sie auch wacher und aufmerksamer werden, ein Zustand also, der nicht so recht zu Ihrer Langeweile und Müdigkeit passen will.

Ich erlebe diesen Effekt immer wieder in meiner Praxis. Wenn es einem Klienten emotional sehr schlecht geht, dann spiegelt sich dieser Zustand in seiner Körperhaltung. Meist sitzen die Betreffenden wie ein Häufchen Elend auf meiner Couch, Oberkörper zusammengesunken, Blick nach unten und nicht selten fließen die Tränen. Sobald ich jedoch den Betreffenden auffordere, sich kerzengerade hinzusetzen, den Oberkörper zu straffen und den Blick nach oben zu richten, passiert etwas Seltsames: Das Weinen fällt unwahrscheinlich schwer. Meist versiegen die Tränen schlagartig. Einige lassen sich dann sofort wieder zusammensacken, nehmen den Blick nach unten, damit Sie wieder ohne Mühe weiter weinen können, andere stellen erstaunt fest, welch großen Einfluss die äußere Körperhaltung auf die innere Geisteshaltung hat.

Erlauben Sie mir an dieser Stelle, Ihnen einen nicht ganz ernst gemeinten Tipp zu geben. Er wird alle Zögerer und Zauderer bestätigen, oder was denken Sie?

So nutzen Sie Ihre Depression richtig
Wenn Sie etwas von Ihrer Niedergeschlagenheit haben wollen,
- dann stellen/setzen Sie sich auf keinen Fall aufrecht hin,
- blicken Sie auf keinen Fall nach oben,
- breiten Sie auf keinen Fall die Arme aus

• und um Gottes Willen straffen Sie Ihren Körper nicht!
Denn wenn Sie das tun, machen Sie diesen angenehmen, nie-
dergeschlagenen, depressiven Zustand kaputt, Sie tun sich
dann unheimlich schwer, sich weiter darin zu wälzen – und
wer will das schon?

Eine Veränderung Ihres Gefühlszustandes zieht eine Veränderung
Ihrer Körperhaltung nach sich, und umgekehrt bewirkt eine Veränderung Ihrer Körperhaltung eine Veränderung Ihres Gefühlszustandes. Diese Erkenntnis machen sich seit langem Psychothera-
pierichtungen zunutze, die eine psychische Veränderung über
körperliche Veränderungen bewirken (Bioenergetik, Rolfing, Kinesiologie usw.). Den Einfluss Ihres Körpers auf Ihren psychischen
Zustand kennen Sie sicher aus eigener Erfahrung. Nach einem
üppigen Mittagessen, wenn Sie so richtig satt sind, werden Sie
möglicherweise müde. Wie das alte Sprichwort »Nach dem Essen
sollst du ruhn oder tausend Schritte tun« schon sagt, haben Sie in
dieser Situation zwei Möglichkeiten. Sie können sich hinlegen,
dann werden Sie noch müder werden, und in einen Mittagsschlaf
verfallen oder Sie können sich intensiv bewegen, dann werden Sie
wieder wach werden. Je nachdem, was Sie mit Ihrem Körper anstellen, werden Sie den Zustand erhalten, den Sie haben möchten.

Weshalb drillt man zum Beispiel Soldaten darauf, eine gerade,
aufrechte Haltung anzunehmen, im Gleichschritt zu marschieren
usw.? Nun, weil durch diese Haltung ein bestimmter Zustand erreicht wird. Wer aufrecht daherkommt, hat keine Angst, wer in
einer Gruppe im Gleichschritt marschiert, fühlt sich in einer Einheit, und diese Einheit ist sehr mächtig, mächtiger als das Individuum allein. Oder weshalb wollen religiöse Fanatiker immer wieder bestimmte Tänze verbieten? Weil diese Tänze dazu führen, dass
die Tanzenden in eine erotische, sexuell gefärbte Stimmung geraten, nur indem sie ihre Körper in einer bestimmten Art und Weise
bewegen. Und Erotik und Religion waren schon immer zwei Dinge,
die miteinander auf Kriegsfuß standen.

Lange Rede, kurzer Sinn:

Sie sind durch Ihren Körper in der Lage,
Ihren Geist zu beeinflussen.

Körperhaltung und psychischer Zustand sind eine Einheit, Sie können nicht das eine verändern, ohne das andere dadurch zu beeinflussen. Was aber hat das Ganze mit Ihrem Ziel zu tun? Ihr Ziel ist ein Maximum an Lebensgenuss. Die Gefühle, die Sie dazu brauchen, haben Sie am Anfang dieses Buches genau beschrieben. Zu diesen Gefühlen gehören ganz bestimmte Körperhaltungen. Wenn Sie diese Gefühle in Zukunft öfter erleben möchten, heißt das, dass Sie so denken werden, dass Sie so handeln werden und dass Sie sich so verhalten werden, wie sich jemand verhält, der diese Gefühle erlebt. Das heißt aber auch, dass Sie die dazu passenden Körperhaltungen einnehmen werden.

So stellen Sie Kongruenz her zwischen innen und außen
Was meine ich mit Kongruenz? Dieses Wort bedeutet soviel wie Deckungsgleichheit – auf unsere Thematik übertragen heißt das, Denken, Sprache, Verhalten, Körperausdruck usw. stimmen überein. Wenn Sie sagen: »Ich fühle mich wohl« und das auch voll empfinden, herrscht Kongruenz. Je kongruenter Sie sind, desto mehr sind Sie tatsächlich in einem Gefühl »drin«. Künstlich kommt Ihnen das Ganze nur dann vor, wenn Sie sich beispielsweise mit Trauermiene vorsagen: »Mir geht's gut«. Jetzt passt Ihre Mimik nicht zu diesem Satz, Sie empfinden das Ganze als gespielt, geheuchelt und als unecht. Nehmen wir doch einmal den Satz:

»Ich kann, ich will, ich werde!«

Wenn Sie von etwas völlig überzeugt sind, wenn Sie absolut sicher sind, dass Sie jedes Hindernis überwinden können und werden, wie stehen Sie dann da? Sagen Sie sich diesen Satz immer wieder und nehmen Sie die passende Haltung ein. Wie sieht diese Haltung genau aus?

Wie ist Ihre Körperhaltung?

_____

Welche und wieviel Gestik setzen Sie ein?

_____

Wie lässt sich Ihre Kopfhaltung beschreiben?

_____

Wohin richten Sie Ihren Blick?

_____

Welche Mimik setzen Sie ein?

_____

Möglicherweise haben Sie folgende Erfahrung gemacht. Solange Sie dieses »Ich kann, ich will, ich werde!« nur lustlos vor sich hinbrabbeln, passiert überhaupt nichts. Es kann auch nichts passieren, weil Sie nicht kongruent sind. Der Zustand »lustlos« und dieser Satz passen nicht zusammen. Sobald Sie sich aber ernsthaft mit dieser Übung beschäftigen, werden Sie feststellen, dass sich Ihr Körper strafft. Sie stehen aufrecht und fest, Ihr Blick wird standhaft und entschlossen, Sie kneifen unwillkürlich Ihre Augen etwas zusammen, Ihre Muskelspannung steigt und die Energie in Ihrem Körper ist förmlich zu spüren. Und möglicherweise haben Sie auch bemerkt, dass sich dieser Satz, den Sie sich in Ihrem Gehirn vorsagen, an Lautstärke zunimmt, dass er einen entschlossenen Tonfall erhält. Möglicherweise ballen sich Ihre Fäuste und Sie haben den Drang, Ihren Arm mit einer kraftvollen und entschlossenen Bewegung nach oben zu führen. Möglicherweise spüren Sie jetzt auch dieses Gefühl an einer ganz bestimmten Stelle Ihres Körpers. Möglicherweise tauchen in Ihrem Gehirn plötzlich Worte auf wie »Ja!« oder »Yeah!«. Und Sie werden feststellen, dass Sie sich nicht mehr einzelne Komponenten dieses Zustandes vormachen, sondern tatsächlich in diesem Zustand sind. Sie sind kongruent, Sie haben einen Zustand hergestellt, wie man Licht durch Anknipsen einer Lampe einschaltet!

Probieren wir das Ganze doch einmal mit dem Zustand »Selbst-sicherheit« aus. Welche Haltung nehmen Sie ein, wenn Sie absolut selbstsicher sind?

Wie ist Ihre Körperhaltung?

_____

Welche und wieviel Gestik setzen Sie ein?

_____

Wie lässt sich Ihre Kopfhaltung beschreiben?

_____

Wohin richten Sie Ihren Blick?

_____

Welche Mimik setzen Sie ein?

_____

Schauen Sie sich nun an, wie es bei Ihnen aussieht, wenn Sie sich unsicher fühlen. Ihr Körper wird eine Haltung einnehmen, die diese Unsicherheit ausdrückt. Sie werden die Muskeln anspannen, Ihrem Gegenüber nicht mehr in die Augen sehen, den Kopf einziehen und Ihre Hände vor dem Körper verschränken. Die große, weite Gestik fehlt, Sie werden einen Gesichtsausdruck haben, der dem eines verängstigten Rehs ähnelt. Wenn Sie in diesem Zustand sind, werden Sie kein Maximum an Lebensgenuss erfahren.

Eine kleine Übung für Ihre Selbstsicherheit
Versuchen Sie in den nächsten zehn Minuten eine selbstsichere Haltung beizubehalten. Halten Sie Ihren Kopf aufrecht, stehen oder sitzen Sie gerade. Die Wirbelsäule drücken Sie durch, den Blick richten Sie fest auf einen Punkt vor Ihnen, den Körper lassen Sie entspannt, Brust und Bauch bleiben ungeschützt. Nehmen Sie eine Haltung an, die Sie haben würden, wenn Sie vor nichts und niemandem Angst hätten, unterstreichen Sie

---

> Ihre Worte beim Reden mit großen kraftvollen Gesten und lebhafter Mimik. Machen Sie diese Übung mehrmals pro Tag, wo immer Sie stehen und gehen!

Das, was Sie da gerade getan haben oder zumindest vorhaben zu tun, ist eine Fertigkeit, die in der Schauspielkunst angewendet wird. Man nennt sie »Method-acting«. Anhand dieser Methode lassen sich gute von schlechten Schauspielern unterscheiden. Schlechte Schauspieler müssen Gestik und Mimik eines Gefühlszustandes mühsam einstudieren, deshalb wirkt das Ganze später auf der Bühne oder im Film hölzern und künstlich. Gute Schauspieler begeben sich direkt in die Emotion, sie spielen beispielsweise nicht einen Wütenden, sondern sie sind es in diesem Moment, deshalb wirken sie überzeugend. Gestik, Mimik, Körpersprache, Stimmklang, Blick usw. kommen dann ganz von selbst und sind in diesem Moment echt und überzeugend.

Kraft und Energie durch Mentales Training
Die Fähigkeit, sich in einen kraftvollen, energiegeladenen Zustand zu bringen, beherrscht jeder Spitzensportler, sie ist im Sport unter dem Schlagwort *Mentales Training* seit langem bekannt. Amerikanische Footballspieler beispielsweise bringen sich vor einem entscheidenden Spiel bewusst in Stimmung. Was sie für das Spiel brauchen, das ist Kraft, und die bekommen sie durch Wut. Also versetzen sie sich schon in der Umkleidekabine in eine aggressionsgeladene Stimmung, indem sie sich gegenseitig anbrüllen, sich mit den Fäusten auf die Schultern schlagen und ähnliche Dinge tun. Sie machen im Prinzip also nichts anderes, als sich künstlich aufzuregen, um dann mit der so erzeugten Energie auf das Spielfeld zu stürmen und dort alles, was sich ihnen in den Weg stellt, umzurennen. Ähnliches Verhalten findet sich auch bei unseren nächsten Verwandten, den Affen, wieder. Ein Gorilla, der einen Eindringling bedroht, bringt sich durch Stöckeschlagen, durch energisches Auf-die-Brust-Klopfen selbst in eine derartig aggressive Stimmung, dass ihm der Angriff leichter fällt. Oder denken Sie an das Militär. Wenn Sie Kriegsfilme oder Dokumentationen über die Front sehen, wer-

den Sie immer wieder feststellen, dass Soldaten beim Angriff, beim Vorwärtsstürmen laut und aggressiv schreien, obwohl ihnen doch bewusst sein müsste, dass sie im nächsten Moment tot sein könnten. In jeder Armee der Welt wird dieses laute Schreien beim Angriff trainiert. Weshalb? Nun, versetzen Sie sich doch einmal in die Lage eines Rekruten, dem befohlen wird, vorwärts zu stürmen, obwohl er weiß, dass ihn dort der Feind erwartet. Welches Gefühl hätten *Sie* in diesem Moment? Wäre es nicht so, dass Sie Angst davor hätten, zu sterben oder schwer verwundet zu werden? Wäre es nicht so, dass sich alles in Ihnen davor sträuben würde, vorwärts zu laufen, dass Sie eher den innigen Drang verspüren würden, abzuhauen, und das so schnell wie möglich? Sehen Sie, dieses Problem hat jeder militärische Befehlshaber. Wie kriegt man Rekruten dazu, obwohl sie vor Angst schlottern, anzugreifen anstatt wegzulaufen?

Ganz einfach, indem man ihnen beibringt, sich in eine aggressive Stimmung zu versetzen. Indem man ihnen beibringt, trotz Angst die Dinge zu tun, die jemand tut, der aggressiv ist. Man bringt ihnen zum Beispiel bei, beim Angriff laut zu schreien, ein Verhalten, das mit Angst unvereinbar ist. Wenn jemand Angst hat, dann wird er sich so leise wie möglich verhalten, damit er nicht entdeckt wird. Man bringt ihnen bei, sehr schnell zu laufen, und zwar in Richtung Gegner – ein Verhalten, das sich bei Angst nicht zeigt. Verhielten sich die Rekruten ihrer Angst gemäß, bewegten sie sich, wenn überhaupt, nur sehr zaghaft auf die feindlichen Linien zu. Und man bringt ihnen bei, statt sich zu verkriechen, aufrecht dem Feind entgegenzustürmen. Es wäre müßig, hier alle Mittel und Wege aufzuzeigen, wie man mit psychologischen Techniken Verhaltensänderungen bei Soldaten bewirkt. In der Regel wird diese Verhaltensänderung durch ein genau ausgeklügeltes Programm erreicht, das jeder frisch gebackene Soldat durchläuft. Ein Programm, das so lange trainiert wird, bis es automatisch abläuft. Und dann werden sie zu Kampfmaschinen, zu Menschen, die dann angreifen, wenn andere längst fliehen würden, zu Menschen, die statt Furcht Aggression empfinden. Die Folgen einer derartigen Erziehung sind uns allen hinlänglich bekannt, sie sind in jedem Krieg deutlich zu sehen. Es ist nichts anderes als ein anerzogenes

Verhalten. Wer beim Militär war, weiß, dass es bei intensivem Drill im Regelfall nicht länger als ein halbes Jahr dauert, bis Menschen ein derartiges Verhalten erlernt haben.

Ein Vietnam-Veteran, der am Massaker von My Lai (ein Dorf in Vietnam, in dem von US-Truppen unbeteiligte Zivilisten auf grausamste Weise ermordet wurden) beteiligt war, antwortete auf die Frage, weshalb er Dutzende von Frauen, Kindern und alten Männern auf brutalste Weise abgeschlachtet habe, mit den Worten:

»Ich bin nicht so erzogen worden, ich wusste vorher nicht, dass ich zu so etwas überhaupt in der Lage sein würde. Aber als es dann so weit war, lief in mir das eintrainierte Programm des Tötens ab. Ich war wie in einem Rausch, ich tötete einfach drauf los. Wissen Sie, ich bin nicht so erzogen worden ...«

Und das ist der springende Punkt: Er ist nicht so erzogen worden. Er wurde möglicherweise ganz anders erzogen, aber innerhalb von sechs Monaten militärischer Grundausbildung war es möglich, ihn umzuerziehen, ihm Verhaltensweisen und Emotionen anzutrainieren, die ihm vorher fremd waren. Man brachte ihm bei, sich so zu verhalten, als ob er aggressiv und mordlüstern wäre, so lange, bis er es in der tatsächlichen Situation auch wirklich war.

> »Eine Rolle, die regelmäßig gespielt wird, wird zur Gewohnheit,
> und eine neue Gewohnheit
> wird ein Teil Ihres Charakters
> und verändert ihn auch entsprechend.«
> (Raymond Hull)

Was würde passieren, wenn man dieses Prinzip, das im Grunde in sämtlichen Bereichen menschlichen Verhaltens eingesetzt wird, auf das Ziel Maximum an Lebensgenuss übertrüge? Es würde doch bedeuten, dass, wenn Sie sich so gäben, wenn Sie sich so verhielten, als ob Sie Ihr Leben genössen, dieses Verhalten früher oder später zur Gewohnheit würde. Aber: Das Als-ob-Prinzip bringt nichts, so lange Sie nicht kongruent sind, also alle Komponenten eines Gefühls zusammenpassen.

Begeisterung, Freude und Ekstase sind angenehme Gefühle, die Ihnen eine Menge an Energie und Schwung bringen. Allerdings gibt es auch Situationen in Ihrem Leben, in denen zu viel Schwung nicht angebracht ist, in denen eher das Gegenteil sinnvoll ist. Mit weniger Schwung meine ich aber nicht Depression oder Energielosigkeit, sondern *Ruhe, Gelassenheit, Zufriedenheit* oder *Harmonie mit sich.*

Fragt sich nur, wie oder woran können Sie erkennen, dass Sie zufrieden sind? Wie zeigt sich denn das Zufriedenheitsgefühl in und an Ihrem Körper?

Wo in Ihrem Körper sitzt es?

_____

Welche Form hat es?

_____

Welche Farbe hat es?

_____

Ist es warm oder kalt?

_____

Ist es schwer oder leicht?

_____

Ist es eng umgrenzt oder strahlt es in bestimmte Richtungen aus?

_____

Beschäftigen Sie sich mit diesen Fragen, sie dienen dazu, dass Sie ein *Gespür* für Gefühlszustände entwickeln. So werden Sie in der Lage sein, Gefühle, die Sie haben möchten, entstehen zu lassen, anstatt zu warten, bis sie irgendwann über sie kommen.

Achten Sie auf weitere Komponenten dieses Gefühls - wie ist beispielsweise Ihr Atem? Sie werden feststellen, dass er bedeutend langsamer ist als beim Zustand »Begeisterung«.

Wie sind Ihre Bewegungen? Auch hier werden Sie feststellen, dass Ihre Bewegungen harmonisch, ruhig und relativ langsam sind, ohne übermäßigen Krafteinsatz. Anders als im Zustand der Begeisterung, wo Ihre Gestik sehr kraftvoll, schnell und energiegeladen ist.

Dass man über Bewegungen in den gewünschten Zustand kommt ist eine Erfahrung, die in China seit langem bekannt ist. T'ai Chi Ch'uan, bei uns unter dem Namen »chinesisches Schattenboxen« bekannt (obwohl es mit dem uns bekannten Boxen so gut wie gar nichts zu tun hat), basiert auf fließenden, langsamen und harmonischen Bewegungen, die ohne jegliche Anstrengung ausgeführt werden. Diese langsamen Bewegungen führen dazu, dass der Übende in relativ kurzer Zeit in den entsprechenden Geisteszustand von Entspannung, Ruhe und Gelassenheit gelangt. Aus eigener Erfahrung weiß ich, wie intensiv diese Gelassenheit werden kann. Als ich vor Jahren an einem T'ai Chi-Wochenendseminar teilnahm, war ich nach nur zwei Tagen intensiven Übens in einem Zustand, in dem ich das Gefühl hatte, die Welt bliebe stehen. Ich hatte vorher noch nie einen derartigen Zustand der Gelassenheit erlebt. Alles wurde plötzlich unwichtig, mein Gehirn war völlig leer, ich bestand nur noch aus gelassener Ruhe. Und in diesen Zustand kam ich lediglich dadurch, dass ich mich langsam bewegte, das heißt nur eine Veränderung über meinen Körper vornahm und mich gleichzeitig auf diese Bewegungen konzentrierte.

Nach diesem kurzen Ausflug in die Welt östlicher Philosophien zurück zu Gelassenheit und Zufriedenheit.

Wie stehen Sie, wenn Sie dieses Gefühl empfinden?

Welche Sitzhaltung nehmen Sie in diesem Gefühlszustand ein?

Welchen Gesichtsausdruck zeigen Sie? Wie ist Ihr Blick?

Nehmen Sie diese Haltung jetzt ein, stehend oder – wenn Sie gerade richtig gelassen dieses Buch lesen – sitzend. Konzentrieren Sie sich darauf, wo das Gefühl in Ihrem Körper sitzt, wie es sich anfühlt und wie es aussieht. Sagen Sie sich Sätze und Worte, die Sie verwenden, wenn Sie wirklich gelassen sind, zum Beispiel »Ich bin ganz ruhig«, »Nichts ist wichtig« usw. Denken Sie an den Begriff

»Kongruenz« – je mehr Sie davon haben, desto eher sind Sie in dem Zustand. Ein Gefühlszustand ist nichts, was plötzlich über sie kommt. Sie stellen ihn jedes Mal selbst her, denn Sie sind der Steuermann Ihres Gehirns. Solange Sie es jedoch zulassen, dass alle Vorgänge, die mit einem emotionalen Zustand verbunden sind, unbewusst ablaufen, haben Sie weder in der Hand, wann der entsprechende Gefühlszustand kommt, noch haben Sie irgendeinen Einfluss darauf, wie lange er bleibt und wann er geht. Solange Sie auf diese Art und Weise leben, ist Ihr Lebensgenuss purer Zufall, weil Sie sich nicht dafür entscheiden, nichts dafür tun und lediglich abwarten, bis ihn der Weihnachtsmann oder der Osterhase vorbeibringt. In dem Moment, wo Sie anfangen, die Zustände zu schaffen, die Sie haben möchten, und die Zustände abzuschaffen, die Sie nicht mehr haben möchten, in diesem Moment beginnen Sie Ihr Leben zu leben, Ihr Leben so zu leben, wie es Ihnen gefällt. Was Sie vorher getan haben war ein Zwischending zwischen »Ihr Leben absitzen« und »nach Programmen leben«, die Ihnen irgendwann aufgezwungen wurden.

Bedenken Sie dabei, dass alles, was Sie sich hier erarbeiten, nur unter einer Bedingung funktionieren kann: Unter der Bedingung, dass Sie bereit sind, sich diese Sachen anzutrainieren, durch bloßes Lesen wird sich bei Ihnen bestenfalls ein Aha-Effekt einstellen, aber keine Verhaltensänderung. Deshalb setzen Sie das hier Erarbeitete sofort in die Tat um. Bringen Sie sich sooft wie möglich tagsüber in positive Zustände. Achten Sie auf Ihre Körperhaltung. Je öfter Sie das tun, desto schneller wird es für Sie zur Gewohnheit. Und Gewohnheit ist das, was Ihr Leben bereichern wird, eine Gewohnheit, für die Sie sich selbst entschieden haben!

Machen Sie sich zur Gewohnheit,
Ihr Leben zu genießen!

Der Genuss, den Sie sehen können

Ihre Augen sind die Sinnesorgane, mit denen Sie die meisten Informationen aufnehmen. Was bieten Sie diesen unermüdlichen Informationssuchern eigentlich an? Irgendwelche Informationen oder »Sehenswürdigkeiten«? Wie oft pro Tag bekommen Ihre Augen etwas vorgesetzt, an dem Sie sich nicht satt sehen können?

Einige Zeitgenossen scheinen diese zwei Organe in ihrem Kopf als reine Werkzeuge zu betrachten, mit denen man eben die Welt um sich herum optisch wahrnimmt. Sie scheinen vergessen zu haben, dass es einen bedeutenden Unterschied macht, ob sie diesen Organen einen trüben, grauen oder einen strahlend blauen Himmel vorsetzen, ob sie damit saftiges Grün oder eine dreckige, gekachelte Wand betrachten oder ob sie damit Schönheit in sich aufsaugen oder Trostlosigkeit. Sehen wir uns einmal etwas genauer an, was Sie Ihren beiden »Guckern« anbieten können ...

Nutzen Sie die Kraft der Farben!

Beginnen wir bei so etwas Alltäglichem wie der Kleidung. Winter- und Sommerkleidung unterscheiden sich in den Farbgebungen deutlich. Während man im Sommer in den Bekleidungsgeschäften bunte und helle Kleider bekommt, herrschen im Winter meist nur dunkle Erdtöne oder allgemein dunkle, wenig leuchtende Farben vor. Was auch immer wieder auffällt ist, dass Menschen, denen es emotional nicht besonders gut geht, meist unscheinbare Farben und wenig Kontraste bei ihrer Kleidung bevorzugen. Ein verwaschenes Mausgrau, ein kraftloses Schwarz, ein verblichenes Braun, vielleicht auch Rot, Blau oder Grün, aber wenn, dann nur sehr dunkel, kraftlos und ohne jegliche Leuchtkraft. Ist das Zufall?

Mit Sicherheit nicht! Farben sind nichts anderes als Energiestrahlungen, sie reflektieren das Licht in bestimmten Wellenlängen. Diese Strahlungen reflektierten Lichtes haben einen nachweisbaren Effekt auf unsere Psyche. Manche Farben stimulieren, andere beruhigen, manche werden als warm, andere als kalt empfunden, manche strotzen vor Vitalität, andere erinnern eher an den Zustand der Depression. Innenarchitekten nutzen Farben, um Räumen die beabsichtigte Wirkung zu verleihen. In den Topetagen der Wirtschaft werden Kleidungsfarben dazu benutzt, um sich eine gewisse Würde zu verleihen und damit auch einen gewissen Abstand zu schaffen.

Therapeutisch werden sie inzwischen in der so genannten Farbtherapie verwendet, um Fehlfunktionen von Körper und Geist auszugleichen. Die Natur benutzt sie auf die unterschiedlichsten Weisen, sei es um Insekten anzulocken, sei es um abzuschrecken. Kurzum: Farben sind nicht nur Farben, sondern haben Wirkungen, die Sie sich durchaus für Ihren Genuss zunutze machen können.

Sie sind skeptisch? Nun, dann sehen wir uns ein paar Beispiele an, die ich dem Buch »The Hibernation Response« von P. Whybrow und R. Bahr entnommen habe:

- Angestellte einer größeren Firma beschwerten sich über die Kälte in ihrer Werkskantine. Die Temperatur betrug etwa 22 Grad Celsius, trotzdem nahmen einige der Beschäftigten ihre Mahlzeiten im Mantel ein. Als man die Temperatur auf 24 Grad erhöhte, änderte dies wenig an den Klagen über die Kälte. Die Wände des Raumes waren hellblau gestrichen. Erst als jemand auf die Idee kam, die Wände in Orange zu streichen, hörten die Klagen über die Kälte auf. Man konnte sogar die Temperatur wieder auf 22 Grad senken, ohne dass sich jemand über eine zu kalte Kantine beschwerte.

- In amerikanischen Krankenhäusern werden bestimmte Bereiche in Blautönen gehalten, weil man nachweisen konnte, dass sich allein dadurch körperliche Funktionen wie Herzschlag, Blutdruck und Atemfrequenz senken lassen. Blau wirkt wie eine Art Tranquilizer auf die Psyche.

- Von Goethe ist bekannt, dass er eine besondere Vorliebe für Gelb hatte, besonders an den düsteren Wintertagen. Er empfand es als warm und behaglich und beschrieb die Wirkung mit den Worten: »Das Auge wird erfreut, das Herz ausgedehnt und das Gemüt erheitert!«

- Manche Farben wirken appetitanregend, so zum Beispiel Gelb, Orange, Rot und Beige. Deshalb werden diese Farben nicht selten in Schnellimbiss-Restaurants verwendet.

- Ein intensives Rot wirkt wie ein Aphrodisiakum und gleichzeitig aktivierend, man spricht ja nicht umsonst vom »Rotlichtmilieu«. Auch ist es sicher kein Zufall, dass bei Sportwagen die Farbe Rot bevorzugt wird.

- Studien haben gezeigt, dass schwere Kisten, die weiß gestrichen wurden, als leichter empfunden wurden als leichtere Kisten, die schwarz lackiert waren.

- In den USA gibt es pinkfarbene Beruhigungszellen für hitzige Gemüter, da man die Erfahrung gemacht hat, dass diese Farbe heftig erregte Menschen zu beruhigen vermag.

Faszinierende Wirkungen, nicht wahr? Es lässt sich sogar nachweisen, dass Menschen, abhängig von der Jahreszeit bestimmte Farben bevorzugen. Im Winter beispielsweise werden dunkle Erdtöne unter anderem deshalb bevorzugt, weil der Mensch auch heute noch die Anlagen zum Winterschlaf in sich trägt. So unterscheiden sich beispielsweise Wohnungen, die im Winter eingerichtet werden, deutlich von solchen, die im Sommer eingerichtet werden. Nicht selten nämlich bauen sich die Leute im Winter eine Art Höhle; sie bevorzugen dunkle Farben, schwere Stoffe, dicke Teppiche und gedämpftes Licht. Alles, was man für einen behaglichen Winterschlaf benötigt. Das Phänomen des menschlichen Winterschlafes zeigt sich auch darin, dass im Winter in der Regel die Schlafdauer zunimmt und die Betreffenden sich in den kalten und dunklen Monaten ein mehr oder weniger kleines Fettpölsterchen zulegen.

Natürlich ist dieses Winterschlafverhalten bei jedem unterschiedlich ausgeprägt. Es gibt Zeitgenossen, bei denen es fast nicht auffällt, während andere eine Art Schwermut entwickeln, die bis zur ausgeprägten Depression führen kann. Man spricht dann vom *SAD-Syndrom (Seasonal Affective Disorder)*, das sich hervorragend durch simple Lichttherapie (künstliches Sonnenlicht), also der Herstellung eines künstlichen Frühlings bzw. Sommers, beheben lässt.

Aber zurück zu den Farben. Es gibt bestimmte Farben, die wir mit Sommer, Wärme und Wohlbefinden verbinden. Dazu gehören beispielsweise das saftige Grün eines Tropendschungels, das Azurblau eines mediterranen Himmels, das leuchtende Rot von Mohnblumen oder das intensive Gelb einer vollreifen Zitrone. Alles kräftige, leuchtende Farben, die Ihren Sinnesorganen eine Art Rauschzustand bescheren. Sie können diesen Effekt jederzeit spüren, indem Sie sich ein düsteres, in blassen Farben gehaltenes Bild einer öden Landschaft ansehen und im Vergleich dazu ein Foto, auf dem ein karibischer Strand mit tiefblauem Himmel, türkisfarbenem Meer, grünen Palmen, leuchtend schneeweißem Strand und bunt gekleideten Menschen zu sehen ist. Derartige Bilder finden Sie in jedem Reiseprospekt, der einzig und allein den Sinn hat, Ihre Sehnsucht zu schüren, damit der Reiseveranstalter ein gutes Geschäft machen kann. Weshalb sind derartige Prospekte nicht in Schwarzweiß gehalten oder nur mit Text versehen? Einfach deshalb, weil sie dann bei weitem nicht die erwünschte Wirkung auf Ihr Gemüt hätten.

Weshalb zieht es die Menschen denn auch im Winter in südliche Urlaubsregionen? Weshalb geben Sie dafür so viel Geld aus? Auch bei uns kann man Wasser in Form von Flüssen, Seen und Teichen sehen, auch wir haben schöne Tage mit einem wunderbaren Himmel. Und wenn jemand Pflanzen betrachten will, weshalb erfreut er sich dann nicht an unseren Sträuchern und Bäumen? Lockt die Wärme? Wir haben Heizungen aller Art, wieso drehen sie diese nicht einfach höher?

Die Erklärung liegt auf der Hand: Der berauschende Anblick des Meeres, die unendliche Pracht der Sonnentage und der Natur im Süden ist durch das zumeist vorherrschende Einheitsgrau unserer Wintertage in keinster Weise aufzuwiegen. Der Charme eines seiner Blätter beraubten Baumes im Novembernebel geht gegen Null. Die Menschen zieht es in den Süden, weil Sie unter anderem dort intensives Licht, leuchtende, kräftige Farben und damit eine ganz andere Wirkung auf Ihre und Ihrer Mitmenschen Psyche erfahren! Wie viele Menschen aus nördlichen Regionen fahren im Winter in den Süden, um Urlaub zu machen? Und wie viele Südländer fahren im Vergleich dazu in den Norden und begeben sich aus Urlaubsgründen in das dort herrschende trübe Grau? Wahrscheinlich verschwindend wenige, denn warum sollten sie ihre farbenreiche Umgebung wegen eines tristen Graueindrucks verlassen?

Weshalb sollten Sie Grau nehmen, wenn Sie Farbe haben können?

Ihr Ziel ist ein Maximum an Lebensgenuss. Weshalb verwenden Sie also nicht Farben für Ihr Ziel? Es ist geradezu charakteristisch, dass Menschen, denen es emotional schlecht geht, Farben keine Beachtung mehr schenken. Man sieht es an ihren Kleidungen, Ihren Wohnungen und ihren Gesichtern. Sie sind einfach »farblos«. Menschen, die einen Verlust erlitten haben und trauern, bevorzugen, zumindest in unseren Breitengraden, die Farbe Schwarz als Ausdruck ihrer Trauer. Schwarz ist die Farbe, die mit dem Tod verbunden ist. Im Winter verliert die Natur ihr prächtiges Farbenkleid, um es erst im Frühjahr wieder zu erlangen. In allen diesen Bereichen bedeuten intensive, leuchtende Farben Leben, Vitalität und Spaß. Und genau das ist es doch, was man mit Lebensgenuss verbindet, nicht wahr? Dann wäre doch der nahe liegendste Schritt, bewusst Farbe ins Leben zu bringen und sich bewusst an diesen Farben zu erfreuen!

Neben meinem Schreibtisch hängt ein Farbfoto eines Südseestrandes. Das Meer darauf ist smaragdgrün, der Strand von dichter, saftiger Vegetation gesäumt, steil aufragende dicht bewachsene Felsen bilden den Hintergrund, über dem sich ein tiefblauer Himmel erstreckt. Das ganze Bild ist richtig sonnendurchflutet, ich kann mir bei der Betrachtung sogar vorstellen, wie sich die Sonne auf der Haut anfühlen würde, wenn ich dort wäre. Ich empfinde bei der Betrachtung dieses Bildes Kraft und Freude, und genau das ist der Grund, weshalb es dort hängt. Kein Tag vergeht, an dem ich es nicht ansehe. Dieses Grün des tropischen Waldes, das sich in dem Grün der See fortsetzt ... – unbeschreiblich! Machen Sie sich die Mühe und besorgen Sie sich ein Bild (Postkarte, Poster, Kalenderblatt usw.), auf dem eine intensiv grüne, von der Sonne beleuchtete Dschungelvegetation abgebildet ist. Schauen Sie sich dieses Foto in Ruhe etwa drei

Minuten lang an und tauchen Sie dabei mit Ihren Augen richtiggehend in dieses Grün ein. Sie werden eine interessante Wirkung spüren: Sie spüren förmlich die Energie, Ruhe und Wärme, die bei intensiver Betrachtung durch Ihren Körper fließt. Vorher war an der Stelle neben meinem Schreibtisch, die das Bild jetzt einnimmt, lediglich weiße Raufasertapete, von der ich nicht sagen könnte, dass sie eine vergleichbare Wirkung auf mein Gemüt ausgeübt hätte.

Die Wirkung von Farben und Bildern wird in einigen wenigen Kliniken inzwischen bewusst eingesetzt: Bilder können den Heilungsprozess beschleunigen, vor allem dann, wenn sie bewusst betrachtet werden. Inzwischen gibt es einen noch nicht sonderlich bekannten Nebenzweig der Medizin, die so genannte *Visual-Therapie*, welche die Heilwirkung von Bildern erforscht und als unterstützende Therapie einsetzt. Dr. John Diamond (Institut für behaviorale Kinesiologie/New York) hat beispielsweise festgestellt, dass schon das alleinige Betrachten einer Postkarte (!) genügen kann, um Stress und Anspannung zu reduzieren. All das ist nichts Neues, auch wenn es Ihnen so erscheinen mag. Bereits im alten China nutzten Mönche die Wirkung von Farben und Formen sogar im Gartenbau, indem sie die von aller Welt bewunderten chinesischen Gärten anlegten und dort stundenlang meditierten. Diese Gärten waren nichts anderes als eine Abbildung der Natur; Meer und Inseln wurden im kleinen Maßstab nachgebaut, sodass man sie an jedem beliebigen Ort betrachten und sich davon inspirieren lassen konnte.

Ich will Sie jetzt nicht dazu verleiten, Ihre Umgebung mit Bildern und Farben zu überhäufen, das würde auch nicht zu dem erwünschten Effekt führen. Möglicherweise haben Sie auch schon etliche Bilder in Ihren vier Wänden verteilt. Es kommt nicht darauf an, wie viele Bilder Sie haben, sondern auf deren Wirkung. Sehen Sie sich beispielsweise Zimmer von Teenagern an, dann sehen Sie in der Regel Poster von bestimmten Musikgruppen oder anderen Stars, die von dem bzw. der Betreffenden glühend verehrt werden. Allein die Betrachtung der Abbildungen löst schon Emotionen aus. Es sind also nicht irgendwelche Bilder, mit denen in diesem Alter das Heim verschönert wird, sondern ganz bewusst ausgewählte. Und genauso wie zum Beispiel Fernsehfilme eine Wirkung auf

Ihre Emotionen und Ihren Körper haben (gute Gruselfilme führen zu einem steilen Anstieg Ihres Adrenalinspiegels, während Filme, in denen eine friedliche Landschaft gezeigt wird, nachweislich den Adrenalinspiegel senken), lassen sich Wirkungen durch das Betrachten von farbigen Bildern erzielen. Nutzen Sie diesen Effekt, denn er ist eines der einfachsten Mittel, um gute Laune herbeizuzaubern!

Betrachten Sie doch einmal Ihren Arbeitsplatz. Was sehen Sie dort? Aktenberge, Ordner, kahle Wände, Neonlicht, nüchterne Zweckmäßigkeit? Sicher, es heißt immer, am Arbeitsplatz hätten persönliche Dinge nichts verloren, sie würden nur von der Arbeit ablenken, aber das ist der Stand von gestern! Inzwischen weiß man, dass gut gelaunte Menschen wesentlich effektiver und motivierter arbeiten. Wie sieht es also aus, mit Ihrem Arbeitsplatz? Ist er eine Oase der guten Laune, der Kraft und Motivation oder werden Sie lediglich vom anstehenden Arbeitspensum erschlagen? Nun, wenn das so ist, dann ändern Sie das! Maximum an Lebensgenuss ist Ihre Devise, nicht morgen, sondern jetzt! Welche Bilder könnten Sie verwenden, um sich gut zu fühlen, um eben diese Oase zu schaffen, die den Genuss in der »Wüste« ermöglicht? Wählen Sie nicht irgendwelche aus, sondern nehmen Sie welche, in die Sie »eintauchen« können, die Sie richtiggehend beim Betrachten spüren können. Auch hierbei zeigt sich wieder der Grundsatz:

Die wesentlichen Dinge im Leben sind einfach!

Sie brauchen keine hochkomplizierten Abbildungen, sondern die Abbildung der Natur genügt vollkommen! Nehmen Sie Bilder mit intensiven Farben! Landschaftsaufnahmen haben eine ausgezeichnete Wirkung. Je nachdem, welche Wirkung Sie auf Ihr Gemüt haben möchten, wählen Sie diese Bilder nach den vorherrschenden Farben aus.

- *Rot* ruft Erregung, eine erhöhte Gehirnaktivität und ein Gefühl von Wärme hervor, es hilft gegen Müdigkeit und schlechte Laune. Zu viel davon kann aber auch dazu führen, dass leicht erregbare Gemüter zu Aggressionen neigen.

● *Blau* vermittelt Ruhe, entspannt, wirkt aber auch auf größeren Flächen kühl.

● *Grün*, die Farbe fruchtbarer Natur, steigert Konzentration und Meditation und bringt neben der Ruhe eine gewisse Erfrischung.

● *Gelb* schließlich wird mit Heiterkeit, Leichtheit und Sonne assoziiert.

Haben Sie genügend Farbe in Ihrer Wohnung? Was sehen Sie beispielsweise, wenn Sie am Frühstückstisch sitzen? Eine leuchtende Farbe? Ein inspirierendes Bild? Eine Umgebung, die Ihnen hilft, den Tag gleich mit guter Laune zu starten? Frühlingslebendigkeit oder Dampfsockendepression? Was sehen Sie, wenn Sie auf der Toilette sitzen? Ein gleichförmig gekacheltes Bad oder irgendein Bild, das Ihre Laune ankurbelt?

Und wie sieht es eigentlich mit Ihrer Kleidung aus? Bei kreativen, vitalen und gut gelaunten Menschen findet sich in der Regel eine ebensolche Kleidung. Sie kennen den Spruch: »Kleider machen Leute«: Menschen werden danach beurteilt, wie sie gekleidet sind, und von ihrer Umwelt dementsprechend behandelt. Aber nicht nur auf Ihre Mitmenschen hat Ihre Kleidung eine Wirkung, sondern vor allem auch auf Sie selbst. Je schlechter ein Zeitgenosse »drauf« ist, desto weniger interessiert ihn sein Äußeres, sein Seelenzustand spiegelt sich in seiner Kleidung, seiner Haltung und seinem Gesichtsausdruck wieder. In sonnenverwöhnten tropischen Ländern sehen Sie auch meist bunt gekleidete Menschen mit einer Vitalität, die manchen Nordeuropäer vor Neid erblassen lässt. Weshalb also bei der Kleidungszusammenstellung nicht mehr Frühlingsfarben benutzen? Nur weil Winter ist und *alle* in dunklen Farben durch die Gegend rennen? Nur weil Sie Angst davor haben, aufzufallen?

Über Ihren Genuss bestimmen Sie selbst, Sie sind der Steuermann Ihres Lebens. Und alles, was Ihnen Freude bringt, sollten Sie auch dazu benutzen, denn Ihre Zeit ist zu kostbar, um darauf zu verzichten.

Farbe ist Vitalität, also her damit!

**Schaffen Sie sich eine Umgebung, die Ihnen
gute Laune verschafft ...**

Haben Sie eigentlich Fotos von Ihrem letzten Urlaub, Ihrer Hochzeit oder anderen wichtigen Anlässen in Ihrem Leben? Weshalb gibt es wohl so etwas wie Souvenirs und Reiseandenken? Wieso heben manche Mütter die Babyschuhe ihrer Sprösslinge auf, obwohl die »Kleinen« schon längst erwachsen geworden sind? Ist doch klar, werden Sie sagen, damit man sich bei deren Betrachtung an eine angenehme Zeit erinnern kann. Und was hat man davon, sich an ein erfreuliches Ereignis zu erinnern? Ganz einfach, durch die Erinnerung an einen positiven Zustand, ein angenehmes Erlebnis, geht es einem abermals gut – ein Effekt, der Ihnen sicher nicht fremd ist. Aber nicht nur das, an der Universität Erlangen beispielsweise wurde im Rahmen eines Kreativitätstests vor Lösung der eigentlichen Aufgaben in einem ersten Schritt ein Teil der Versuchspersonen gebeten, sich an ein persönlich wichtiges, sehr freudiges Erlebnis zu erinnern und dieses Erlebnis ausführlich aufzuschreiben. Es zeigte sich, dass bei diesen Personen im Vergleich zu den anderen, die das nicht tun sollten, nicht nur die Laune erheblich stieg, sondern dass diese gute Laune auch deutlich Einfluss nahm auf Ideenproduktion und ungewöhnliche Einfälle. Gut gelaunte Menschen sind offensichtlich kreativer und produzieren mehr originelle Ideen als durchschnittlich gelaunte Zeitgenossen. Gute Laune hat also »problemlösungsfördernde Wirkung«. Ganz zu schweigen von der positiven Wirkung auf Nerven, Immun- und Hormonsystem, die inzwischen als gesichert gilt.

Wieso kann das positive Erlebnis in der Vergangenheit auch nach vielen Jahren noch seine Wirkung erneut entfalten? Weil für Ihr Unterbewusstsein so etwas wie Zeit nicht existiert – eine Erkenntnis, auf die schon Sigmund Freud gestoßen ist. Ob etwas jetzt im Moment passiert, ob es sich um eine Erinnerung oder eine Vision handelt, ist Ihrem Gehirn mehr oder weniger egal. Auch negative und schmerzliche Erlebnisse können so, wie sie damals erlebt wurden, wieder empfunden werden. Nehmen wir an, jemand aus Ihrer Familie ist durch einen Autounfall ums Leben gekommen, dann bewirkt die Erinnerung, dass Sie die gleichen Emotionen spüren, wie damals, als es passiert ist. Ein Phänomen, das in manchen TV-Shows leidlich ausgenutzt wird, weil sich damit hervorragend auf die Tränendrüsen drücken lässt.

Umgekehrt geht das Ganze auch mit Visionen, also Vorstellungen, die auf die Zukunft gerichtet sind. Wenn ich beispielsweise mit Klienten arbeite, denen die Welt im Moment furchtbar grau erscheint, dann lässt sich dieser Zustand sehr schnell ändern, wenn ich sie auffordere, sich ihr Leben in etwa fünf Jahren vorzustellen. Nehmen Sie an, Sie könnten Ihr Leben so ändern, wie Sie es möchten. Wie würden Sie in fünf Jahren leben? Wo würden Sie leben? Mit wem würden Sie zusammenleben? Wie würde Ihr Tagesablauf aussehen, wie Ihr Haus? Wenn Sie sich ganz in diese Vision hineinbegeben, werden Sie feststellen, dass Sie dabei ein sehr angenehmes Gefühl empfinden, ähnlich der Euphorie, die Kinder an den Tag legen, wenn sie darüber fantasieren, was sie alles machen werden, »wenn sie einmal groß sind ...«.

Wenn Erinnerungen und Visionen emotional fast die gleiche Wirkung wie real erlebte Ereignisse zeigen, dann haben Sie damit hervorragende Werkzeuge in der Hand, unabhängig von Ihrer derzeitigen Situation Genuss zu erschaffen. Beide Möglichkeiten, Erinnerung und Vision, benutzen die meisten Menschen auf unserem Planeten täglich, allerdings nicht, um sich damit Genuss zu bereiten, sondern um sich damit eine Menge Verdruss zuzulegen. Erinnerungen werden dazu missbraucht, über die Vergangenheit nachzugrübeln, sich in Schuld und Bedauern zu wälzen, und Visionen dazu, sich Sorgen über alle möglichen Ereignisse in der Zukunft zu machen.

> *»Es ist nicht das Erleben von heute,*
> *das den Menschen in den Wahnsinn treibt.*
> *Es ist vielmehr die Reue über etwas,*
> *das gestern geschehen ist,*
> *und die Angst vor dem,*
> *was morgen kommen könnte!«*
> (Robert Jones Burdette)

Milliarden von Magengeschwüren, Bluthochdruckerkrankungen, Herzinfarkten, Depressionen, Angstzuständen, Verzweiflungstaten und Selbstmorden sind seit Bestehen der Menschheit auf diese Weise gezüchtet worden, alles nur, weil man gestern und morgen dazu benutzt, sich das Leben zur Hölle zu machen. Gestern und morgen sind sehr effektive Mittel, deren Wirkung allerdings davon abhängt, wie man sie benutzt. Ein Messer können Sie entweder am Griff anfassen, dann wird es Ihnen gute Dienste leisten – oder Sie können in die scharfe Schneide greifen, dann dürfen Sie sich nicht wundern, wenn es Ihnen gewaltige Schmerzen bereitet. Weshalb sollten Sie also Vergangenheit und Zukunft dazu benutzen, um sich Verdruss und Schmerzen zu schaffen? Finden Sie auf diese Frage eine einigermaßen einleuchtende Antwort? Sehen Sie, ich auch nicht!

Wie kann ich gestern und morgen nutzen, um heute Genuss zu haben?

Wenn Sie an die Vergangenheit denken, was bereitet Ihnen Genuss? Ist es nicht die Erinnerung an angenehme Erlebnisse, an Höhepunkte Ihres Lebens, an Momente des Glücks, an schöne Augenblicke und Harmonie? Und wenn Sie an die Zukunft denken, was bereitet Ihnen mehr Genuss: mögliche Atomreaktorkatastrophen, kommende Hungersnöte, zukünftige Kriege oder Pläne, die Sie für Ihr Leben haben, Ziele, die Sie erreichen möchten, Unternehmungen, die Sie vorhaben, Träume, die Sie verwirklichen möchten?

Wie bringen Sie Ihr Gehirn dazu, sich zumindest ab und zu mit diesen angenehmen Erinnerungen und Visionen zu beschäftigen? Ganz einfach, indem Sie Ihrem Denkorgan die Reize bieten, die es braucht, um das Programm *Positive-Erinnerungen-und-Visionen* anspringen zu lassen. Denn Programme werden unter anderem durch Reize ausgelöst. Wenn Sie eine Katze zu Hause haben, dann kennen Sie diesen Effekt: Die Gute liegt völlig träge irgendwo herum, ein schläfriger Augenaufschlag ist alles, was ihr zu entlocken ist. Wenn Sie möchten, dass diese Katze vom Programm *Ich-bin-faul-nichts-kann-mich-dazu-bewegen-jetzt-aufzustehen* zu einem anderen Programm überwechselt, dann brauchen Sie nur den elektrischen Dosenöffner zu betätigen. Und schlagartig wird aus diesem dösigen Stubentiger ein unheimlich schnell in die Küche rasendes schnurrendes Etwas, dessen ganze Aufmerksamkeit fast hypnotisch auf die Futterdose, den Gegenstand höchster Verzückung, gerichtet ist. Was ist passiert? Nun, offensichtlich hat das Geräusch des Dosenöffners dafür gesorgt, dass bei diesem Tier in Sekundenbruchteilen das *Ich-bin-faul - Programm* geschlossen und das *Schnell-es-gibt-was-Tolles-zu-fressen!-Programm* aktiviert wurde. Ein simples Geräusch war ausschlaggebend!

Die Wirkung derartiger Reize auf das Verhalten ist seit langem erforscht, sie wird in der Psychologie unter dem Schlagwort »klassisches Konditionieren« oder »Ankern« beschrieben. Unter einem »Anker« versteht man einen Gegenstand, eine Geste, ein Musikstück usw., kurzum: einen Reiz, der bestimmte Erinnerungen und Verhaltensweisen in Gang zu setzen vermag. Beispielsweise soll der berühmte »Knoten im Taschentuch« Ihr Erinnerungsvermögen an etwas, was Sie noch tun wollten, aktivieren. Und eben dieses »Ankern« ist es, das Sie für Ihr Maximum an Lebensgenuss nutzen können. Alle Erinnerungen, die im Laufe Ihres bisherigen Lebens in Ihren Gehirnwindungen gespeichert sind, alle Visionen, die Sie für die Zukunft entwickelt haben, lassen sich durch die richtigen »Anker« aktivieren! Ist Ihnen klar, welches Instrument Sie damit in Händen halten? Ein altes Sprichwort besagt:

»Nimm die Dinge so, wie sie kommen.
Aber sorge dafür, dass die Dinge so kommen,
wie du sie haben willst!«

Launen, weder gute noch schlechte, kommen einfach über Sie. Sie sind weder gezwungen, schlechte Laune zu erdulden, noch darauf zu warten, bis gute Laune auf unerklärliche Weise zufällig vorbei kommt. Sie können gute Laune über Erinnerungen und Visionen herbeiführen, zu jeder Zeit, an jedem Ort. Und eine unter vielen Möglichkeiten, dies zu tun, besteht darin, Ihre Umgebung mit positiven Ankern zu präparieren. Reizen also, die für Sie mit angenehmen Erinnerungen verbunden sind, die auf Sie positiv wirken, die Sie an ein angestrebtes Ziel erinnern. Vielleicht haben Sie schon bei dem einen oder anderen Ihrer Mitmenschen eine Fotografie der Familie auf dem Schreibtisch bemerkt, bei einem begeisterten Angler einen ausgestopften Riesenfisch über dem Kamin, bei einem Akademiker gerahmte Diplome an der Wand, bei frisch Verliebten das Passfoto der/des Geliebten in der Brieftasche, bei Autofans ein kleines Modell des Traumwagens im Regal oder bei Bekannten ein Souvenir aus dem letzten Urlaub auf einem Beistelltisch. Das alles sind Gegenstände, die für die Betreffenden mit positiven Gefühlen verbunden sind, deren Betrachtung angenehme Erinnerungen und damit Wohlbefinden auslöst. Es sind die so genannten persönlichen Dinge, deren Wirkung nur der Betreffende selbst erfahren kann. Das ist ja unter anderem auch der Grund, weshalb sich viele Menschen in Hotelzimmern über einen längeren Zeitraum nicht sonderlich wohlfühlen. Obwohl alles zum Leben vorhanden ist, obwohl die Zimmer unter Umständen sehr luxuriös und geschmackvoll eingerichtet sind, fehlen eben diese persönlichen Dinge, diese Anker, die gute Erinnerungen und Visionen auslösen.

Wie sieht es in Ihrer Wohnung, an Ihrem Arbeitsplatz aus? Wie viel Anker sind dort verteilt? Es besteht ein großer Unterschied zwischen einer Vase, die mal eben deshalb gekauft wurde, weil sie gut zur Farbe der Tapete passte, und einer, mit der positive Erinnerungen verbunden sind. Womit ich nicht sagen will, dass »erinnerungslose« Gegenstände keine Wirkung haben können – im Gegenteil: Wenn Sie sich an einem Gegenstand erfreuen, der Form, der Farbe oder sonst einer Eigenschaft wegen, dann trägt dieser Gegenstand zu Ihrem Genuss bei, und damit hat er sehr wohl eine Wirkung! Ich will damit sagen, dass Sie derartige Gegenstände unter dem Genussaspekt auswählen sollten, nicht nach nüchterner Zweckmäßigkeit.

> Abgestandenes Wasser löscht durchaus Ihren Durst.
> Frisches Quellwasser, frisch gepresster Orangensaft,
> Champagner oder ein guter Wein tun das auch,
> aber eben auf eine ganz andere Weise!

Gegenstände Ihrer Umgebung lassen sich ausgezeichnet nutzen, Ihnen bei jeder Betrachtung Wohlgefühle zu bescheren, weshalb sollten Sie darauf verzichten? Meine Praxis beispielsweise ist nicht nur daraufhin eingerichtet, mit Klienten zu arbeiten, sondern sie dient auch dazu, mir Genuss zu vermitteln, denn ich verbringe schließlich einen nicht gerade geringen Teil meines Lebens in ihr. Neben Unmengen von Büchern, Ordnern und technischem Gerät finden sich immer wieder Gegenstände, Bilder oder Sprüche (eigentlich heißen sie ja Aphorismen, aber nennen wir sie einfach Sprüche – schauen Sie doch einmal ab Seite 138), die für mich eine sehr positive Bedeutung haben. Jetzt, wo ich diese Seite schreibe, sehe ich zum Beispiel die verwitterte Bronzefigur eines antiken römischen Hausgottes vor mir. Es ist ein unscheinbares, von grüner Patina überzogenes Figürchen, das seit Jahren auf meinem Schreibtisch steht. Ich weiß gar nicht mehr, wann ich sie gekauft habe, aber ich weiß noch sehr genau, wo. Es war in Paestum, einer antiken Ausgrabungsstätte im Golf von Salerno, südlich von Neapel. Die Figur ist lediglich eine Kopie, die ich damals für ein paar Lire bei einem Händler erstand, und trotzdem bringt sie mir jedes Mal, wenn ich sie ansehe, Freude. Ich sehe dann im Geiste die Landschaft mit diesen faszinierenden antiken Ruinen vor mir, höre das Zirpen der Zikaden und erinnere mich an den warmen Sommertag, an dem ich dort war. Diese Figur ist in meinem Gehirn untrennbar mit der Erinnerung an eben diese Eindrücke verbunden und deshalb für mich ein positiver Anker. Daneben finden sich in meiner Praxis Dinge wie griechische Vasen, ein menschlicher Schädel aus meiner Studienzeit, Bilder von meiner zweiten Heimat Sizilien, ein altes römisches Relief, Murano-Glas aus Venedig und allerlei anderer Krimskrams und Schnickschnack, der für einen Außenstehenden absolut keine Bedeutung hätte. Die neueste Errungenschaft besteht aus einer Skizze Leonardo da Vincis (siehe Seite 85). Als ich sie zum ersten Mal als unverkäufliche Dekoration in einem Einrichtungshaus sah, war ich derart fasziniert, dass ich sie haben »musste«. Nach langem Suchen fand ich das Motiv endlich in einer Bilderhandlung und seitdem hängt es in meiner Praxis an der Wand.

Die Faszination, die diese Skizze auf mich ausübt, spüre ich jedes Mal, wenn ich sie betrachte. Obwohl sie mit keiner Erinnerung für mich verbunden ist, ist sie doch ein Symbol dafür, was der menschliche Geist zu leisten vermag. Leonardo da Vinci war ein Mensch, der von einem unbändigen Interesse seiner Umwelt gegenüber getrieben wurde. Er ist für mich das Sinnbild des neugierigen

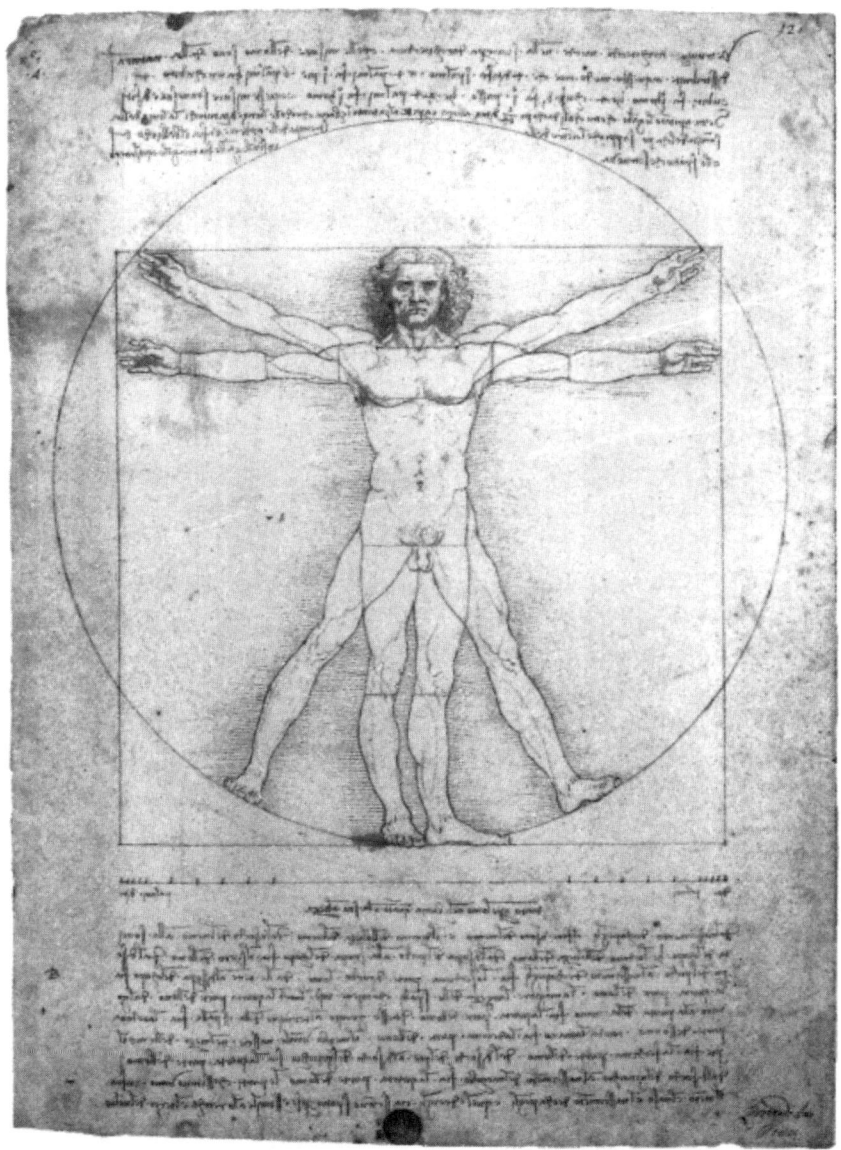

Wesens, das an die Dinge herangeht, ausprobiert, erforscht, immer begierig ist zu lernen, und sich durch nichts und niemanden dabei entmutigen lässt. Und diese Neugierde ist es, die einen großen Teil des bewussten Lebensgenusses ausmacht. Die Welt eines Menschen, der die Neugierde verloren hat, wird öde und leer, er kann weder mit seiner Umwelt noch mit sich selbst etwas anfangen. Also schaffen Sie sich im privaten und beruflichen Bereich eine Umgebung, die Ihre Neugierde weckt, die positive Erinnerungen aktiviert und Sie anregt, motiviert an die Verwirklichung Ihrer Ziele heranzugehen. Benutzen Sie »Anker« statt Allerweltsgegenstände und der Tag kann kommen ...

Vom richtigen Umgang mit den Medien

Tagtäglich lesen Sie die Zeitung, tagtäglich sehen Sie fern; moderne Medien sind in unserer Gesellschaft zu einer Art Dauerberieselung geworden. Man kann sich schwer ihrem Einfluss entziehen, vor allem dann, wenn man sie nicht bewusst nutzt.

Daneben sind Medien aber auch ein ausgezeichnetes Mittel, um sich bewusst Genuss zu verschaffen. Medien sind in der Lage, Weltsichten aufzubauen. Denken Sie nur an die weltweiten Hysterien, die entstehen, wenn sich Journalisten wieder einmal an einem Thema »festgebissen« haben. Einmal ist es die drohende Atomkatastrophe, dann ist es das Ozonloch, drei Monate später interessiert nur noch die Gefahr durch verstrahlte Lebensmittel, und nach wiederum anderer Panikmache glauben nicht wenige Zeitgenossen, dass die Menschheit an Aids untergehen wird und das wahrscheinlich schon übermorgen. Medien wurden schon immer dazu benutzt, in der Bevölkerung eine gewünschte Stimmung zu erzeugen. Jede Kriegsberichterstattung beispielsweise wird so verzerrt, dass bei der jeweiligen Bevölkerung der Eindruck entsteht, ihr Land und ihre Regierung wären auf dem besten Weg zum Sieg; im Fernsehen und den Zeitungen werden nur die Verluste und die Toten des Gegners gezeigt, nie die eigenen. Durch die Medien wird also eine Art Erziehungsfunktion ausgeübt, die sich Werbung, Wirtschaft und Politik zunutze machen. Und das ist der springende Punkt, den Sie für sich ausnutzen können:

Erziehen Sie sich durch Medien,
statt sich durch Medien erziehen zu lassen!

Durch das permanente Betrachten von Gruselfilmen, die tägliche Lektüre von Mord, Totschlag, Vergewaltigung und Gräueltaten können Sie eine Weltsicht entwickeln, die Ihnen in der Dunkelheit des Waldes bei einem leisen Knacken in Ihrer Umgebung das Blut in den Adern gefrieren lässt. Oder die dafür sorgt, dass Sie nach Betrachtung eines Gruselfilms nur noch sehr ungern in den Keller gehen, um sich ein Bier zu holen. Was aber, wenn Sie das Prinzip der tagtäglichen Erziehung bewusst und in einem positiven Sinn für sich nutzen? Weltsichten entstehen durch Erziehung. Zuerst sind es die Eltern, die ihren Kindern beibringen, wie die Welt ist, dann ist es die Gesellschaft, die Normen und Werte vermittelt, und schließlich sind es die Medien, die das ganze Spiel fortsetzen. Ein Kind saugt alles das, was man ihm beibringt, auf, wie ein trockener Schwamm – es hat noch nicht die geistige Reife, darüber zu entscheiden, was es braucht und was nicht. Als Erwachsener jedoch haben Sie die Möglichkeit, sich selbst zu erziehen, selbst darüber zu bestimmen, was Sie als »Gehirnfutter« verwenden. Jetzt sind Sie in der Lage, die Medien dazu zu benutzen, Ihr gestecktes Ziel zu erreichen, anstatt alles aufzusaugen, was man Ihnen vorsetzt.

Was wollen Sie vom Leben, was ist Ihr gestecktes Ziel? Sie wollen genießen, nicht wahr? Also stellt sich die Frage, wie Sie Medien dazu nützen können, Ihren Genuss zu steigern. Sie werden vielleicht schon festgestellt haben, dass das die Frage ist, die sich wie ein roter Faden durch dieses Buch zieht:

Wie kann ich meine Umgebung,
Ereignisse, Dinge usw. dazu nützen,
meinen Genuss zu steigern?

Was Lachen, Gesundheit und Genuss mit Medien zu tun hat
Kennen Sie Norman Cousins? Wahrscheinlich nicht, woher auch!
Nun, Norman Cousins, ein ehemaliger Chefredakteur einer amerikanischen Zeitung erkrankte an ankylosierender Spondylitis, einer fortschreitenden und sehr schmerzhaften Erkrankung der Wirbel-

körper. Die Prognosen der Experten waren niederschmetternd: dauernde Invalidität! Cousins ließ sich davon nicht sonderlich beeindrucken und entwickelte zusammen mit seinem Hausarzt eine Therapie, die aus hohen Dosen Vitamin C mit regelmäßigen Lachsalven bestand. Und um diese Lachsalven auszulösen, benutzte er Filme wie »Vorsicht, Kamera«, Komödien, Slapstick-Filme, kurzum alles, was ihn zum Lachen brachte. Er nutzte also das Fernsehen dazu, sein Ziel, nämlich Gesundheit, zu erreichen. Schon nach den ersten Versuchen mit dieser Art von Therapie stellte er fest, dass ihm zehn Minuten markerschütterndes Lachen etwa zwei Stunden Schmerzfreiheit bescherte. Außerdem zeigte sich, dass seine Lachtherapie zu einer deutlichen Verringerung seiner Blutsenkungsgeschwindigkeit führte.

> *»Lachen hat einen therapeutischen Wert,*
> *weil es wie eine kugelsichere Weste*
> *vor der zerstörerischen Wirkung*
> *negativer Emotionen schützt!«*
> (Norman Cousins)

Cousins überwand seine Krankheit und wurde wieder vollkommen gesund. Lange Jahre arbeitete er unter anderem als außerordentlicher Professor an einer medizinischen Fakultät und lehrte dort die Bedeutung von positiven Gefühlen und Gedanken auf den Heilungsprozess.

Von Abraham Lincoln ist überliefert, dass er bei einer Sondersitzung des Kriegskabinetts im Jahre 1862 einen Sketch aus einem Buch vorlas, sich ausschüttete vor Lachen und auf die Verwunderung des Kabinetts mit den Worten reagierte: »Meine Herren, weshalb lachen Sie nicht? Bei der Belastung, die tagtäglich auf mir liegt, würde ich sterben, wenn ich nicht lachen würde, und Sie haben diese Medizin genauso nötig wie ich!«

> *»Lachen ist eine für die Gesundheit wertvolle Übung.«*
> (Aristoteles)

Nun, auf Kommando lachen, gestaltet sich nicht ganz einfach, deshalb braucht man in der Regel Anlässe dazu. Weshalb aber lange auf Anlässe warten, wenn man sie jederzeit schaffen kann? Was taten Cousins und Lincoln, um lachen zu können? Sie benutzten Bücher bzw. das Fernsehen. Auf diese Art und Weise schufen sie sich Anlässe, sie wurden aktiv, sie erzeugten dadurch lustige Momente, obwohl die Situationen, in denen sie sich beide befanden, alles andere als lustig waren. Wer hindert Sie daran, jeden Tag einen Anlass zum Lachen zu finden? Es gibt Bücher, Magazine, Zeitschriften, Schallplatten, Bilder, Videobänder, Fernsehsendungen, Situationen des Alltags in unvorstellbaren Mengen, Sie brauchen sie sich nur zu beschaffen! In dem Moment, wo Sie lachen, können Sie keinen Verdruss haben, egal in welcher Situation!

Erziehung durch immer dieselben Informationen

Sie können Ihr Leben auf zwei verschiedene Arten führen. Sie können warten, bis Ihr Lebensgenuss vorbei kommt und werden am Ende Ihres Lebens immer noch darauf warten ...

Oder Sie können das Ruder in die Hand nehmen und bestimmen, wie Ihr Leben verlaufen wird. Ob es in Ihrem Leben viel zu lachen gibt, hängt einzig und alleine von Ihnen ab, davon, in wieweit Sie Gelegenheiten zum Lachen schaffen. »Ich hatte in meinem Leben nicht viel zu lachen!« höre ich nicht selten von Leuten, die sich in eine Depression hineinmanövriert haben, die sich einreden, das Leben würde ihnen keine Chance bieten. Wenn ich sie dann frage: »Was hast du dafür getan, um lachen zu können?«, ernte ich meist nur verständnislose Blicke. Zeitgenossen, die das Leben öde finden, denen täglich »die Decke auf den Kopf fällt«, tun in der Regel nichts, um diesem Zustand zu entfliehen. Sie lassen Tag um Tag verstreichen und langweilen sich mit geradezu schafsartiger Geduld. Tagtäglich bringt es der Mensch, oder zumindest die überwiegende Mehrheit von dieser Spezies, fertig, Tages-, Monats-, ja ganze Jahrespläne aufzustellen. Es wird genau geplant, wann gearbeitet, zu Mittag gegessen, geschlafen, Urlaub gemacht, die Nase gewaschen wird; sieht man sich aber die Pläne für bewussten Lebensgenuss an, dann erlebt man bei den meisten Zeitgenossen eine Fehlanzeige. Bestenfalls wird noch der Urlaub geplant, aber auf die Fragen: »Was hast du heute schon für deinen Lebensgenuss getan?« oder »Was wirst du morgen für deinen Lebensgenuss tun?« erhält man meist ein »Nichts!« oder »Weiß nicht!«. Offensichtlich ist das Thema »Lebensgenuss« nichts, was es wert wäre, dafür bewusst etwas zu tun. Ich gehe davon aus, dass Sie diesem Thema in Zukunft mehr Aufmerksamkeit schenken werden und Ihre »Erziehung« von nun an selbst in die Hand nehmen. »Erziehung« bedeutet doch nichts anderes, als alle Einflussmittel, die sich dazu eignen, so zu koordinieren, dass eine einheitliche Richtung eingeschlagen wird.

Sehen wir uns dazu ein Negativbeispiel aus der deutschen Geschichte an, die Erziehung im so genannten Dritten Reich. » ... und sie werden nicht mehr frei sein ihr Leben lang ...«, so beschrieb Hitler seine Vorstellung von der damaligen Erziehung. Erreichen wollte er dies, indem alle Deutschen von Jugend an immer wieder mit der NS-Ideologie über alle zur Verfügung stehenden Kanäle dauerberieselt wurden. Die Heranwachsenden sollten sich diese Ideen zu Eigen machen und felsenfest davon überzeugt sein, zur »Herrenrasse« zu gehören – eine Vorstellung, von der selbst jetzt, über ein halbes Jahrhundert danach, einige unterbelichtete Gemüter immer noch besessen sind!

Aus der Geschichte lässt sich sehr viel über menschliches Verhalten und die Beeinflussbarkeit des menschlichen Geistes lernen. Erziehung erfolgte schon immer über Auswahl von Information. Eltern erziehen ihre Kinder, indem sie ihnen subjektiv ausgewählte Informationen über die Welt und die Menschen vermitteln. Religionen erziehen ihre Anhänger, indem sie ihnen subjektive Informationen über das Ob und Wie des Lebens nach dem Tode vermitteln. Politische Systeme erziehen ihr Volk, indem sie ihre Ideologien als die einzige Wahrheit darstellen und alle andere Information fern halten. Die Auswahl von Information führt bei den derart Erzogenen zu bestimmten Weltbildern, Ansichten und Verhaltensweisen, und diese wiederum prägen ihr Leben und Schicksal. Jemand, der erzogen wurde, sich als Angehöriger einer »Herrenrasse« zu sehen, wird auf andere Menschen herabblicken, sie als eine Art Untermensch betrachten und behandeln. Jemand, der erzogen wurde, aus religiösen Gründen kein fremdes Blut anzunehmen, wird eventuell sein verletztes Kind sterben lassen, weil er ihm in seinem religiösen Wahn die lebensrettende Blutkonserve verweigert, und jemand, dem von seinen Eltern beigebracht wurde, dass man allen Menschen misstrauen sollte, wird eventuell nie frei und spontan auf einen Fremden zugehen. Solch eine Erziehung kann nur funktionieren, wenn immer wieder in die gleiche Kerbe geschlagen wird.

> Die stetige Wiederholung ausgewählter Informationen
> führt zu dem gewünschten Ergebnis.

Und genau das ist das Prinzip, das Sie nutzen können, um sich selbst zu erziehen. Nehmen Sie alle Medien dazu, um sich auf Lebensgenuss zu programmieren. Statt irgendeinen Film anzusehen, sehen Sie sich Komödien an, statt irgendeinen Artikel in der Zeitung zu lesen, lesen Sie Witze, statt irgendwelche Bücher zu lesen, lesen Sie Biografien von Zeitgenossen, die das Leben nicht so furchtbar ernst nehmen. Füttern Sie Ihr Gehirn tagtäglich mit diesen ausgewählten Informationen und es wird sich in Richtung Lebensgenuss bewegen, anstatt ins Jammertal irdischen Daseins abzusteigen.

> *»Es sind nicht die Umstände,*
> *die den Menschen schaffen.*
> *Der Mensch ist es,*
> *der die Umstände schafft!«*
> (Benjamin Disraeli)

Gönnen Sie Ihren Augen Schönheit

Wenn Sie die Wahl hätten, etwas Hässliches anzusehen oder stattdessen etwas Ästhetisches zu betrachten, was würde Ihnen mehr Genuss bereiten? Seltsame Frage, nicht wahr?

Vor Jahren, als ich eine gute Freundin besuchte, fiel mir in ihrer Wohnung ein undefinierbarer Gegenstand auf. Auf meine Frage, was das sei, antwortete sie: »Ein Handschmeichler!« Das Ding war aus glattpoliertem Holz mit vielen Kurven und Löchern und hatte einzig und allein den Sinn, es in die Hände zu nehmen und mit den Fingerspitzen abzutasten. Ich machte mich damals etwas lustig darüber, dass sich Leute einen »Handschmeichler« hielten, konnte aber gleichzeitig meine Hände nicht davon lassen, weil es tatsächlich angenehm war, darüber zu streichen. Zuhause habe ich zwar keinen Handschmeichler, aber mir fällt auf, dass ich die Ohren meines Hundes oft automatisch kraule. Wenn ich abends auf der Couch liege und mein Beagle neben mir, dann knuddle und wuddle ich nicht selten seine Ohren mit einer Vehemenz, dass dem Guten die Ohren glühen. Er hält mir dabei geduldig seine Lauscher hin, weil er es über alles liebt, an den Ohren gekrault zu werden. Weshalb aber knete ich diese oft so lange? Nun, weil es einfach ein angenehmes Gefühl ist, seine warmen Schlappohren zu bearbeiten, sie sind so schön samtig weich, man kann sie schütteln, knuddeln, lang ziehen, zusammenfalten ...

Aber lassen wir das, sicher kennen Sie solche oder ähnliche Erfahrungen. Viele Leute sind ganz entzückt, wenn sie über Babyhaut streichen, andere lieben Leder über alles und wieder andere wühlen gerne in langen Haaren. Es gibt für jeden etwas, was er gerne berührt, etwas, was ihm als »Handschmeichler« dient.

Wie ist es aber mit den Augen? Wenn es für den Tastsinn Handschmeichler gibt, die dazu dienen, angenehme Empfindungen mit den Händen zu erfahren, dann müsste es doch auch für den optischen Kanal so etwas wie »Augenschmeichler« geben. Wie ist es mit Sonnenuntergängen, Bildern, Blumen, Tieren, Seen, lächelnden Gesichtern? Sind das nicht alles Dinge, die zu betrachten Genuss vermittelt? Wann haben Sie zuletzt die Schönheit eines Sonnenuntergangs genossen? Wann haben Sie zuletzt die Schönheit eines anderen Menschen betrachtet, die Schönheit eines Bauwerks oder der Natur? Wann war Ihr Blick lustvoll auf etwas gerichtet? Haben Sie heute schon mit Ihren Augen genossen?

> *»Eine einzige Begegnung mit wahrer Schönheit reicht oft aus,*
> *um Kraft und Hoffnung für viele Jahre zu geben.«*
> (Wayne Dyer)

Musik – der Genuss, den Sie hören können

Weshalb macht das menschliche Wesen eigentlich Musik? Was bringt diese Aneinanderreihung unterschiedlichster Töne und Geräusche der menschlichen Psyche? Nun, die Antwort darauf ist so simpel wie einleuchtend: »Der Mensch macht Musik, um Stimmungen zu erzeugen, um Genuss zu empfinden!«

Schon König Saul, der unter Melancholie litt, schaffte sich Erleichterung, indem er Harfenklängen lauschte. Pythagoras linderte viele seelische und körperliche Beschwerden, indem er speziell für den jeweiligen Kranken komponierte Musik spielte. Als Ravel seinen berühmten »Bolero« zum ersten Mal vor Publikum erklingen ließ, wurde er bezichtigt, mit dem Teufel im Bunde zu stehen, weil etliche Damen dabei äußerst euphorische Gefühle empfanden – und als Strawinskis Ballett »Le Sacre du Printemps« in Paris aufgeführt wurde, tobte das Publikum bis zur Raserei. In vielen Krankenhäusern wird bei Operationen Hintergrundmusik eingespielt, weil dies einerseits bei den Patienten die Angst mindert, andererseits sich entspannend auf das Personal auswirkt. In Supermarktketten wird mit Hintergrundmusik gearbeitet, in der Hoffnung, dass sich diese auf das Kaufverhalten der Kunden auswirkt.

Klassisch, Pop, Rock, Funk oder Techno?

Die Wirkung von Musik ist seit Jahrhunderten bekannt. Schon in den frühen Schriften der Hindus, Chinesen, Perser, Ägypter, Griechen und Römer wird darüber berichtet. Musik wird seit Urzeiten dazu benutzt, Gemütszustände hervorzurufen oder zu beeinflussen. Bei Beerdigungen wird getragene, ruhige Musik mit vielen Moll-Akkorden verwendet, um die tiefe Traurigkeit der Betreffenden in diesem Moment auszudrücken. Der »Blues« wurde erfunden, um die schwüle Stimmung der früheren Südstaaten auszudrucken, »Soul« und »Funk« war die Musik, um sich in der Diskoszene in Stimmung zu bringen. Die Musik der Beatles brachte ganze Lastwagenladungen ohnmächtiger Mädchen hervor, bayerische Gemütlichkeit und Stimmung lässt sich am besten mit Blasmusik einfangen und Country-Music wiederum lässt das Herz vor Sehnsucht nach dem großen weiten Westen überlaufen. Unfallanalysen haben gezeigt, dass leidenschaftliche Rockmusik bei bestimmten Fahrern zu einer erhöhten Risikobereitschaft und zu Fahren mit sehr hohen Geschwindigkeiten führt. Sowohl Eingeborene im tiefsten Dschungel als auch die »Techno«-Szene in Großstadt-Diskotheken benutzen Musik, um in Trance zu kommen und die physische Welt hinter sich zu lassen. Berühmte Dirigenten blicken in der Regel auf ein überdurchschnittlich langes und produktives Leben zurück, für das sie die Musik als Hauptursache ansehen. Musik lässt sich sowohl zur Entspannung als auch zur Belebung einsetzen, Musik kann ungeahnte Glücksgefühle vermitteln, aber auch alte Wunden blitzschnell wieder aufbrechen lassen ...

Es scheint keine menschliche Emotion zu geben, die sich nicht durch Musik beeinflussen ließe. Und auch Sie, egal, wie musikalisch Sie sind, kennen bestimmte Musikstücke, die für Sie mit bestimmten Erinnerungen oder Stimmungen verbunden sind.

Die Wirkung von Musik erlebt jeder von uns anders. Ein und dasselbe Musikstück kann beim einen fast hysterische Euphorie auslösen, während sich ein anderer lauthals über diese »Affenmusik« beschwert. Wir alle kennen das aus unserem Leben: Die Musik, die wir als Teenager hörten, führte bei unseren Eltern nicht selten zu einem verständnislosen Kopfschütteln. Und falls Sie inzwischen eigene Kinder haben, sind Sie vielleicht in genau derselben Position und können deren Musikgeschmack absolut nicht mehr verstehen. Was soll diese Aneinanderreihung von seltsamen Tönen noch mit Musik zu tun haben?

Jedes Musikstück hat eine Botschaft

Musik wirkt auf jedes Individuum anders. Unter anderem ist der Effekt abhängig von Alter, Geschlecht, Erziehung, sozialem Umfeld, Bildungsstand und Medienverhalten. So wird ein und dasselbe Musikstück bei einem 70-jährigen Marschmusikliebhaber, einem 40-jährigen Schlagerfan und einem 18-jährigen Rock-Enthusiasten völlig verschiedene Wirkung zeigen. Daneben spielen die Assoziationen (mit denen wir uns später noch ausführlich beschäftigen werden), die der Betreffende mit einem bestimmten Musikstück verbindet, eine nicht zu unterschätzende Rolle. Musik wird heutzutage meist dazu verwendet, um eine »Message«, eine Botschaft, an den Mann oder die Frau zu bringen. Diese Botschaft steckt beispielsweise im Rhythmus, in den Liedtexten, der Stimme und dem Auftreten des jeweiligen Interpreten. Eine Melodie, die mit einem traurigen Text gekoppelt ist, wirkt anders als die gleiche Melodie, gekoppelt mit einem stimmungsvollen Rhythmus und einem »Power«-Text. Aber selbst ein und derselbe Text kann unterschiedlich wirken, je nachdem, wie er aufgefasst wird. So heißt es zum Beispiel in einem Stück von Barclay James Harvest »And even the longest night won't last forever ...« (»Auch die längste Nacht dauert nicht ewig«). Je nachdem, was der Hörer unter dieser langen Nacht versteht, kann der Text völlig unterschiedliche Wirkung haben. Jemand, der gerade einige Fehlschläge erlitten hat, kann sich damit aufbauen, dass dieser Zustand nicht ewig dauern wird und sicher wieder ein Silberstreif am Horizont erscheint. Der andere verbindet mit »Nacht« eine rauschende Liebesnacht und ist eventuell traurig darüber, dass sie irgendwann einmal zu Ende geht. Den »Rolling Stones« wird von einigen Zeitgenossen nachgesagt, sie stünden mit dem Teufel in Verbindung, weil sich in den Texten nach genauem Suchen Hinweise darauf finden ließen. Während also die einen die Stones-Musik nehmen, um »darauf abzufahren«, nehmen sie andere, um nach Haaren in der Suppe zu forschen und sich dadurch ihr Weltbild zu bestätigen.

Aber nicht nur Texte zeigen Wirkung, sondern auch das Auftreten der Interpreten. Im Videozeitalter kommt zum Hören auch noch das Sehen dazu, die »Performance«, der Auftritt, das Aufführen des Liedes durch den Künstler im perfekt gestylten Videoclip. Die Wirkung eines Musikstückes hängt aber auch von der Situation ab, in der sie gehört wird. Nehmen Sie an, Sie haben ein bestimmtes Lied zufällig gehört, als Sie Ihren ersten »richtigen« Kuss bekamen, dann wird dieses Lied bei Ihnen sicher andere Gefühle auslösen, als wenn Ihnen bei dieser Melodie gehörig der Hintern »versohlt« wurde.

Wenn Sie alle diese Faktoren bedenken, wäre es ein Unsinn, zu behaupten, eine bestimmte Komposition von Johann Sebastian Bach würde entspannend und aktuelle Popmusik anregend wirken.

Mag sein, dass das auf einen Großteil der Bevölkerung zutrifft, aber eben nicht auf alle Zeitgenossen. Musik wirkt so individuell, dass allgemeine Aussagen zu diesem Thema mit Vorsicht zu genießen sind.

Musik ist eines der ältesten Mittel, um Genuss und Wohlbefinden zu erzeugen. Um Musik zu Ihrem Lebensgenuss einzusetzen, brauchen Sie die Kompositionen, die für Sie mit angenehmen Gefühlen verbunden sind. Warten Sie nicht darauf, bis sie irgendwann einmal im Radio zu hören sind, sondern benutzen Sie sie; benutzen Sie sie bewusst, wenn Sie Einfluss auf Ihre Gefühle nehmen möchten, wenn Sie genießen möchten – und das sollte täglich sein!

Sicher gibt es Musikstücke, bei denen Sie »in Wallung« geraten, deren Rhythmus Ihnen sofort ins Blut geht, die Sie verwenden können, um Energie zu bekommen, und wiederum andere, die Ihnen eine gewisse Ruhe, Besinnlichkeit oder Ausgeglichenheit vermitteln. Möglicherweise haben Sie diese Stücke noch nie bewusst benutzt, sondern sich lediglich gefreut, wenn Sie sie zufällig im Radio hörten oder sie vielleicht auch zeitweilig vor sich hinsummten oder -pfiffen.

Weshalb zufällig genießen,
wenn es wesentlich öfter möglich ist?

Boxchampions nehmen bestimmte Melodien, um in Kampfstimmung zu kommen, Nationalhymnen werden gespielt, um eine gewisse Feierlichkeit zu vermitteln, Weihnachtslieder schaffen eine heimelige Stimmung und afrikanische Landarbeiter singen ihre Lieder, weil ihnen die Arbeit dabei leichter von der Hand geht. Musik schafft Stimmung, Stimmung schafft Lebensgenuss, und Lebensgenuss ist nichts, was zufällig über Sie kommt, sondern etwas, was Sie täglich erschaffen können. Also fangen wir mit der »Erschaffung« Ihres Lebensgenusses durch Musik an. Zuerst brauchen wir die Zutaten!

So schaffen Sie Lebensgenuss durch Musik

Schritt Nr. 1

Erstellen Sie eine Liste, die alle Ihre Lieblingsmusikstücke enthält. Nehmen Sie alle, die Ihnen einfallen, ohne Rücksicht auf Reihenfolge oder Stil. Denken Sie dabei auch an zurückliegende Jahre, was haben Sie beispielsweise vor zehn Jahren gerne gehört?

_____

_____

_____

_____

_____

_____

_____

_____

_____

_____

Falls Ihnen der Platz nicht ausreicht, schreiben Sie auf einem Blatt Papier weiter. Nachdem Sie wahllos alles aufgeschrieben haben, was Ihnen einfällt, gehen Sie Ihre Liste noch einmal durch und wählen Sie die Titel aus, die Sie als besonders positiv empfinden, sei es, weil daran eine positive Erinnerung, eine Vorstellung oder einfach ein sehr angenehmes Gefühl gekoppelt ist. Den Rest können Sie streichen.

Schritt Nr. 2
Bewerten Sie die ausgewählten Stücke danach, ob sie eher Energie oder Entspannung vermitteln. Auf diese Weise bekommen Sie zwei Musiksortimente, die sich für unterschiedliche Zwecke benutzen lassen:

Energiesortiment   **Entspannungssortiment**

_____   _____

_____   _____

_____   _____

_____   _____

_____   _____

_____   _____

Dies sind nur zwei Möglichkeiten, Musik nach ihrem Nutzen einzuteilen, selbstverständlich können Sie auch andere Einteilungen vornehmen. Eine Bekannte von mir, Malerin von Beruf, benutzt Musik dazu, kreativ zu sein, was ihr unter anderem bei Klavierstücken von Keith Jarrett ausgezeichnet gelingt. Ich bastle zurzeit an einem Motorrad, einer stark beschädigten Unfallmaschine, herum, mit der ich im nächsten Sommer auf den Spuren von »Easy-Rider« die Landstraßen unsicher machen möchte. Und wenn es mich gar nicht zu dieser reichlich mit Öl, Dreck und abgebrochenen Fingernägeln verbundenen Arbeit hinziehen will, dann genügt es, wenn ich mir zwei bis drei Songs von Cher, ZZ-Top oder Bruce Springsteen anhöre, und die Sache mit der Motivation ist seltsamerweise kein Problem mehr. Wenn ich mir dann noch vorstelle, zu dieser Musik mit der Maschine über die Landstraße zu fahren, die warme Sonne im Gesicht, den Geruch von Benzin, Leder, Wäldern und Wiesen in der Nase, dann können Sie sich denken, dass ich mit einem ganz anderen Elan daran gehe, diesen Schrotthaufen wieder in einen fahrtüchtigen Zustand zu versetzen, als wenn ich nur diesen Berg Arbeit sehen würde, der sich vor mir auftürmt. Musik eignet sich hervorragend zur Unterstützung von Tagträumereien und diese wiederum bestens zur Motivation! Antoine de Saint-Exupéry hat diesen Vorgang wunderbar beschrieben:

>*Wenn du vorhast, ein Schiff zu bauen,*
dann rufe die Menschen nicht zusammen, um Aufgaben zu verteilen,
Holz zu sammeln oder die Arbeit einzuteilen,
sondern lehre sie die Sehnsucht nach dem großen, weiten Meer!«

Er will damit nichts anderes sagen, als dass eine tiefe Motivation wesentlich mehr auf die Beine zu stellen vermag als eine Arbeit, in der man keinen Sinn erkennen kann. Die Beschäftigung mit dem angestrebten Ziel ist es also, die Verhalten in Gang setzt, und Musik, die Sie an Ihre Ziele erinnert, ist somit ein fantastisches Mittel, um »in Gang« zu kommen.

Schritt Nr. 3
Schaffen Sie sich Ihre persönlichen »Stimmungssortimente«.

Besorgen Sie sich die jeweiligen Aufnahmen (was angesichts des boomenden Geschäfts der Video- und CD-Verleiher weder ein praktisches noch ein finanzielles Problem darstellen dürfte) und überspielen Sie sich diese ausgewählten Stücke, zusammengestellt nach Ihrem persönlichen Geschmack, auf Kassetten oder andere Tonträger. Auf diese Weise erhalten Sie die unterschiedlichsten Sortimente. Während auf der einen Kassette beispielsweise Musik zu hören ist, mit der Sie sich in einen energiegeladenen Zustand versetzen können, befinden sich auf einer anderen Stücke, die Ihnen helfen zu entspannen. Auf einer dritten haben Sie Titel, die Sie mit irgendeinem Ziel verbinden, das Sie erreichen möchten, und auf wieder einer anderen befinden sich Musikstücke und Geräusche, die Sie an einen warmen Sommertag erinnern. Nehmen Sie für jedes Sortiment eine eigene Kassette, dann haben Sie jederzeit die

Möglichkeit, Ihr bisheriges Sortiment durch neue Titel zu erweitern und auf diese Weise Ihre »Stimmungsmacher« immer weiter auszubauen und zu aktualisieren.

Wie Sie sehen, sind die Möglichkeiten nahezu unbegrenzt. Nutzen Sie die fantastischen Wirkungen, die Ihnen Musik bietet! Zu jeder Stimmung, zu jeder Emotion, zu jedem Ziel, zu jedem Traum lassen sich Musikstücke finden, mit deren Hilfe sich diese Stimmungen, Emotionen und Tagträumereien hervorrufen und vertiefen lassen. Sie haben jederzeit die Möglichkeit der Kontrolle über Ihre Emotionen und Verhaltensweisen.

Sie sind nicht darauf angewiesen,
zu warten, bis das »Hoch in Ihrem Kopf«
auf unerklärliche Weise zufällig entsteht!

Kapitel 3

So programmieren Sie Ihr Unterbewusstsein auf Genuss

– Ein Trainingsprogramm für hartnäckige Pessimisten –

Verwenden Sie die Sprache der Genießer

Worte sind nicht nur das Medium, mit dem wir die Welt um uns herum beschreiben, Worte sind weitaus mehr. Worte formen Ihre Gedanken. Von den Gedanken, die Ihnen tagtäglich durch den Kopf gehen, hängt ab, wie Sie sich fühlen und verhalten werden. Worte sind die Bausteine Ihrer Gedanken und durch den Einfluss der Gedanken auf Ihr Befinden können bestimmte Worte durchaus die gleiche Wirkung wie ein Psychopharmaka entwickeln. Oft reicht der Name eines Menschen, mit dem Sie irgendwann einmal negative Erfahrungen gemacht haben, aus, um bestimmte Emotionen wieder hochkommen zu lassen. Wir haben Bezeichnungen für bestimmte Gemütszustände und alltägliche Gegebenheiten, die leicht zur selbsterfüllenden Prophezeiung werden können. Jemand, der beispielsweise in allem ein »Problem« sieht, darf sich nicht wundern, wenn ihn Probleme geradezu verfolgen. Ist Ihnen schon einmal aufgefallen, dass sich Ihr Wortschatz verändert, wenn sich Ihr emotionaler Zustand verändert?

Wenn Sie wütend sind, benutzen Sie Schimpfwörter. Sie titulieren andere als »Rindviecher«, das Kinderzimmer wird zum »Saustall«, die Arbeitskollegin zur »Schlange« und der Chef zum »gehirnamputierten Vollidioten«. Wenn Sie Angst verspüren oder sich Sorgen machen, finden sich gehäuft Wörter wie »schrecklich«, »schlimm«, »furchtbar« oder« grauenhaft«, und wenn Sie sich hilflos fühlen, ist etwas »unerträglich« oder »aussichtslos«.

Worte sind mehr als nur aneinander gereihte Buchstaben, Worte haben eine Bedeutung. Worte sind mit Erinnerungen, mit Erfahrungen und natürlich Gefühlen und Verhaltensweisen gekoppelt. Worte werden aber nicht nur ausgesprochen, sondern sie dienen auch zum Denken, für das »innere« Gespräch mit sich selbst. Ihre Gefühle werden zwar durch Situationen oder andere Personen beeinflusst, nicht aber ausgelöst. Das erledigt Ihre Denkweise, *Sie* geben den Situationen und Menschen Bedeutungen und Bewertungen. Mit Ihrer Denkweise können Sie ruckzuck Stress und Verdruss erzeugen und durch die Verwendung bestimmter Bezeichnungen diesen Zustand auch aufrecht erhalten. Ist es nicht so, dass, wenn Sie unter Druck stehen, Sie sich einreden, Sie *müssten* etwas? Wieso nehmen Sie das Wort »muss« anstatt das Wort »will«, obwohl Sie doch die freie Entscheidung über Ihr Tun haben? Wieso werden Worte wie »furchtbar«, »schrecklich« usw. für belanglose Sachverhalte und Unwichtigkeiten verwendet? Weshalb nicht leichtere Kaliber wie zum Beispiel »störend«, »etwas erregend« oder »nicht ganz befriedigend«?

> *»Es ist nicht möglich, den Menschen zu erkennen,*
> *ohne etwas über die Macht von Worten zu wissen.«*
> (Konfuzius)

Die Wirkung Ihrer Worte

Im Alltagsleben begegnet Ihnen überall die Macht der Worte. Worte werden benutzt, um Dingen oder Menschen »Images«, Bedeutungen, zu verleihen. Und je nachdem, welche Worte dazu benutzt werden, entstehen andere Bewertungen und auch andere emotionale Beziehungen. Sehen Sie sich doch einmal den Unterschied zwischen einem »Gefängniswärter« und einem »Justizvollzugsbeamten« an. Im Prinzip zwei verschiedene Worte für die gleiche Tätigkeit. Nur, Ersteres klingt negativ und »schmutzig«, während das Zweite vor klinischer Reinheit geradezu strahlt. Und hier haben wir einen wichtigen Punkt angeschnitten:

Jedes Wort hat für Sie eine ganz bestimmte Bedeutung. Diese Bedeutung hat Verbindung zu anderen Bedeutungen in Ihrem Gehirn, man bezeichnet eine derartige Verbindung als »Assoziation«.

Nehmen wir doch einmal das Wort »Gefängniswärter«. Was fällt Ihnen dazu ein? Machen Sie sich doch einmal die Mühe und kramen Sie in Ihrem Gehirnstübchen nach allem, was Ihnen dazu in den Sinn kommt (der gute alte Sigmund Freud kam auf diese Art und Weise an das so genannte Unbewusste heran).

_____

_____

_____

_____

_____

Zum Beispiel könnte Ihnen dazu Folgendes einfallen:
Rasseln des Schlüsselbundes, dunkle muffige Gänge, Schmutz, Kälte, zuknallende Türen, Verzweiflung, schlecht sitzende Uniform, Schreie, Folter usw.

Und jetzt nehmen Sie das Wort »Justizvollzugsbeamter«. Lassen Sie es eine Zeit lang »auf der Zunge zergehen« und sehen Sie, was Ihnen dazu einfällt:

_____

_____

_____

_____

_____

Sicher werden Sie feststellen, dass Ihnen zu diesem Begriff andere Assoziationen in den Sinn kommen, zum Beispiel *Korrektheit, Helligkeit, Sauberkeit, Nüchternheit, Büro, Freundlichkeit, Pflichterfüllung, Gerechtigkeit, Feierabend, Familie usw.*

Wieso verbinden Sie mit »Justizvollzugsbeamter« andere Assoziationen als mit »Gefängniswärter«? Es handelt sich doch dabei um den gleichen Beruf. Nun, Sie können sich Ihr Gedächtnis wie ein Netz vorstellen. Zwischen allen Dingen, Situationen, Gefühlen, Bildern, Geräuschen usw., die Sie im Laufe Ihres Lebens gespeichert haben, bestehen Verbindungen, eben diese erwähnten Assoziationen. Sie können nichts im Gedächtnis behalten, ohne dass eine Verbindung zu anderen Gedächtnisinhalten besteht. Bildlich lässt sich das Ganze mit einem Faden an Ihrem Pullover vergleichen. Sie sehen nur ein kurzes Stück Faden, doch wenn Sie daran ziehen, wird er immer länger und länger, und wenn Sie dann nicht aufhören zu ziehen, trennen Sie unter Umständen den ganzen Pullover auf.

> Wann immer Sie ein Wort in
> den Mund nehmen oder nur denken,
> hängen daran eine Unzahl von anderen Bedeutungen,
> die in den Milliarden von Nervenverbindungen
> Ihres Gehirns gespeichert sind.

Was fällt Ihnen zum Beispiel zum Wort »Schnee« ein? Sicher Dinge wie: *weiß, kalt, Winter, Schneeball, Skifahren, Matsch, Autoscheiben freikratzen, Flocken, Eis, Glühwein usw.* Aus dieser Liste könnte man ein beliebiges Wort herausgreifen und wiederum fragen, was Ihnen dazu einfällt. Zum Beispiel könnte Ihnen zu »Glühwein« *rot, heiß, Duft, gemütlich, Hüttenabend, Schwips, Lebkuchen usw.* in den Sinn kommen. Wie Sie sehen, ließe sich dieses Spielchen wahrscheinlich jahrelang fortsetzen und Sie würden auf immer neue Worte stoßen, zu denen Ihnen immer wieder neue Assoziationen einfallen würden. Fleißige Wissenschaftler haben sich die Mühe gemacht und nachgeforscht, wie viel an Wissen in ein normales menschliches Gehirn hineinpassen würde. Vielleicht kennen Sie die Encyclopaedia Britannica, eine der größten Enzyklopädien unserer Welt. Ein erwachsener Mensch könnte über 500.000-mal so viele Informationen in seinem Gedächtnis speichern. Und alle diese Informationen sind untereinander über Assoziationen verbunden. Unvorstellbar, nicht wahr? Das heißt aber, dass wenn Sie ein Wort sagen, hören oder denken, in Ihrem Gehirn eine »Lawine« losgetreten wird, eine Lawine, die eine Kette von Assoziationen nach sich zieht. Jedes Wort löst also eine »Assoziationslawine« aus.

Was fällt Ihnen zum Beispiel zum Wort »Kadaver« ein? Sind es nicht höchst unangenehme Assoziationen, die Sie damit verbinden? Assoziationen, wie Verwesung, Gestank, Würmer, Aasgeier usw.? Warum nennt sich ein Bestattungsunternehmen nicht »Kadaververscharrer«, sondern »Trauerhilfe«? Ganz klar, wenn sich diese Unternehmen »Kadaververscharrer« nennen würden, bliebe die Kundschaft weg. Dieses Wort hat einen derartig negativen Beigeschmack, führt zu derartig negativen Assoziationen, dass allein die Benutzung dieses Wortes dazu führen würde, dass das Unternehmen Konkurs anmelden müsste. Und bereits an diesem einfachen Beispiel können Sie sehr gut erkennen, dass Worte eben nicht »nur« Worte sind, sondern dass Ihre Wortwahl bereits darüber bestimmt, was in Ihrem Gehirn abläuft.

Was uns in diesem Zusammenhang besonders interessiert, ist die Verbindung zwischen Worten und Gefühlen. Gefühle hängen eng mit Bewertungen zusammen. Bewertungen wiederum werden durch Worte geformt, durch Worte mit bestimmten Bedeutungen. Und durch Veränderung von Worten und damit von Bedeutungen lässt sich Einfluss auf Gefühle nehmen. Die meisten Menschen benutzen Worte unbewusst, weil ihnen nicht klar ist, wie menschliches Denken und Fühlen funktioniert. Das wiederum führt zu Gewohnheiten, zu »Lieblingsworten«. Und diese Lieblingsworte wiederum stehen in engem Zusammenhang zu den Emotionen des Betreffenden. Sie werden bei einem zu Depressionen neigenden Menschen häufig Worte und Weltanschauungen wie »So einfach ist das auch nicht«, »furchtbar«, »schrecklich«, »anstrengend«, »fix und fertig« usw. finden, während ein energiegeladener Mensch vielleicht Lieblingsworte wie »Power«, »No problem«, »Nimm's leicht«, »Mach ich«, »Kein Problem«, »Okay« usw. benutzt. Überprüfen Sie einmal Ihr gewohnheitsmäßiges Vokabular und Ihre Worte, durch die Sie sich selbst blockieren. Tauschen Sie sie gegen bessere aus, fangen Sie an, direkten Einfluss auf Ihr Denken und Fühlen zu nehmen. So beginnen Sie, alte Gewohnheitsprogramme zu durchbrechen und Ihr Leben selbst zu bestimmen.

Nehmen wir an, Sie würden sich über irgendjemand oder irgendetwas ärgern. Achten Sie auf den Unterschied zwischen

»Verdammt, ich berste vor Weißglut«
und
»Ich denke, ich bin etwas erregt«.

Sicher, das klingt jetzt wie die Worte eines gesetzten englischen Gentlemans, aber Sie werden zugeben, dass »etwas erregt« andere Assoziationen auslöst als »Weißglut«. Probieren Sie doch einmal Folgendes aus: Wenn Sie sich das nächste Mal über irgendjemand ärgern (falls Sie das noch brauchen), dann nennen Sie den Betreffenden nicht »Arschloch«, »Rindvieh« oder alles, was Sie in dieser Situation herausschreien möchten, sondern brüllen Sie ihn, so aggressiv Sie können, mit folgenden Worten an:

»Du netter, kleiner Rehpinscher, du!«

Wenn Sie das tun, werden Sie einen interessanten Effekt verspüren. Sie werden anfangen zu lachen! Sie werden über einen derartig unsinnigen Satz Tränen lachen. Was ist passiert? Nur dadurch, dass Sie andere Worte benutzt haben, haben Sie in Sekunden Ihr Ärgerprogramm durchbrochen! An diesem Beispiel sehen Sie den engen Zusammenhang zwischen Worten und Emotion. Um sich Ihr Maximum an Verdruss zu bereiten, benötigen Sie bestimmte Worte. Wenn Sie sich weigern, diese Worte zu benutzen, fällt es Ihnen schon schwerer, an Ihrem Verdruss zu basteln. Zu allen Ihren unbewussten Programmen gehören bestimmte Worte, ohne diese Worte funktionieren diese Programme nur schlecht bzw. gar nicht.

Ihre Wortauswahl beeinflusst Ihr Schicksal!
Wenn Worte wie Leid, Problem und unüberwindlich zu Ihren gewohnheitsmäßigen Lieblingswörtern gehören, dann werden Sie

auch ein Leben führen, in dem Sie Leid und Probleme erfahren. Wenn bei Ihnen oft »alles schief geht«, dann werden Sie am Ende Ihres Lebens feststellen, dass es tatsächlich so war. Nicht weil Ihr Leben so furchtbar gewesen ist, sondern weil es Ihrer Ansicht nach furchtbar war. Ein anderer Zeitgenosse, dem vielleicht genau dasselbe passiert wie Ihnen, hat andere Worte dafür. Was bei Ihnen »Leid« ist, ist für ihn *»Es kann nur aufwärts gehen«*, was bei Ihnen ein »Problem« ist, ist für ihn eine *»Herausforderung«* und was Sie als »unüberwindlich« ansehen, ist für ihn *»der Kick, um an die Sache heranzugehen«*. Und am Ende kommen, obwohl beide das Gleiche erlebt haben, zwei verschiedene Leben heraus.

Eines, das nur aus Leid bestand, wo der Betreffende sich mit immensen Problemen gequält hat und schließlich unter der Last der Sorgen zerbrach, und eines, das für den Betreffenden voller Herausforderungen war, voll immer wieder neuer Aufgaben und »Kicks«, ein Leben, das durch Erlebnisse und Aktionen bereichert war. Auch der Verlauf Ihres Lebens hängt weniger von den Umständen ab, sondern vielmehr von den Gedanken, Vorstellungen und Bewertungen, die ständig in Ihrem Kopf toben. In unserem Beispiel verlaufen beide Lebenswege gleich, den Betreffenden passieren die gleichen Dinge, beide nehmen jedoch die gleichen Sachverhalte unterschiedlich wahr, und das wird letztendlich über die Qualität ihres Lebens entscheiden. Sie kennen sicher das Beispiel vom halben Glas Bier. Der eine Mensch bezeichnet es als noch halb voll, während es für einen anderen schon halb leer ist. Alles, worin sich diese beiden im Moment unterscheiden, sind zwei Worte. Nehmen wir an, beide haben Durst; wer wird wohl mehr Genuss haben bei seiner Aussage?

Worte haben neben ihrer literarischen Bedeutung auch eine emotionale, nämlich über die Assoziationen, über die Verbindungen zu anderen Gedächtnisinhalten und zu Emotionen. Weshalb sollten Sie weiterhin Worte mit negativen Assoziationen verwenden? Was außer einem Maximum an Verdruss bringt Ihnen das? Wer zwingt Sie, weiterhin Worte, die negativ besetzt sind, zu denken oder auszusprechen? Sie können jederzeit Einfluss auf Ihre Wortwahl nehmen. Sie können jederzeit Worte, die Ihnen nur Kraft rauben und Verdruss bringen, durch bessere ersetzen.

Und Sie können sich jederzeit weigern, sich emotional aufzuschaukeln. Denken Sie an das erwähnte Beispiel »Du netter, kleiner Rehpinscher, du!«. Sie können Ihre alten Reaktionsmuster durchbrechen und Ihre Gewohnheiten ablegen, kein Mensch, nur Sie selbst, kann Sie daran hindern.

Die Kunst der Selbstbeeinflussung

Die Wirkung von Worten auf die Psyche ist seit langer Zeit bekannt. Emile Coué (1857–1926), ein französischer Apotheker, erforschte als Erster diese Wirkung genauer. Ihm fiel bei seiner täglichen Arbeit auf, dass der Glaube an die Wirkungsweise eines Medikamentes oft mehr bewirkte als das Medikament selbst. Sätze wie »Dieses Medikament bringt Sie mit Sicherheit wieder auf die Beine« oder »Der Arzt hätte Ihnen nichts Besseres verschreiben können« führten dazu, dass sich bessere und nachhaltigere Heilerfolge einstellten als bei Medikamenten, die er in üblicher Form, ohne Zuspruch, an seine Kunden verteilte. Aus dieser Erfahrung heraus, entwickelte er ein Verfahren zur Krankenbehandlung, das auch heute noch unter dem Namen »Autosuggestion« eingesetzt wird. Autosuggestion, ein Wort aus dem Lateinischen, von *auto* = selbst und *suggere* = einreden, bedeutet, dass sich der Betreffende etwas einredet, daran glaubt und damit gewisse Effekte bewirkt. Vergleichbar ist das Ganze mit Hypnose; während bei der klassischen Hypnose ein Hypnotiseur die Suggestionen gibt, hypnotisiert sich der Betreffende bei der Autosuggestion mehr oder weniger selbst.

Und wer einmal erlebt hat, was in Hypnose möglich ist, dem ist der Einfluss von Worten auf Psyche und Körper klar. Ein klassisches Hypnoseexperiment besteht beispielsweise darin, einer hypnotisierten Person eine Münze auf den Arm zu legen und ihr zu suggerieren, die Münze wäre glühend heiß. Wenn der Betreffende in tiefer Hypnose ist, bildet sich nicht selten eine Brandblase. Anhand solcher Experimente können Sie erkennen, welche Wirkung Worte haben können, denn es sind ja nur Worte, an die derjenige glaubt, nicht etwa geheimnisvolle Kräfte des Hypnotiseurs. Autosuggestion ist jedoch etwas, was jeder Mensch jeden Tag betreibt. Jeden Tag denken Sie eine Unzahl von Gedanken. Es gibt Zeitgenossen, die sich jeden Tag einreden, sie, andere oder die Welt »müssten etwas«, die jeden Tag etwas »furchtbar« finden, die jeden Tag »etwas nicht können«, »jemand hassen«, »sich hundeelend fühlen« ...

Jeden Tag hypnotisieren Sie sich mit Ihren Gedanken.
Und jeden Tag spüren Sie die Auswirkungen dieser Selbsthypnose.

Jemand, der in einer depressiven Stimmung ist und jedem erzählt, er wäre so furchtbar depressiv, braucht sich nicht zu wundern, wenn er immer tiefer in diese Stimmung gerät und sie richtiggehend »ausbrütet«. Dieses Phänomen kennt jeder, der nach einem ausgiebigen Mittagessen eine bleierne Müdigkeit verspürt. Je länger man sich mit der Müdigkeit beschäftigt, je länger man sich selbst noch darin bekräftigt, müde zu sein, desto müder wird man, und es ist dann nur noch eine Frage von relativ kurzer Zeit, bis man endgültig von ihr »übermannt« wird.

Nun, wenn Worte eine derart starke Wirkung haben können, dann ist es doch nur billig und recht, die Worte so auszuwählen, dass sie die Wirkung haben, die Sie haben wollen. Welche Wirkung wollen Sie haben? Eine Vergrößerung Ihres Genusses und eine Verkleinerung Ihres Verdrusses. Oder etwa nicht? Nun, dann fangen wir doch einmal an, zu ändern:

Die grundlegenden Änderungen zuerst. Sie werden

»Ich muss«
ersetzen durch
»Ich will ...« oder *»Ich entscheide mich für ...«*

Denken Sie daran, jedes Mal, wenn Ihnen »Ich muss« auf der Zunge liegt: Sie müssen gar nichts, lediglich sterben. Sie »müssen« jetzt nicht gehen, Sie wollen das, Sie entscheiden sich dafür. Sie müssen nicht zur Geburtstagsfeier Ihrer Schwiegermutter, Sie entscheiden sich, da hinzugehen. Sie »müssen« nicht zur Arbeit, Sie wollen dahin und das Geld kassieren. Sie müssen nicht den Kredit zurückzahlen, Sie tun das freiwillig, denn Sie wollen das Haus behalten. Sie müssen die Küche nicht aufräumen, sondern Sie entscheiden sich dafür, weil Ihnen die aufgeräumte Küche besser gefällt. Sie sind ein freier, selbstbewusster Mensch, »Ich muss« wird es von jetzt ab in Ihrem Leben nicht mehr geben und Sie werden sich weigern, diese Worte weiterhin zu benutzen. Sie werden

»Du musst«
ersetzen durch
»Ich möchte, dass du ...« oder *»Du kannst dich entscheiden für ...«*

Wenn Sie nichts müssen, muss ein anderer Mensch auch nichts. Solange Ihnen klar ist, dass Sie von einem anderen Menschen erwarten können, was Sie wollen, er das aber nicht tun muss, werden Sie aufhören, sich zu ärgern, wenn er nicht das tut, was Sie gerne hätten. Sie werden aufhören, sich frustriert zu fühlen, weil Sie keine derartig überzogenen Forderungen mehr stellen werden. Sie werden

»Die Welt muss ...«
ersetzen durch
»Es wäre schön, wenn ...«

Sie haben keinerlei Recht darauf, dass die Welt sich so zu verhalten hat, wie Sie das gerne möchten. Indem Sie aufhören, diese unsinnige Forderung zu stellen, werden Sie den Lauf der Dinge so akzeptieren, wie er nun einmal ist. Sie werden aufhören, Vergangenes zu bereuen und zu fordern, dass es anders hätte sein müssen. Sie werden aufhören, sich überhaupt noch gedanklich mit der ungerechten Welt zu beschäftigen. Sie werden aufhören, sich mit Problemen zu beschäftigen, und sich stattdessen mit deren Lösung auseinandersetzen. Sie werden Worte wie

»furchtbar, schrecklich, Katastrophe«
ersetzen durch
»unangenehm, nicht ganz optimal, große Aufgabe usw.«

Ob Dinge, die Ihnen in Ihrem Leben widerfahren, zu Katastrophen werden, hängt von Ihren Vergleichen und davon ab, welchen Namen Sie dem Kind geben. Niemand zwingt Sie, etwas als schlimm zu bezeichnen. Wenn Sie ein Ereignis aber nicht mehr als schlimm ansehen, dann ist es in »Ihrer Welt« auch nicht mehr schlimm. Und Sie werden

»Ich kann nicht ...«
ersetzen durch
»Ich kann es tun«, »Ich werde es tun«, »mal sehen ...«

Sie werden sich weigern, von vornherein zu behaupten, Sie könnten etwas nicht tun oder etwas nicht ertragen. Sie werden erfahren, welche Kraft Sie durch Ihren Willen haben, dass Sie nicht ein hilfloses kleines Etwas sind, sondern ein Mensch, der sich etwas zutraut und das auch ausführt. Aber Sie werden noch weitergehen:

Alle Worte, die geeignet sind, Verdruss aufrechtzuerhalten, brauchen Sie ab jetzt nicht mehr!

Nehmen Sie stattdessen Worte, die Ähnliches ausdrücken, aber zu positiven Assoziationen führen. Möglicherweise werden Ihre Mitmenschen etwas ungläubig reagieren, wenn Sie zum Beispiel in einer Situation, über die sich »normale« Menschen furchtbar aufregen würden, mit der Gelassenheit eines buddhistischen Mönches behaupten, Sie fänden die Situation »sehr interessant«. Wenn andere vor einer öffentlichen Rede ordentlich Lampenfieber bekommen und behaupten, sie hätten unheimlich Angst, werden Sie höchstens behaupten, Sie fänden das unheimlich »spannend«. Oder stellen Sie sich vor, während andere frustriert und enttäuscht sind, behaupten Sie in der gleichen Situation, Sie wären »nicht ganz überwältigt«. Möglicherweise wird man Sie für verrückt erklären, weil eine derartige spielerische Gelassenheit nicht »normal« ist. Aber Sie wollen ja ein Maximum an Genuss und nicht Normalität, nicht wahr? Denn in unserer Gesellschaft ist es leider so, dass Verdruss »normal« ist, genießen tun ein paar Auserwählte und die Mehrheit schaut dabei neidisch zu.

Halten Sie einen Moment inne und schreiben Sie zwei Worte oder Sätze auf, die Sie für gewöhnlich benutzen, wenn Sie sich so richtig lausig, gelangweilt, deprimiert, frustriert, enttäuscht, ärgerlich, hilflos, traurig usw. fühlen. Was erzählen Sie Ihren Bekannten und Freunden dann? Behaupten Sie, dass Sie wieder einmal »fix und fertig« sind, dass Sie »down« sind, dass es Ihnen »hundsmiserabel« geht, dass Sie sich »gar nicht gut« fühlen, dass Sie »alles ankotzt«, dass Sie »an die Decke« gehen könnten usw.? Jeder Mensch hat für solche Momente Lieblingsworte; suchen Sie sich zwei derartige Worte oder Sätze, die Sie dann gewöhnlich benutzen:

1) _____

2) _____

Diese Worte benutzen Sie, um mit sich selbst zu kommunizieren, und in diesem Fall, um sich zusätzlich in Verdruss hineinzumanövrieren. Diese Worte kosten Sie Kraft, weil damit sofort die Assoziationslawine in Ihrem Gehirn losgetreten wird, weil diese Worte Bedeutungen und Emotionen aktivieren, mit denen Sie nur Verdruss haben können. Diese Worte sind eng mit Ihrem Gefühlszustand gekoppelt, und das wiederum bedeutet, dass Sie mit diesen Worten nur in diesen Gefühlszustand kommen können und sonst nirgendwohin. Wenn Sie vor Energie strotzen, wenn Sie vor »Glück die Welt umarmen« könnten, dann würden Sie nie und nimmer solche Worte benutzen. Weshalb tun Sie es dann, wenn Sie sich lausig fühlen? Weshalb sollten Sie diesen Zustand schon alleine durch Ihre Wortwahl aufrechterhalten und verstärken? Finden Sie nicht auch, dass das verdammt unklug wäre? Was haben derartig negative Zustände mit Lebensgenuss und Lebenserfüllung zu tun? Sie sind nicht verpflichtet, Mechanismen, die Ihnen Verdruss bereiten, unbewusst aufrecht zu erhalten. Übernehmen Sie die Kontrolle über Ihr Leben! Sie haben nur dieses eine!

Die einfachste Form, Kontrolle zu übernehmen, ist, die Sprache so zu benutzen, dass sie zu den Gefühlszuständen passt, die Sie haben wollen. Ein dramatischer Effekt dabei ist, dass alte Reaktionsmuster auf diese Art und Weise sofort unterbrochen werden. ... Ich sage nur: » Du netter, kleiner Rehpinscher, du!«

Suchen Sie nun, für die beiden Worte oder Sätze, die Sie oben ausgewählt haben, bessere Worte. Worte, die Ihr Reaktionsmuster sofort durchbrechen, weil sie so ungewöhnlich sind, dass man darüber lachen könnte, oder Worte, die zumindest die Intensivität der Emotion verringern. Ich verwende zum Beispiel für »enttäuscht« den Begriff »nicht ganz überwältigt«. Auf diese Art komme ich gar nicht in einen größeren Enttäuschungszustand hinein, und wenn ich drin bin, komme ich damit wieder schnell heraus. Das führt auch dazu, dass ich viele Sachen leichter nehme als manche meiner Zeitgenossen, weil ich »flockigere« Worte benutze. Aber probieren Sie es doch einmal selbst, finden Sie entsprechende Worte:

1) _____

2) _____

Sie werden feststellen, dass, wenn Sie in Zukunft diese Worte oder Sätze verwenden, eine Menge Spaß auf Sie zukommen wird. Um Ihnen bei der Auswahl neuer Worte etwas unter die Arme zu greifen, sehen Sie sich folgende Liste an:

alter Gefühlsausdruck	neuer Ausdruck
enttäuscht	neue Erfahrung gemacht
frustriert	nicht ganz überwältigt
wütend	etwas erregt
sich Sorgen machen	sich Gedanken machen
depressiv	die Ruhe vor dem Sturm
	auf dem Weg zur Änderung
	nicht ganz himmelhoch jauchzend
	etwas verausgabt
nervös	mit Energie geladen
traurig	sortiere gerade meine Gedanken
eifersüchtig	arbeite an meinem Selbstbewusstsein
neidisch	habe ein neues Ziel entdeckt
gelangweilt	gierig nach Neuem
habe Angst	bin erwartungsvoll, denke darüber nach

habe einen Fehler gemacht	es bot sich die Gelegenheit, dazu zu lernen
etwas hassen	etwas anderes bevorzugen
keine Kraft haben	beim Energiespeichern sein
einsam	verfügbar
unzufrieden	auf der Suche nach Perfektion
schuldig	verantwortlich

Die Liste ließe sich beliebig fortsetzen. Sie sind fähig, jedes Wort, das in Ihrem Gehirn mit negativen Assoziationen verbunden ist, durch ein anderes auszutauschen und damit eine Art Neuprogrammierung Ihres Biocomputers im Kopf vorzunehmen. Bedenken Sie, dass Ihr Computer nur mit dem arbeiten kann, was Sie eingeben. Wenn Sie aus Gewohnheit Material eingeben, das nur Verdruss bringen kann, dann haben Sie eben Ihr Maximum an Verdruss, und zwar so lange, bis Sie sich entschließen, diese Gewohnheit zum Teufel zu jagen. Verschwenden Sie keine Zeit, tun Sie es jetzt! Keine Sekunde, keinen Tag, kein Jahr Ihres Lebens können Sie jemals zurückholen!

Worüber wir hier reden, hat mit dem klassischen positiven Denken wenig zu tun, dennoch werden Sie gewisse Parallelen zu dieser Philosophie feststellen. Ein Spruch, den ich besonders beeindruckend fand, war

>*»Betrachte immer die helle Seite der Dinge;*
>*und wenn sie keine haben,*
>*dann reibe die dunkle so lange, bis sie glänzt!«*
>(Norman Vincent Peale)

Dale Carnegie beschrieb diese Vorgehensweise in dem lapidaren Satz:

>*»Wenn das Leben dir eine Zitrone zuwirft, mach Limonade daraus!«*

Beide wussten, dass Erfolg und Lebensgenuss von der Fähigkeit abhängt, »umschalten« zu können. Von der Fähigkeit, sich auf das zu konzentrieren, was einen weiterbringt, nicht auf Gedanken, die lähmend wirken. Und auch Sie können jederzeit umschalten, indem Sie einfach das tun, was mehr Genuss bringt. Achten Sie von jetzt an jeden Tag darauf, welche Worte Sie für negative Gefühlszustände verwenden, und ändern Sie diese Worte augenblicklich, wenn Sie Ihnen herausrutschen. Fragen Sie sich beispielsweise, ob Sie jetzt wirklich ärgerlich sein möchten oder ob »etwas erregt« genügt; ob Sie wirklich frustriert sein wollen oder ob »nicht ganz überwältigt« ausreicht ...

Heißt das nun, dass Sie ab jetzt nicht mehr ärgerlich oder frustriert sein dürfen? Nein, natürlich nicht. Es gibt sicher Situationen, wo Sie beispielsweise mit Ärger weiterkommen, nämlich dann, wenn Sie eine Blockade mit körperlicher Energie aus dem Weg räumen können. Alles, was wir hier besprechen, soll aus Ihnen nicht einen gefühllosen Roboter machen, sondern dient dazu, Ihnen Wahlmöglichkeiten zu schaffen. Es hilft Ihnen dabei, Herr anstatt Sklave Ihrer Gefühle zu sein. Unterbrechen Sie negative Gefühlsmuster dann, wenn Sie merken, dass Ihr Maximum an Lebensgenuss dadurch gefährdet ist. So lange Sie das entsprechende Gefühl genießen, besteht ja kein Grund einzugreifen. Aber weshalb sollten Sie sich mit »Ich habe versagt« Ihre gute Laune vermiesen, wenn Sie den gleichen Sachverhalt auch mit »Ich habe mich soeben auf den zweiten Anlauf vorbereitet« ausdrücken können? Sie wecken mit diesem Satz völlig andere Assoziationen! Und Sie wissen, Assoziationen sind das, wodurch ein Wort wirkt!

Mit dem richtigen Wort zu mehr Genuss

Sie haben es gelesen: Die richtige Wortwahl kann Ihren Verdruss verringern und den Genuss steigern. Wenn Sie ab jetzt nur noch Worte benutzen, die man normalerweise nur für außergewöhnlich gute Gefühlszustände verwendet, dann würde doch auch langfristig betrachtet Ihr Leben eine außergewöhnlich gute Qualität bekommen. Mit Worten beschreiben wir unsere Umwelt und unsere Erfahrungen damit. Etwas, wofür wir keine Worte haben, existiert in unserer Welt nicht. Für einen Nordeuropäer gibt es beispielsweise nicht sonderlich viele Unterscheidungen, was den Begriff »Schnee« betrifft; Schnee ist für ihn Schnee. Ganz anders bei den Eskimos, sie unterscheiden bis zu 30 verschiedene Arten von Schnee. Für einen

Europäer gibt es also bestenfalls zwei oder drei Arten von Schnee, für einen Eskimo unter Umständen mehr als dreißig! Was ist jetzt aber Realität, drei oder dreißig Schneearten? Die Antwort darauf wäre: beides! Das, wofür Sie Begriffe haben, existiert in Ihrer Welt, das, wofür sie kein Wort kennen, ist für Sie nicht vorhanden. Manche Kulturen kennen den Begriff »Diebstahl« nicht, in ihrer Welt befassen sie sich nicht damit, er existiert für sie nicht. Was würde das aber für Ihre Wortwahl bedeuten?

Sie kennen diese Situation: Man trifft einen guten Freund auf der Straße oder telefoniert mit ihm. Nach dem ersten Hallo kommt die bekannte Phrase »Wie geht's?« und darauf die Antwort »Gut«. Als ich vor kurzem mit einer Freundin in Sizilien telefonierte, passierte Folgendes: Ich war nach der Arbeit etwas müde und abgeschlafft und leierte am Telefon ein genauso abgeschlafftes »Come va? (Wie geht's?)« herunter , worauf es am anderen Ende der Leitung fröhlich krähte: »Magnifico (Großartig)!« Mit ihrem italienischen Temperament brachte sie es fertig, dass meine Müdigkeit und Abgespanntheit mit einem Schlag verflogen war. Stellen Sie sich die Szene anders vor: Sie fragen jemand am Telefon lustlos: »Wie geht's?« und der antwortet genauso lustlos: »Na ja, und dir?« Dann haben Sie eine Stimmung wie zwei depressive Weinbergschnecken kurz vor dem Einschlafen. Auch hier sind wir wieder bei den Assoziationen angelangt.

Was verbinden Sie mit der abgeschlafften Antwort »Na ja«?
Energielosigkeit, kränkelnd, schlechte Laune, Unentschlossenheit usw.

Schauen Sie sich dagegen ein überzeugtes »Großartig!« an:
Dynamik, helles Licht, Energie, Kraft, Lebensfreude usw.

Durch Ihre Wortwahl erzeugen Sie bestimmte Effekte bei Ihrem Gesprächspartner, er gewinnt ein bestimmtes Bild von Ihnen. Aber nicht nur das, Sie erzeugen auch bestimmte Effekte in Ihrem Gehirn. Sie aktivieren Bilder, Gefühle, Verhaltensmuster, Sie aktivieren ganze Programme, die dann mehr oder weniger selbstständig ablaufen. Wenn Sie sich beispielsweise als Versager titulieren, dann werden Sie Programme Ihres Biocomputers aktivieren, die dazu führen, dass sich Ihre Stimmung ändert, dass sich Ihre Wahrnehmung ändert (Sie sehen dann beispielsweise das Negative noch viel intensiver, während das Positive ausgeklammert wird und nicht mehr existent erscheint). Dieses Programm wird aber auch dazu führen, dass Sie das Gefühl von Energielosigkeit haben, ja selbst Ihre Körperhaltung wird sich durch dieses Programm verändern. Und das alles haben Sie geschafft, indem Sie sich ein paar Worte eingeredet haben ...

Natürlich funktioniert das gleiche Prinzip umgekehrt auch. Wenn Sie kraftvolle Worte benutzen, werden kraftvolle Assoziationen aktiviert, Sie treten damit sozusagen eine »Powerlawine« los. Wenn Sie ein paar Anregungen brauchen, sehen Sie sich die folgende Liste an:

Positives Wort	Großartiges Wort
gut	super, großartig, fabelhaft, excellent
erregt	aufgeladen, turbogepowert, ekstatisch
begeistert	unglaublich, abgehoben
interessiert	gefesselt
in Ordnung	perfekt, außergewöhnlich
nicht schlecht	könnte nicht besser sein
kraftvoll	energiegeladen, unbesiegbar voll Dynamit
glücklich	angeheizt, phänomenal

Denken Sie daran, dass die Wirklichkeit, auf die Sie reagieren, in Ihrem Kopf entsteht. In Ihrem Kopf können Sie jede Wirklichkeit entstehen lassen, sowohl in negativer wie auch in positiver Hinsicht.

Schaffen Sie sich die Wirklichkeit,
die Ihren Genuss in astronomische Höhen katapultiert!

Benutzen Sie Worte, die Genuss-, Kraft- und Energieassoziationen ins Rollen bringen. Welche Worte sind das? Nun, einige können Sie der Liste entnehmen. Sie haben wesentlich mehr »Power«, wenn Sie auf die Frage: »Wie gehts?« mit »Fabelhaft!« antworten. Sie können sich mit »Powerworten« sofort in einen energiegeladenen Zustand bringen, einfach indem Sie sich nur auf das Wort konzentrieren. Durch die Konzentration werden Assoziationen zum Leben erweckt, die wiederum direkten Einfluss auf Gefühle und Körperfunktionen nehmen. Ich habe beispielsweise ein Wort, das ich dazu benutze, Kraft zu bekommen. Das Wort heißt einfach:

Kraft!

Wenn ich längere Zeit vor meinem Computer sitze und meine Ideen zu Papier bringe, dann kann es vorkommen, dass ich mich durch das zu lange Sitzen verspanne und in einen energielosen Zustand gerate. Wenn ich dann nach so einem Tag meine Praxis verlasse, dann fällt mir auf, dass ich ziemlich abgelascht durch die Gegend schleiche. Es genügt dann vollkommen, wenn ich mich auf das Wort »Kraft« konzentriere. Ich meditiere sozusagen mit diesem Wort, ich sehe es im Geiste in großen Buchstaben vor mir.

Kraft

Ich spreche es innerlich aus und höre dabei dieses kräftige K und danach das rollende r, Krrrraft! Es ist faszinierend, was dann geschieht; mein Körper richtet sich sofort auf, der Gang wird viel beschwingter, der Blick unternehmungslustiger und der ganze Lautner dynamischer. Und das Tollste daran ist, je öfter ich es mache, umso besser wirkt es. Sie glauben mir nicht? Das ist gut, Sie sollen mir auch nichts glauben, darum hatte ich Sie ja gebeten. »Stimmt das?«, sollen Sie fragen. Probieren Sie es einfach aus! Wenn Sie das nächste Mal abgeschlafft sind, konzentrieren Sie sich nur auf das Wort »Kraft«. Sagen Sie es sich im Stillen alle drei Sekunden, sehen Sie es in großen Buchstaben vor sich, riesengroß und mit kräftiger Farbe geschrieben, atmen Sie tief ein und spüren Sie die körperliche Veränderung, die vor sich geht, während Sie sich immer wieder dieses Wort sagen. Machen Sie diese Übung etwa fünf Minuten lang. Fünf Minuten füttern Sie Ihr Gehirn etwa alle drei Sekunden mit dem Wort Kraft. Sie füttern es so lange damit, bis Ihr Gehirn die Assoziationen aktiviert, die mit einem kraftvollen Zustand verbunden sind. Und dann beobachten Sie, was passiert ...

In der modernen Psychotherapie gibt es einen körperorientierten Ansatz, die so genannte Kinesiologie. Mit Hilfe dieser Methode lässt sich die Auswirkung von Worten auf Ihre Energie und Muskelkraft eindrucksvoll demonstrieren. Unter dem Einfluss positiv wirkender Worte oder Sätze erreichen die Muskeln ihre volle Kraft, während bei Worten, die mit negativen Assoziationen verbunden sind, sofort eine Schwächung der Muskelkraft zu beobachten ist. Sie können diesen Effekt relativ einfach überprüfen, benötigen dazu jedoch eine zweite Person. Die Testperson stellt sich aufrecht hin, beide Arme hängen locker herab. Dann soll sie den rechten Arm (bei Linkshändern den linken Arm) gestreckt zur Seite hochheben, bis er sich parallel zum Boden befindet. Stellen Sie sich vor die Person, legen Sie Ihre linke Hand auf deren ausgestreckten rechten Arm in Höhe des Handgelenks und Ihre rechte Hand auf die linke Schulter der Testperson (bei linkshändiger Testperson umgekehrt). Die Testperson soll sich nun auf ein Wort oder einen Satz konzentrieren, der ihr Energie bringt, beispielsweise »Kraft« oder »stark«. Sagen Sie ihr, dass Sie nun versuchen werden, ihren Arm herunterzudrücken, während sie mit aller Kraft Widerstand leisten soll. Versuchen Sie nun, den Arm fest und gleichmäßig, nicht ruckartig, herunterzudrücken. Drücken Sie nicht länger als etwa drei Sekunden. Sie werden feststellen, dass Sie entweder sehr viel Kraft aufwenden müssen bzw. es Ihnen gar nicht gelingt, den Arm herunterzudrücken. Machen Sie jetzt das Gleiche noch einmal, dieses Mal soll sich die Testperson jedoch auf Worte oder Sätze konzentrieren, die mit negativen Assoziationen gekoppelt sind, also zum Beispiel »schwach« oder »Es hat doch alles keinen Sinn«, »Ich kann nicht ...« usw. Üben Sie jetzt den gleichen Druck wie beim ersten Durchgang aus und Sie werden feststellen, dass sich der Arm butterweich herunterdrücken lässt!

Faszinierend, nicht wahr? Durch ein einfaches Wort oder einen Satz ist der Muskel plötzlich schwach geworden. Das Ganze lässt sich sogar mit Geräten messen. Während ein starker Muskel einer durchschnittlichen Testperson einem Druck von etwa 40 Pfund standhält, lässt sich ein schwacher Muskel schon mit einem Druck von 15 Pfund herunterdrücken. Sicher hat ein Bodybuilder mehr Kraft als eine zierliche kleine Frau, aber der Kraftverlust, der durch negativ besetzte Worte entsteht, lässt sich bei beiden nachweisen.

Ihr Lebensgenuss und Ihre Lebensenergie hängen eng zusammen. Weshalb sollten Sie also irgendetwas tun, was Ihnen Energie raubt? Weshalb sollten Sie weiterhin Worte benutzen, die Ihnen nichts als Energieverlust und Verdruss bringen? Weshalb sollten Sie ein »mittelmäßiges« Leben führen, wenn Sie auch ein »fantastisches« haben können? Weshalb sollten Sie sich nicht jeden Tag »bombastisch« fühlen?

Weshalb eigentlich nicht ...?

Wie Sie mit Worten Wirklichkeit schaffen – die fantastische Kraft der Autosuggestion

Das Phänomen »selbsterfüllende Prophezeiung« ist Ihnen inzwischen ein Begriff. Sie wissen, dass jede selbsterfüllende Prophezeiung mit einer Einstellung zu einem bestimmten Sachverhalt beginnt. Und wenn diese Einstellung tief genug verinnerlicht ist, dann bewirkt sie offensichtlich, dass das, was sich der Betreffende einredet, zur Wirklichkeit wird. Sie wissen auch, dass es sich hierbei nicht um ein Wunder oder die Wirkung geheimnisvoller Kräfte handelt, sondern um logisch erklärbare Sachverhalte. Diese beruhen einfach darauf, dass körperliche Vorgänge, Gefühle und Verhaltensweisen durch Denkweisen gesteuert werden, die dann im Endeffekt genau das bewirken, was man sich lange genug eingeredet hat. Da wir uns in einem vorhergehenden Kapitel ausführlich mit der selbsterfüllenden Prophezeiung beschäftigt haben (siehe

Seite 108), gehe ich hier nicht mehr weiter darauf ein. Jeder, der autogenes Training betreibt, kennt diesen Effekt. Man redet sich ein, der Arm sei ganz warm oder ganz schwer, und oh Wunder, plötzlich tritt genau dieser Effekt ein. An diesem Beispiel sehen Sie auch den Zusammenhang zwischen Psyche und Körper. Sie können durch Ihre Psyche jederzeit Einfluss auf körperliche Reaktionen und Gefühle nehmen. Bei der schon kurz angesprochenen Autosuggestion wird dieser Mechanismus bewusst ausgenutzt. Emile Coué, der Erfinder dieser Methode, benutzte die so genannte formelhafte Vorsatzbildung, die darin besteht, dass man sich mehrmals täglich bestimmte Sätze vorsagt, die eben durch diese permanente Wiederholung irgendwann im Unterbewusstsein einzementiert werden und dann ihre Wirkung entfalten.

»Wieder und wieder« heißt die Zauberformel

Welchen Schlüssel kann man verwenden, um formelhafte Vorsätze und Autosuggestions-Programme im Unterbewusstsein zu verankern? Die permanente Wiederholung, dutzend- und hundertfach. Ihre ganze Erziehung lief darauf hinaus, dass Ihnen immer wieder verdeutlicht wurde, was gut und schlecht ist, dass Ihnen immer wieder die Weltsicht Ihrer Eltern, Ihrer Lehrer, der Kirche, der Gesellschaft usw. vor Augen geführt wurde. Und durch diese dauernde Wiederholung haben Sie irgendwann das, was man Ihnen beigebracht hat, übernommen.

Coué hat diese Zusammenhänge hauptsächlich bei der Krankheitsbehandlung angewandt und damit erstaunliche Erfolge erzielt. Es ist seit langem bekannt, dass zwischen Affektlage und Immunabwehr enge Verbindungen bestehen. Menschen, die überwiegend »gut drauf« sind, erkranken weniger und erholen sich schneller von Krankheiten, als andere, die in negativen Gefühlen schwelgen. Coués Lieblingssuggestion war der Satz:

»Es geht mir jeden Tag, in jeder Hinsicht, immer besser und besser!«

Wie Sie sich sicher vorstellen können, löst dieser Satz ganz andere Assoziationen aus, als beispielsweise *»Was soll's, das hat ja doch alles keinen Sinn mehr, mir geht's hundsmiserabel!«*

Lassen Sie mich an dieser Stelle noch einmal wiederholen: Jeder Mensch betreibt jeden Tag Autosuggestion, leider unbewusst. Rede ich mir jeden Tag ein, wie schlecht es mir geht, trete ich jeden Tag Assoziationslawinen los, an deren Ende nur ein schlechtes Gefühl entstehen kann – ein Gefühl, das zur Heilung absolut unnötig, ja blockierend ist. In dem Moment, wo Sie über etwas jammern, wo Sie sich als »die ärmste Sau auf der Welt« bezeichnen, schaffen Sie sich eine Welt, die nur noch grau und düster sein kann. Und hier beginnt ein Teufelskreislauf: Je schlechter es Ihnen geht, desto mehr neigen Sie dazu, negativ zu denken. Je negativer Sie jedoch denken, umso schlechter geht es Ihnen. Eugen Roth hat diesen Vorgang einmal treffend so beschrieben:

»Zwei Dinge trüben sich beim Kranken –
der Urin und die Gedanken!«

Die wirkungsvollste Möglichkeit, um aus diesem Teufelskreislauf schnellstmöglich herauszukommen, ist, die Gedanken bewusst zu verändern. Und wieder sind wir beim Thema »Kontrolle« angelangt. Kontrolle heißt, dass Sie bestimmen, was Ihr Gehirn macht. Ein Gehirn, das ständig Programme abspult, mit denen Sie sich Ihr Leben zur Hölle machen, ist als Steuerungsorgan ungeeignet. Niemand käme auf die Idee, den Autopiloten eines Flugzeugs so zu programmieren, dass es damit automatisch gegen jeden erreichbaren Berg fliegt, oder die Maschine von einem Flugkapitän fliegen zu lassen, der weder weiß, wo er hinfliegen soll, noch eine Ahnung davon hat, wie man das Flugzeug in die Luft bekommt. Wie ist es aber mit Ihrem Leben?

Sollen wirklich Programme, die Sie nicht unter Kontrolle haben, bestimmen, wie Ihr Leben verläuft? Sollen sich wirklich Fehler Ihrer Eltern und Ihrer Lehrer oder unsinnige gesellschaftliche Normen noch nach Jahrzehnten auf Ihren Lebensweg auswirken?

Ich gehe davon aus, dass das nicht (mehr) Ihr Ziel ist, sonst hätten Sie sich nicht mit diesem Buch beschäftigt. Wenn Sie aber die Kontrolle über Ihr Leben übernehmen wollen, werden Sie aufhören, irgendwelche gewohnheitsmäßigen Weltanschauungen Ihres Unterbewusstseins weiterhin hinzunehmen. Weshalb sollten Sie sich mit kräftezehrenden, schwachen und destruktiven Sätzen herumquälen?

»Das ist aber nicht einfach.«
»Ich bin in einer Sackgasse gelandet.«
»Ich bin am Ende meiner Kräfte.«
»Ich werde das nie können.«
»Ich werde das nie erreichen.«
»Was wird geschehen, wenn ... ?«
»Weshalb passiert mir das immer?«
»Ich schaff das nicht.«

Nur weil sie automatisch in bestimmten Situationen auftauchen? Wer zwingt Sie, diese Sätze überhaupt zu Ende zu denken?

Welche Leistung würde beispielsweise Ihr Wagen bringen, wenn Sie jeden Morgen, bevor Sie ihn starten, einen Eimer Dreck in den Motor schütten würden? Wie wollen Sie Ihr Leben genießen, wenn Sie mit derartigen Sätzen jeglichen Genuss zunichte machen? Kontrolle heißt doch nichts anderes, als dass Sie sich bei solchen und ähnlichen Sätzen nur kurz die Frage stellen, ob Sie damit in irgendeiner Weise weiterkommen, ob Sie diese Sätze wirklich benötigen, um ein Maximum an Lebensgenuss zu empfinden.

Ich erlebe zum Beispiel des Öfteren, dass Teilnehmern meiner Seminare angesichts der Ihnen inzwischen bekannten Thematiken automatisch der Satz »Das ist aber nicht so einfach, danach zu leben!« entschlüpft. Ich frage sie dann, was ihnen dieser Satz bringt. Die Frage ist doch nicht, ob irgendetwas einfach oder schwer ist, sondern ob ich es will oder nicht. Und wenn ich etwas will, dann ist es doch völlig egal, wie schwer es ist. Mit dieser Einstellung kommen Sie doch viel schneller ans Ziel Ihrer Wünsche, als wenn Sie sich lange darüber Gedanken machen, ob etwas leicht oder schwer ist. Was glauben Sie, ist es schwer oder leicht, dieses Buch zu schreiben? Seit etwa eineinhalb Stunden sitze ich jetzt an dieser Seite und bringe meine heute etwas tröpfelnden Gedanken zu Papier. Früher hätte ich gesagt, es ist verdammt schwer, ein derartiges Buch zu schreiben, hätte mir Gedanken darüber gemacht, dass es doch schon so viele Bücher auf diesem Gebiet gibt und wozu ich mir denn überhaupt diese Mühe machen sollte. Nun, das war früher, als ich von der Kraft meines Willens noch keinen blassen Schimmer hatte. Heute interessiert mich nicht mehr, wie lange es dauert, wie schwierig es ist, es interessiert nur noch, was ich will. Ich will dieses Buch schreiben und ich werde dieses Buch schreiben, auch wenn ich manchmal tagelang an einer Seite oder einem Satz hänge, ich werde es schreiben! Und die Tatsache, dass Sie jetzt diese Seiten lesen, zeigt, dass ich meinen Traum verwirklicht habe. Nicht indem ich mir eingeredet habe, es wäre schwer ...

Ihr Unterbewusstsein ist wie fruchtbarer Boden. Je nachdem, was Sie darauf säen, es wird aufgehen. Wenn Sie nur Unkraut säen, wird auch nur Unkraut aufgehen. Genauso wie Sie Verdruss säen und ernten können, geht es auch umgekehrt. Weshalb also nicht ein Maximum an Genuss in Ihr Unterbewusstsein pflanzen?

Die Genussprogrammierung

Ihr Gehirn funktioniert nach Programmen, die im Laufe des Lebens durch Erziehung, Erfahrung, Normen und Ansichten der Gesellschaft geschrieben wurden. Um derartige Programme zu ändern bzw. Ihr Gehirn neu zu programmieren, brauchen Sie nichts anderes tun, als grundsätzliche Prinzipien anzuwenden, die zur richtigen Programmierung des Gehirns unerlässlich sind. Sehen wir uns also diese Prinzipien etwas genauer an.

Prinzip Nr. 1: Ständige Wiederholung
Eine Freundin von mir, die in Sizilien lebt, hat einen prächtigen Feigenbaum in ihrem Garten stehen. Sie hat vor etwa acht Jahren den Zweig eines Feigenbaums in die Erde gesteckt und ihn regelmäßig gegossen, jahrelang. Und nach acht Jahren ist der Baum so groß und hat so tiefe Wurzeln, dass sie ihn nicht mehr zu gießen braucht. Alles, was er an Nahrung benötigt, zieht er sich selbst aus

der Erde. Er wächst und gedeiht und trägt jedes Jahr prächtige süße Feigen. Auch ich habe vor einiger Zeit einen Zweig in die Erde gesteckt und gegossen. Da ich aber nur in größeren Zeitabständen in Sizilien bin, konnte ich ihn nicht regelmäßig gießen, er ist vertrocknet. Er hatte gar nicht die Chance, groß zu werden, weil er nicht regelmäßig das bekam, was er zum Wachsen dringend benötigte – Wasser! Weshalb erzähle ich Ihnen von sizilianischen Feigenbäumen und meinen gescheiterten Anpflanzungsversuchen? Wenn Sie einen jungen Baum gepflanzt haben und wollen, dass er wächst, dann werden Sie ihn täglich gießen. Es nutzt nichts, wenn Sie ihn pflanzen, einmal gießen und dann nichts mehr für ihn tun. Auf diese Weise kümmert er eine Zeit lang vor sich hin und geht dann schließlich ein. Und genauso verhält es sich mit Autosuggestion. Eine Autosuggestion, die Sie sich ein oder zwei Mal einreden, kann genauso wenig funktionieren, wie ein Baum ohne Wasser wachsen kann.

> *»Nicht Intensität und Ausdruck einer Willensäußerung,*
> *sondern Beständigkeit garantiert Erfolg auf lange Sicht!«*
> (Raymond Hull)

Diese Tatsache macht sich die Werbeindustrie jeden Tag zunutze. Keine Firma, die Schokolade, Spirituosen, Zigaretten, Kosmetika oder was auch immer herstellt, käme auf die Idee, für ihr Produkt mit nur einer einzigen Zeitungsannonce oder nur einem einzigen Fernsehspot zu werben. Wenn Sie an Produktwerbung denken, fallen Ihnen sicher spontan Werbebotschaften wie »McDonalds ist einfach gut«, »Haribo macht Kinder froh und Erwachsene ebenso« oder »Nichts ist unmöglich – Toyotaaa!« und Ähnliche ein. Haben Sie diese Slogans irgendwann einmal bewusst auswendig gelernt? Nein, mit Sicherheit nicht. Aber Sie haben sie immer wieder auf Plakatwänden gesehen, im Radio gehört, in der Zeitung gelesen und sind davon durch Ihren Fernseher berieselt worden. Sie konnten gar nicht anders, als diese Sätze irgendwann in Ihrem Gedächtnis zu speichern, denn egal, welches Medium Sie benutzt haben, immer wieder wurden Sie mit diesen Sätzen konfrontiert. Und so wie Ihnen geht es Millionen von Menschen. Ein Produkt, das gestern noch völlig unbekannt war, wird uns durch permanente Werbung immer vertrauter. Auf diese Art und Weise werden nicht nur Produkte, sondern auch Menschen und Ideologien an den Mann bzw. die Frau gebracht. Denken Sie nur an die Zeit vor einem wichtigen Wahlkampf. Egal, wo Sie auch hingehen, Sie werden mit zahnfleischlächelnden Politikern und deren Slogans bombardiert. Millionen werden für diese Werbekampagnen ausgegeben in der Hoffnung, dass sich das Bild dieses sympathisch lächelnden Politikers tief in Ihr Unterbewusstsein eingräbt und Sie veranlasst, bei der Wahl das Kreuz unter seinem Namen zu machen. Oder denken Sie an Religionen. Jede Religion hat bestimmte Dogmen, die in Büchern wie der Bibel oder dem Koran niedergeschrieben sind. Obwohl man diese Bücher locker in zwei Wochen lesen könnte, beschäftigen sich streng Gläubige ihr ganzes Leben damit. Ein und dieselbe Botschaft wird täglich unzählige Male wiederholt, bis sie so tief ins Unterbewusstsein eingedrungen ist, dass sie Gedanken, Gefühle und Verhalten zu steuern vermag, bis sie also zum »Programm« geworden ist. Und wenn dann der kritische Verstand durch einen derartigen Drill ausgeschlossen wird, dann kommt es eben dazu, dass derart programmierte religiöse Fanatiker, welcher Religion auch immer, das »Heil« über die Menschen bringen wollen, indem Sie Menschen töten, nach dem Motto »Ich werde dir zeigen, was gut für dich ist, auch wenn ich dich dazu umbringen muss!«.

Nun, Sie sehen, dass im Endeffekt alle Programme, in denen Menschen gefangen sind, nach dem Prinzip »permanente Wiederholung« in die Gehirnwindungen eingemeiselt werden. Das heißt aber auch, dass, wenn Sie anfangen, sich selbst zu erziehen, die Benutzung dieses Prinzips ausschlaggebend ist. Ohne ständige Wiederholung kein Erfolg, keine Neuprogrammierung. Das ist zum Beispiel einer der Gründe, weshalb manche Leute trotz verzweifelter Lektüre von »Positiv-Denker-Literatur« mit der Methode scheitern. Sie lesen ein Buch einmal, dann lesen sie schon wieder ein anderes. Sie besuchen einen Workshop nach dem anderen, ohne eine Methode konsequent anzuwenden.

Sie gießen den Baum, den sie gerade gepflanzt haben, nicht, sondern pflanzen gleich den nächsten. So ein Verhalten wird im

Endeffekt nur dazu führen, dass irgendwann eine Menge toter Bäume in der Landschaft herumstehen ...

Prinzip Nr. 2: Locker, Baby – das »Als-ob-Prinzip«
Schon Coué hat bemerkt, dass jede Autosuggestion, die in irgendeiner Weise etwas mit Anstrengung, Druck oder Befehlen zu tun hat, wirkungslos in den Hirnwindungen verpufft. Er formulierte dieses Phänomen als das »Gesetz des Gegenwillens«:

> *»Lässt man den befehlenden Willen wie einen unumschränkten Herrscher auf das Unbewusste einwirken, so sträubt es sich dagegen.*
> *Es führt dann den Befehl nicht durch, sondern tut genau das Gegenteil!«*

Bezogen auf Krankheiten hat sich gezeigt, dass derartige Willensanstrengungen, mit denen die Patienten gegen ihre Krankheit, ihre Sucht oder Zwangsgedanken ankämpfen, dazu führen, dass der ganze Schlamassel verstärkt wird. Jede angespannte, verbissen oder ungeduldig angewandte Autosuggestion kann nur scheitern. Ein Asthmatiker, der sich beispielsweise einsuggeriert, jetzt frei atmen zu »müssen«, wird damit augenblicklich seine Symptomatik verstärken. Vielleicht waren auch Sie schon einmal in der Lage, nachts keinen Schlaf zu finden, obwohl Sie am anderen Tag früh aufstehen wollten. Möglicherweise haben auch Sie sich in dieser Situation eingeredet, dass Sie jetzt schlafen »müssten«. Und sicher haben Sie auch die Wirkung dieser Suggestion erfahren: Je mehr Sie sich einredeten, jetzt schlafen zu »müssen«, umso wacher wurden Sie! Jede Form von Erzwingenwollen kann nicht funktionieren, weil es sich dabei um ein »Muss« handelt. Und Mussturbieren führt unweigerlich zu Stress, zu Druck und Energieverlust. Wenn Sie sich der Autosuggestion bedienen, benutzen Sie folgende Affirmationen *nicht!*

> *»Ich muss jetzt selbstsicher sein.«*
> *»Ich will jetzt ganz locker sein.«*
> *»Ich muss es schaffen.«*
> *»Ich muss attraktiv wirken.«*

Mit solchen Formulierungen kann es nicht funktionieren, weil Sie damit sofort Coués »Gesetz des Gegenwillens« zu spüren bekommen. Nehmen Sie stattdessen Formulierungen, die Ihrem Unterbewusstsein keinen Druck vermitteln und ihm vielmehr bestätigen, dass der erwünschte Zustand bereits eingetroffen ist. Also beispielsweise Affirmationen wie:

»Ich bin selbstsicher.«
»Ich bin locker.«
»Ich schaffe es.«
»Ich bin attraktiv.«

Solche Sätze haben eine sehr starke Wirkung auf Ihr Unterbewusstsein. Nicht weil es sich dabei um »universelle Gesetzmäßigkeiten«, »geistige Schwingungen« oder sonstigen magischen Hokuspokus handelt, wie es immer wieder bei einigen bekannten Vertretern des Positiven Denkens nachzulesen ist, die in Ermangelung einer Erklärung mit derartig nichtssagenden Begriffen um sich werfen, sondern einfach deshalb, weil Sie durch derartige Formulierungen die Ihnen wohl bekannte selbsterfüllende Prophezeiung in Gang setzen. Ein Phänomen also, das auf einem logisch erklärbaren Ablauf der Dinge beruht und dessen Sie sich jederzeit bedienen können, um Ihr Leben zu einem unvergleichlichen Erlebnis werden zu lassen! Sie benötigen dazu keine kosmischen Kräfte und Schwingungen, sondern nur die Kräfte, die sowieso schon in Ihnen schlummern. Diese Kräfte lassen sich mit bewusster Autosuggestion in jede Richtung steuern, die Sie bestimmen.

Nehmen wir an, jemand redet sich jeden Morgen ein, er »müsse« selbstsicher sein. Jeden Tag setzt er sich damit unter Druck, jeden Tag werden in seinem Gehirn Assoziationslawinen losgetreten, die auf das »Muss« bezogen sind. Seine Gedanken werden um das »Muss« kreisen, seine Körperhaltung wird der eines Menschen entsprechen, der unter Druck steht. Und sobald jemand an seiner Selbstsicherheit kratzt, wird er in Panik geraten, weil er sie haben »muss«.

Ganz anders ein Mensch, der sich jeden Tag bestätigt, dass er selbstsicher ist. Die Assoziationslawinen beziehen sich in diesem

Fall auf Selbstsicherheit, das heißt alles, was irgendwie damit in Verbindung steht, wird aktiviert. Sein Blick wird sich verändern, seine Körperhaltung, sein Verhalten, seine Stimme. Und hier beginnt bereits die selbsterfüllende Prophezeiung: Dadurch, dass er über Autosuggestion Einfluss auf seine Gedanken, Emotionen und Verhaltensweisen nimmt, wird er auch von seinen Mitmenschen anders behandelt, das heißt er bekommt oft die Bestätigung, selbstsicher zu sein. Diese Bestätigung wiederum führt dazu, dass er in seiner Meinung verstärkt wird und aus der anfänglichen Autosuggestion eine feste Überzeugung wird. Das Ganze wird zu einer Art sich selbst hochschaukelnder Kreislauf. Und begonnen hat es mit einer optimal formulierten Autosuggestion ...

Ihr Ziel ist es, in Ihrem Leben ein Maximum an Genuss zu erreichen. Wann immer Sie etwas in Ihrem Leben erreichen möchten, wird es nur dann funktionieren, wenn Sie Ihr Gehirn darauf programmieren. Solange Sie sich nur damit beschäftigen, dass Sie ein Maximum an Genuss »haben möchten«, wird Ihr Gehirn nach dieser Programmierung funktionieren, es wird dafür sorgen, dass Sie ein Leben lang Genuss »haben möchten«, aber eben nicht haben werden! Mit einer »Möchte«- oder »Will«-Programmierung werden Sie lediglich »mögen« und »wollen«, aber kein Ziel erreichen. Die Friedhöfe sind voll von Leuten, die alles Mögliche wollten und nichts davon erreicht haben. Hören Sie auf, Genuss haben zu wollen – haben Sie ihn einfach, jetzt!

Ich genieße jeden Augenblick meines Lebens!

Das ist die Programmierung, mit der der Biocomputer zwischen Ihren Ohren arbeiten kann. Wenn dieses Programm oft genug wiederholt wird, so oft, dass Ihr Denkorgan damit jeden Tag beschäftigt ist, dann können Sie zusehen, wie aus einer Autosuggestion Wirklichkeit wird!

Prinzip Nr. 3: Positiv formulieren!
Mit diesem Prinzip hatten wir uns schon einmal in »Nimm Dir einfach mehr vom Leben« befasst. Ich hatte Sie dort gebeten *nicht* an gelb-rot-gestreifte Wildschweine zu denken, erinnern Sie sich?

Schon der gute alte Sigmund Freud hatte festgestellt, dass das Unterbewusste keine Verneinung kennt. Sie können nicht an etwas nicht denken. Denn um daran nicht zu denken, müssen Sie sich zuerst vorstellen, was es ist, woran Sie nicht denken sollen, und damit haben Sie bereits daran gedacht! Stellen Sie sich ein Verkehrszeichen vor, auf dem steht: »Dieses Zeichen nicht lesen!«. Sie können diese Anweisung nicht ausführen, egal, auf welche Weise Sie das versuchen. In dem Moment, wo Sie etwas nicht wollen und diese Verneinung als Ziel benutzen, arbeitet Ihr Gehirn in genau die Richtung, die Sie eigentlich nicht einschlagen wollten. Ein Mensch, der nachts durch den Wald geht, vor Angst fast umkommt, und sich einsuggeriert, er habe *keine* Angst, beschäftigt sein Gehirn mit dem Thema »Angst« und braucht sich nicht zu wundern, wenn seine Angst immer weiter zunimmt. Jemand, der *keinen* Verdruss haben will, darf sich nicht wundern, wenn er ihn an jeder Straßenecke trifft. Jemand, der sich nicht aufregen *will*, sitzt mit dieser Formulierung geradezu auf einem Pulverfass. Und jemand, der nicht weiß, was er will, wird auch nichts erreichen.

Der erste Schritt bei der Anwendung bewusster Autosuggestion besteht also darin, dass Sie sich darüber im Klaren sind, was Sie wollen, wie Sie sein möchten. Der zweite Schritt ist die Formulierung Ihres Wunsches nach den besprochenen Prinzipien.

Positive Formulierung

+

Als-ob-Prinzip

Und der dritte und letzte Schritt beinhaltet die tägliche konsequente Anwendung dieser Suggestionsformeln, die permanente Wiederholung und damit die Neuprogrammierung Ihres Lebens.

Also beginnen wir mit Schritt Nummer eins. Ihr oberstes Ziel ist Ihnen inzwischen durch die ständige Wiederholung einzementiert.

**Sie wollen ein
Maximum an Genuss!**

Positiv und nach dem »Als-ob-Prinzip« formuliert lautet Ihre Suggestion also wie gehabt:

Ich genieße jeden Augenblick meines Lebens!

Das wäre sozusagen die »Mutter« aller Ihrer Suggestionen. Was aber bedeutet es für Sie, jeden Augenblick zu genießen. Was genau tun Sie, wenn Sie ein derartiges Leben führen, was gehört alles dazu? Schreiben Sie auf, wie Sie sich täglich verhalten würden, wie Sie sich täglich fühlen würden, wie Sie mit Alltagssituationen im Privatleben und Beruf umgehen würden.

_____

_____

_____

_____

_____

_____

_____

_____

Möglicherweise finden sich in Ihrer Liste Formulierungen wie:

»Ich rege mich über nichts und niemanden auf.«
»Ich höre auf, mich unter Druck zu setzen.«
»Ich fühle mich beschwingt und voller Energie.«
»Ich nehme mich so, wie ich bin.«

»Ich freue mich auch an kleinen Dingen.«
»Ich will bewusst und voll Freude leben.«
»Ich verfolge meine Ziele beharrlich und erreiche sie.«
»Ich habe einen gesunden, vitalen Körper.«
»Mir geht es jeden Tag, in jeder Hinsicht, immer besser und besser.«
»Ich bin attraktiv und genieße es.«
»Ich habe eine großartige Ausstrahlung.«
»Ich habe immer gute Laune.«
»Ich bleibe auch in angespannten Situationen völlig ruhig.«
»Ich kann mit jeder Herausforderung umgehen.«
»Ich fühle mich großartig.«
»Mir geht's einfach gut.«
»Ich sehe in allem, was mir begegnet, die Herausforderung.«
»Ich finde in jeder Situation die positiven Aspekte.«

Nun, wie Sie sehen können, gibt es doch einiges, was sich mit »Ich genieße jeden Augenblick meines Lebens« verbinden lässt. Um derartige Sätze suggestionstauglich zu machen, brauchen wir die Kriterien »Positiv formuliert« und das »Als-ob-Prinzip«. Die ersten beiden Sätze enthalten Verneinungen, genügen also dem Kriterium »Positiv formuliert« nicht. Also bauen wir diese Sätze dementsprechend um. Wie wäre es damit?

»Ich behalte meine Ruhe, egal, was passiert.«
und
»Ich bleibe locker in jeder Situation.«

Auch der sechste Satz ist nicht optimal formuliert, denn hier fehlt das »Als-ob-Prinzip«. Also statt *»Ich will bewusst und voll Freude leben.«*

»Ich lebe bewusst und voll Freude.«

Und jetzt brauchen Sie sich nur noch Ihre Suggestionsformel zusammenzustellen. Nehmen Sie dazu entweder Sätze, die Sie selbst entworfen haben, oder Sätze, die Sie von mir übernehmen möchten. Ihre Formel sollte kurz und bündig sein, denn wenn Sie zu viel hineinpacken, besteht die Gefahr, dass Sie sich damit verwirren. Schon Coué hat kurze, bündige Formeln vorgezogen, er hat das Ganze sogar noch in Reimform gebracht, um sie noch leichter einzuprägen. Je kürzer und prägnanter Ihre Affirmationen formuliert sind, desto leichter lassen sie sich »programmieren«; denken Sie an »Haribo macht Kinder froh«, »Nichts ist unmöglich – Toyotaaa!« oder »Pack den Tiger in den Tank«, alles kurze Sätze, die sich relativ schnell einprägen lassen. Also nehmen Sie nur ein paar Sätze, die Sie dann jedoch immer in dieser Form und dieser Reihenfolge wiederholen. Zum Beispiel könnte die Formel so lauten:

»Ich genieße jeden Augenblick meines Lebens.«
»Ich behalte meine Ruhe, egal, was passiert.«
»Ich fühle mich großartig und gehe sicher mit jeder Herausforderung um,
die mir das Leben bietet.«
»Mir geht es jeden Tag in jeder Hinsicht
immer besser und besser.«

Wenn Sie sich derartige Sätze jeden Tag mehrmals in Ihr Gehirn »hämmern«, dann werden sie für Sie zur Gewohnheit, genauso wie Ihr morgendlicher Blick in den Spiegel oder das Glas Bier zum Mittagessen. Gewohnheitsmäßig werden dann nach dem Prinzip der selbsterfüllenden Prophezeiung täglich positive Assoziationslawinen in Ihrem Gedächtnisnetz losgetreten, die dazu führen, dass Sie sich (nur noch) großartig fühlen. Dieses Ihnen inzwischen wohl bekannte Phänomen macht man sich in jüngster Zeit auch bei der Krebstherapie zunutze. Autosuggestionen und Visualisierungsübungen führen dazu, dass sich der Kranke permanent mit dem Zustand der Heilung und der Kraft beschäftigt und dadurch natürlich ganz andere Kräfte mobilisiert, als wenn er sich mit Tod, Sterben, Schmerz und Hoffnungslosigkeit abgibt. Schon der griechisch-römische Arzt Galen wusste im zweiten Jahrhundert nach Christus bereits, dass fröhliche Frauen wesentlich seltener an Krebs erkranken als schwermütige. Untersuchungen von Dr. C. Simonton (Simonton Cancer Center), Dr. R. Bathrop (Universität von New South Wales), Dr. J. Humphrey (British Medical Research Council) und Dr. G. Solomon (California State University) bestätigen unabhängig voneinander die Wirkung positiver Erwartungshaltungen auf die Immunabwehr und damit auf Krankheitsverlauf und Heilungschance bei Krebspatienten.

Nun, wenn Autosuggestion und Vorstellungskraft einen derartigen Einfluss auf den Körper und seine Funktionen hat, dann können Sie sich leicht vorstellen, welche Effekte Sie damit psychisch erzielen werden. Sie können sich durch bewusste Autosuggestion jeden Tag, jede Stunde und jede Minute in den Zustand von Freude, Kraft und Lebensgenuss bringen; und wenn Sie dann am Ende Ihres Lebens diese Zeiträume zusammenzählen, werden Sie als Bilanz davon ein erfülltes Leben vorweisen können, und um nichts anderes geht es doch in Ihrem Leben, nicht wahr?

Hören Sie jetzt tief in Ihrem Inneren eine Stimme sagen: »Sooo einfach ist das auch wieder nicht!« oder »Schön wär's ...«? Dann ist wieder einmal Ihr altes Programm angesprungen, das Ihnen beim Weg zu Ihrem Ziel, nämlich Maximum an Lebensgenuss, im Weg steht. Ich hatte Ihnen schon einmal gesagt, dass es nicht darauf ankommt, ob Ihr Ziel leicht oder schwer zu erreichen ist, sondern lediglich darauf, ob Sie es erreichen wollen oder nicht. Und Sie können an derartigen Sätzen, die fast automatisch auftauchen, sehen, wohin es führt, wenn Sie nicht die Kontrolle über Ihre Gedanken übernehmen: Ihr »Autopilot«, Ihr innerer Schweinehund bestimmt mal wieder, wo es hingeht. Also hören Sie auf, derartige Sätze zu beachten oder überhaupt zu benutzen, schreiben Sie ab jetzt Ihre Programme selbst. Und wenn Sie sie geschrieben haben, tun Sie das, was jeder Mensch tut, der sich Programme einhämmert ...

Wiederholen – Wiederholen – Wiederholen!

Genauso, wie Gläubige jeden Sonntag ihr Glaubensbekenntnis stereotyp wiederholen, genauso, wie allabendlich immer wieder das gleiche Gebet gesprochen wird, genauso funktioniert jede Programmierung Ihres Gehirns. Wiederholung heißt das Zauberwort. Sorgen Sie dafür, dass Ihr Gehirn nicht anders kann, als sich immer wieder mit Ihrem Programm zu beschäftigen. Genauso, wie manche Leute bestimmte Termine festlegen, an denen Sie etwas für ihren Körper tun, indem sie beispielsweise ins Fitness-Studio gehen, können Sie Termine bestimmen, an denen Sie etwas für Ihr komplettes Leben tun, indem Sie sich neu programmieren.

Legen Sie bestimmte Zeiten fest

Machen Sie es sich zur Gewohnheit, Ihrer Programmierung feste Zeiten einzuräumen, sonst wird daraus ein lustloses »Ich probier es mal« mit dem dazugehörenden Resultat, nämlich Erfolglosigkeit. Weshalb also nicht gleich zu Beginn des Tages die passende Autosuggestion benutzen, die diesen Tag zum Erlebnis werden lässt? Verbinden Sie die Autosuggestion einfach mit einem anderen Verhalten, das Sie sowieso schon jeden Morgen an den Tag legen, zum Beispiel mit dem allmorgendlichen Ritual im Badezimmer. Anstatt sich nur schlaftrunken im Badezimmerspiegel zu betrachten, dieses von der Nacht zerknitterte Gesicht wieder in Form zu bringen und die Zähne zu putzen, können Sie alles das tun und sich gleichzeitig Ihre Neuprogrammierung in die Hirnzellen einpflanzen.

- Betrachten Sie sich im Spiegel und bekräftigen Sie sich mit leuchtenden Augen: *»Ich genieße jeden Augenblick meines Lebens!«*
- Waschen Sie sich Ihr Gesicht und sagen Sie sich:
  »Ich behalte meine Ruhe, egal, was passiert!«
- Bringen Sie Ihre Haare in Ordnung und bestätigen Sie sich dabei: *»Ich fühle mich großartig und gehe sicher mit jeder Herausforderung um, die mir das Leben heute bietet!«*
- Und wenn Sie sich schließlich beim Zähneputzen noch suggerieren: *»Mir geht es jeden Tag in jeder Hinsicht immer besser und besser!«*

So schaffen Sie die Voraussetzungen für einen prächtigen Tag schon in den ersten Minuten. Wenn Sie solche oder ähnliche Sätze den ganzen Tag über begleiten, dann haben Sie einen unsichtbaren Kompass geschaffen, der dafür sorgen wird, dass Sie sich laufend mit Lebensgenuss, mit Ruhe und großartigen Gefühlen beschäftigen werden, kurzum: dass es Ihnen ausgezeichnet geht. Lassen Sie es deshalb nicht beim morgendlichen Benutzen Ihrer Affirmationen bewenden, sondern wenden Sie diese mehrmals täglich, mindestens jedoch dreimal an. Zum Beispiel könnten Sie noch die

Mittagszeit und die Zeit abends, kurz vor dem Einschlafen, damit verbringen. Sie werden feststellen, dass Ihr Mittagessen bedeutend besser schmeckt, wenn Sie sich vorher Ihr »Ich genieße jeden Augenblick meines Lebens ...« als Aperitif verabreicht haben. Und wenn Sie sich dann abschließend abends noch einmal damit beschäftigen, werden Sie auf einen erfüllten Tag zurückblicken und sich auf die Herausforderungen des nächsten freuen. Wiederholung und dauernde Berieselung mit Ihren Affirmationen bewirken, dass dieses von Ihnen geschaffene Programm Wegweiser für Ihr Unterbewusstsein wird. Erfolg können Sie jedoch nur dann haben, wenn Sie sich mit Beharrlichkeit immer wieder die gleichen Sätze vorsagen! Weshalb wiederhole ich das eigentlich so oft? ...

Es gibt ein probates Mittel, um Ihren inneren Schweinehund, der sich zu gerne um diese ständige Wiederholung drücken möchte, in Zaum zu halten:

Schaffen Sie sich eine Umgebung, in der Sie immer wieder
mit Ihren Affirmationen konfrontiert werden!

Eine Umgebung also, die Ihre Affirmationen ohne Ihr bewusstes Zutun auslöst. Auf dieses Prinzip bin ich gestoßen, als ich eine Zeit lang in einem Bodybuilding-Studio trainierte. Ich stellte fest, dass es mir wesentlich leichter fiel und auch mehr Spaß machte, in einem Studio zu trainieren, als zu Hause. Obwohl ich die gleichen Übungen jederzeit in einem stillen Kämmerchen hätte machen können, war die Motivation, sich mit den Hanteln zu beschäftigen, dort einfach größer. Nun, sie war deshalb größer, weil ich in diesem Studio andauernd mit gut gebauten Menschen konfrontiert wurde, Poster und Bilder von muskelbepackten Männern hingen an jeder Wand, große Spiegel zeigten mir die Anspannung meiner Muskeln beim Trainieren, und die Leute, die dort ihre Gewichte stemmten, hatten durchweg Kleidung an, die ihre Muskeln noch betonte. Wo immer ich hinblickte, sah ich sportliche, durchtrainierte und schöne Körper – und genau so einen Körper wollte ich auch haben!

Mein Ziel schwebte andauernd in Form von Postern, Spiegeln, Teilnehmern und Unmengen von verchromten Geräten vor mir, und das machte es leicht, eben dieses Ziel nicht aus den Augen zu verlieren. Was bei Bodybuilding funktioniert, klappt auch bei »Mind-Building«. Indem Sie Ihre Umgebung auf Ihr Ziel ausrichten, werden Sie immer wieder daran erinnert. Belassen Sie es also nicht dabei, Affirmationen im Kopf zu haben, sondern pflastern Sie Ihre Umgebung damit. Eine Möglichkeit dazu besteht darin, die Affirmationen auf Zettel zu schreiben und diese in Ihrer Wohnung zu verteilen. Sie können beispielsweise Ihr »*Ich genieße jeden Augenblick meines Lebens ...*« an den Badezimmerspiegel kleben. Über Ihren Frühstückstisch können Sie »*Ich fühle mich großartig ...*« hängen. Am Armaturenbrett Ihres Wagens könnte »*Ich behalte meine Ruhe, egal, was passiert*« kleben und auf Ihrem Schreibtisch könnte ein eingerahmtes »Mir geht es jeden Tag in jeder Hinsicht immer besser und besser« stehen. Wiederholung ist die Programmiertechnik für Ihr Gehirn!

»*Steter Tropfen höhlt den Stein!*«, wie es so schön heißt. Wiederholung und Beharrlichkeit sind die Instrumente, die Sie für Ihren Erfolg benötigen. Alles, was ein Mensch bewusst lernt, lernt er durch Wiederholung. Meister auf einem Gebiet werden Sie nur durch ständige Wiederholung. Jeder Bodybuilder wiederholt ein und dieselbe Übung unzählige Male, jeder Golfprofi trainiert bestimmte Abschläge immer und immer wieder, jeder, der eine Fremdsprache erlernt, wiederholt Vokabeln und Redewendungen so lange, bis sie ihm in Fleisch und Blut eingegangen sind. Auch Sie können nur dann »Meister für Lebensgenuss« werden, wenn Sie sich tagtäglich ausgiebig damit beschäftigen. Calvin Coolidge hat einmal gesagt:

> *»Nichts in der Welt kann sich mit Beharrlichkeit messen.*
> *Talent kann es nicht,*
> *denn nichts ist häufiger als erfolglose Menschen mit Talent.*
> *Genialität kann es nicht,*
> *denn verkannte Genies sind geradezu sprichwörtlich.*
> *Bildung kann es nicht,*
> *denn die Welt ist voll von gelehrten Versagern.*
> *Aus Beharrlichkeit und Entschlossenheit besteht die Kraft,*
> *mit der man Probleme löst!«*

Und Coolidge hatte zweifellos Recht mit dieser Ansicht. Ein Mensch, mag er auch über noch so viel Talent, Begabung, Wissen oder andere Fähigkeiten verfügen, wird ohne die Beharrlichkeit, ein gestecktes Ziel zu verfolgen, nirgendwo ankommen. Beharrlichkeit ist der Treibstoff, der den menschlichen Geist vorantreibt wie das Benzin ein Auto. Sie können den teuersten Wagen besitzen, mit der leistungsfähigsten Maschine, wenn Sie jedoch über keinen Treibstoff dafür verfügen, wird sich Ihr erstklassiges Gefährt keinen Meter vorwärts bewegen, geschweige denn dahin fahren, wohin Sie möchten. Also helfen Sie Ihrer Beharrlichkeit auf die Sprünge, indem Sie Ihre Umgebung mit einbeziehen.

> Mit Beharrlichkeit
> ändern Sie Ihre Gedanken,
> und Ihre Gedanken verändern Ihr Leben!

Quelle der Lebensweisheiten

> Die Programme dazu sind schon lange geschrieben,
> Sie brauchen sie nur noch zu benutzen.

Ich hatte Ihnen gesagt, dass Sie, um Erfolg zu haben, um optimistisch zu sein, um belastbar zu sein, nur so zu denken und zu handeln brauchen, wie es Menschen tun, die diese Eigenschaften haben. Nun möchte ich Ihnen noch eine weitere Möglichkeit vorstellen, wie Sie Ihr Gehirn darauf programmieren können, so zu denken, wie es für ein Leben im inneren Sonnenschein unerlässlich ist. Wie Sie sich erinnern, hatten wir zu Beginn dieses Buches das Ziel für Ihr weiteres Leben bestimmt: Maximum an Genuss.

Ich hatte Ihnen vor Augen geführt, wie wichtig es ist, Maßstäbe zu entwickeln, an denen sich Ihr Denken, Fühlen und Tun messen lässt. Wenn Sie sich bedeutende und erfolgreiche Menschen ansehen, werden Sie bemerken, dass diese Personen sehr genaue Maßstäbe und Regeln haben oder hatten, an denen sie ihr Leben ausrichte(te)n.

»Dem Geld darf man nicht nachlaufen, man muss ihm entgegengehen.«
(Aristoteles Onassis)

»›Unmöglich‹ ist nur im Wörterbuch für Narren zu finden!«
(Napoleon Bonaparte)

»Wir werden entweder als Brüder überleben oder als Narren untergehen.«
(Martin Luther King)

»Niemand weiß, wie weit seine Kräfte gehen, bis er sie versucht hat.«
(Johann Wolfgang von Goethe)

»Wenn man nicht verlieren kann, verdient man auch nicht, zu gewinnen.«
(Edward Kennedy)

Auch in den Philosophien aller Völker und aller Epochen finden
sich Maßstäbe und Regeln für die unterschiedlichsten Lebenssitua-
tionen.

»Besser ist es, ein Licht anzuzünden, als auf die Dunkelheit zu schimpfen.«
(Chinesisches Sprichwort)

»Erst dann, wenn du dir zum ersten Mal die Knochen gebrochen hast,
wirst du ein guter Reiter.«
(Marrokanisches Sprichwort)

»Der gute Vorsatz ist ein Gaul, der oft gesattelt und nie geritten wird.«
(Mexikanisches Sprichwort)

Nun, das alles sind Regeln und Maßstäbe, die die Weisheit von
Jahrtausenden und die Erfahrungen außergewöhnlicher Menschen
beinhalten. Weshalb also Jahre und Jahrzehnte damit verschwenden, derartige Weisheiten durch schmerzhafte Erfahrungen selbst
zu entwickeln, wenn die Möglichkeit besteht, dieses wertvolle Wis
sen einfach zu übernehmen? Lassen Sie in bestimmten Situationen
oder wann immer es sein muss programmierte Sätze auftauchen,
die Ihnen zeigen, dass Sie die Regie über Ihr Leben übernommen

haben. Sie sollten genauso spontan auftauchen, wie die in der Kindheit eingetrichterten und unerwünscht auftauchenden Negativ-Sätze über Ihr Können oder Nichtkönnen: »Das kannst du nicht«, »Versager!«, »Das darfst du nicht«, »Du bist nichts, du kannst nichts, und aus dir wird nie etwas werden«.

Die Welt ist ein Lagerhaus, angefüllt mit dem Wissen von Generationen. Wir brauchen nicht jedes Mal das Rad neu zu erfinden, um Auto fahren zu können. Weshalb also dieses konstruktive Wissen nicht in die Neuprogrammierung Ihres Gehirns mit einbeziehen? Denken Sie daran: Der Biocomputer zwischen Ihren Ohren kann nur so leistungsfähig sein, wie das Programm, unter dem er läuft. Wenn Sie sich schon entschieden haben, Ihr Programm selbst zu schreiben, dann sollten Sie dafür auch nur exzellente Zutaten nehmen, denn wie bei jedem Produkt hängt die Qualität des Endergebnisses von den bei der Herstellung verwendeten Materialien ab.

Seit geraumer Zeit sammle ich derartige Weisheiten und mache sie zum festen Bestandteil meines »Programms«, denn die Wirkung spüre ich jeden Tag an mir selbst. *»Geht nicht – gibt's nicht«* beispielsweise hat mir eine Beharrlichkeit beschert, über die ich früher nicht verfügt habe. *»Nicht ärgern – ändern!«* war der Anstoß, der dazu führte, dass ich das Ihnen inzwischen bekannte Wo-ist-die-nächste-Maus-Prinzip entdeckte. In meiner Praxis hängt ein Zettel, auf dem steht: *»Du wirst nie erfahren, wozu du fähig bist, solange du auf deine Angst hörst«*, ein Spruch, der mir schon einiges an Zauderei erspart hat. Kurze, klare Sätze prägen sich am wirkungsvollsten im Unterbewusstsein ein, und sind sie erst einmal fest »installiert«, dann übernehmen sie Steuerfunktion über Ihr spontanes Handeln und Fühlen. Erst vor kurzem habe ich wieder erlebt, wie wirkungsvoll derartige Programmierungen funktionieren. Ich unterrichte nebenbei das Fach Psychologie an verschiedenen Berufsfachschulen. Lange nachdem wir uns mit der »Ich kann nicht«-Krankheit beschäftigt hatten, stand bei einer Klasse »Sigmund Freud und die Tiefenpsychologie« auf dem Programm. Nachdem ich Freuds Schichtmodell der Persönlichkeit erklärt hatte, kamen wir zu den Abwehrmechanismen. Zum näheren Verständnis erläuterte ich das Zustandekommen eines inneren Konfliktes: »Also, das Es will meinetwegen sofort Sex, weil es ja nach dem Lustprinzip funktioniert, aber das strenge Über-Ich sagt: ›Geht nicht ...!‹«.

Kaum hatte ich den Satz zu Ende gesprochen, was krähte die gesamte Klasse fröhlich?

»›Geht nicht‹ gibt's nicht!«

Der Satz war so in den Köpfen eingehämmert, dass er sofort aktiviert wurde, wenn jemand behauptete, etwas würde nicht möglich sein. Er war also schon ins Unterbewusstsein eingedrungen und automatisiert. Hat mich damals schwer beeindruckt ...

Neben der bewussten Autosuggestion, die Sie ab jetzt betreiben werden, sollten Sie sich für jede Lebenslage Maßstäbe, Mottos und Regeln aneignen, die Ihnen eine Menge Verdruss und Unsicherheit ersparen helfen. Legen Sie sich ein Lager von konstruktiven Gedanken, von klaren Maßstäben für jede Lebenssituation zu, die Ihnen unschätzbare Dienste auf Ihrem Lebensweg leisten können. Auf den folgenden Seiten finden Sie die Grundausstattung ...

Für das Leben allgemein

»Fang jetzt an zu leben und zähle jeden Tag für sich.«
(Seneca)

»Du kannst dir Ziele in der Zukunft setzen, leben jedoch kannst du nur jetzt!«

»Die meisten Menschen sterben, ehe sie vernünftig genug sind,
um zu wissen, wie sie leben sollen.«
(George Bernard Shaw)

»Zeit ist Leben;
Geld und Gesundheit können zurückkommen,
Zeit jedoch ist für immer verloren.«

»Liebst du das Leben?
Dann verschwende keine Zeit, denn daraus ist das Leben gemacht!«
(Benjamin Franklin)

»Zukunft – das ist die Zeit, in der du bereust,
dass du das, was du heute tun könntest, nicht getan hast.«

»Es ist unser Irrtum, dass wir den Tod in der Zukunft erwarten.
Er ist zum großen Teil schon vorüber.
Was von unserem Leben hinter uns liegt, hat der Tod.«
(Seneca)

»Fürchte nicht, dass dein Leben eines Tages endet.
Fürchte eher, dass du versäumst, es richtig zu beginnen.«
(Kardinal Newman)

»Heute schon gelebt ...?«

Wenn einiges schief gelaufen ist ...

»Misslungen heißt: Noch nicht gelungen!«

»Auch aus den Steinen, die man dir in den Weg legt,
kannst du etwas Schönes bauen.«
(Erich Kästner)

»Wer den kalten Wind nicht aushält, hat auf dem Gipfel nichts zu suchen.«

»Hinzufallen ist keine Schande. Nur Liegenbleiben ist verachtenswert.«

»Hindernisse sind dazu da, überwunden zu werden.«

»Wenn dir das Leben eine Zitrone zuwirft, mach Limonade daraus!«
(Dale Carnegie)

»Da musst du durch, sprach der Lurch, wenn du ein Frosch werden willst.«

»Ein Mensch, der keine Fehler macht, hat nie etwas ausprobiert.«

*»Jede Widrigkeit des Schicksals
trägt den Keim eines noch größeren Vorteils in sich.«*

*»Das Leben ist nicht so, wie es sein sollte.
Es ist so, wie es ist.
Wie man damit fertig wird, macht den Unterschied aus.«*
(Virginia Satir)

»Rückschläge scheiden die Männer von den Knaben!«

»Unsere Fehlschläge sind nicht selten erfolgreicher als unser Erfolg.«
(Henry Ford)

*»Unglücksfälle sind wie Messer.
Entweder sie arbeiten für uns oder sie schneiden uns,
je nachdem, ob wir sie am Griff oder an der Schneide anfassen.«*
(James Russel Lowell)

*»Es gibt keine hoffnungslosen Situationen im Leben;
es gibt nur Menschen, die darüber hoffnungslos geworden sind.«*
(Clare Booth Luce)

*»Wenn man nicht verlieren kann,
verdient man auch nicht zu gewinnen.«*
(Edward Kennedy)

*»Derjenige, der Wohlstand verliert, verliert viel.
Der einen Freund verliert, verliert mehr.
Wer aber seinen Mut verliert, verliert alles!«*
(Miguel de Cervantes)

*»Ein Sieger findet für jedes Problem eine Lösung.
Ein Verlierer findet in jeder Lösung ein Problem.«*

*»Wer schon auf dem Meeresgrund war,
fürchtet sich nicht mehr vor Pfützen.«*

Wenn Sie sich vor einer bestimmten Situation ängstigen ...

»Tue, wovor du Angst hast,
und die Angst stirbt einen sicheren Tod!«

»Du wirst nie wissen, wozu du fähig bist,
solange du auf deine Angst hörst!«

»Du kannst keine neuen Ozeane entdecken,
wenn du Angst davor hast, das Ufer aus den Augen zu verlieren.«

Wenn Sie sich ärgern ...

»Nicht ärgern – ändern!«

»Du kannst dich täglich ärgern – verpflichtet bist du nicht dazu.«

»Wer zornig ist, verbrennt oft an einem Tag das Holz,
das er in vielen Jahren gesammelt hat.«
(Chinesisches Sprichwort)

»Gott hat uns zwei Augen gegeben,
damit wir gelegentlich eines zudrücken können.«

Wenn Sie vor einer neuen Herausforderung stehen ...

»Niemand weiß, wie weit seine Kräfte gehen,
bis er sie versucht hat.«
(Johann Wolfgang von Goethe)

»Da, wo ein Wille ist, können Schwierigkeiten nicht groß sein.«
(Niccolo Machiavelli)

»Jede noch so lange Reise beginnt mit dem ersten Schritt.«

»Wer immer nur das tut, was er schon immer getan hat,
wird auch immer nur das erreichen, was er immer erreicht hat!«

»Nichts kann eine Idee aufhalten, deren Zeit gekommen ist.«
(Victor Hugo)

»Verlierer sagen: ›Es ist möglich, aber es ist zu schwierig.‹
Sieger sagen: ›Es mag schwierig sein, aber es ist möglich!‹«

»Man kann niemanden überholen, in dessen Fußstapfen man tritt.«

»Ein Traum wird so lange ein Traum bleiben, bis du ihn wahr machst.«

»Einen Vorsprung im Leben hat, wer da anpackt,
wo die anderen erst einmal reden.«
(John F. Kennedy)

Wenn Sie ein Optimist werden möchten ...

»Wenn du in die Sonne siehst, kannst du den Schatten nicht sehen.«

»Die meisten Schatten im Leben kommen daher,
dass wir uns selbst in der Sonne stehen.«

»Optimisten wandeln auf den Wolken,
unter denen die Pessimisten Trübsal blasen.«

»Lebensklugheit bedeutet, die Dinge möglichst wichtig,
aber keines völlig ernst zu nehmen.«

»Ein Optimist ist ein Mensch,
der alles halb so schlimm oder doppelt so gut findet.«
(Heinz Rühmann)

»Betrachte immer die helle Seite der Dinge – und wenn sie keine haben,
dann reibe die dunkle so lange, bis sie glänzt!«
(Norman Vincent Peale)

»Optimisten weigern sich nicht,
das Negative zur Kenntnis zu nehmen.
Sie weigern sich lediglich, sich ihm zu unterwerfen.«
(Norman Vincent Peale)

»Zwei Gefangene blickten in die Ferne.
Der eine sah die Gitter, der andere sah die Sterne.«

Wenn Sie an der »Ich kann nicht«-Krankheit leiden ...

»›Unmöglich‹ ist nur im Wörterbuch für Toren zu finden.«
(Napoleon Bonaparte)

»Wenn du eine hilfreiche Hand brauchst –
blicke auf deine eigene!«
(Chinesisches Sprichwort)

»›Geht nicht‹ gibt's nicht!«

»Egal, ob du glaubst, du kannst oder du kannst nicht.
Du wirst immer Recht behalten!«

»Der Mann, der den Berg abtrug,
war der gleiche wie der,
der den ersten Stein aus dem Weg räumte.«

Wenn Sie zu viel über Vergangenes nachgrübeln ...

»Vergangenheit sollte ein Sprungbrett sein, kein Sofa!«

»Wasser, das schon vorbeigeflossen ist, treibt keine Mühle mehr an.«

»Verschwindet etwas aus deinem Leben,
ist es nur ein Zeichen dafür,
dass etwas Besseres kommt.«

Wenn Sie sich über mögliche zukünftige Ereignisse sorgen ...

»Ist etwas noch nicht gebrochen,
brauchst du es auch nicht zu kitten!«

»Jammere nicht über ein Unglück,
das noch gar nicht eingetroffen ist!«

»Verbringe deine Zeit nicht mit der Suche nach Hindernissen –
vielleicht sind keine da!«
(Franz Kafka)

Wenn Sie bis über beide Ohren im Stress stecken ...

»Don't worry – be happy!«

»Der Gelassene nutzt seine Chance besser als der Getriebene.«
(Thornton Wilder)

Wenn Sie gerne Aufgaben vor sich herschieben ...

»Die beste Methode, eine Arbeit loszuwerden, ist, sie gleich anzufangen.«

»Wer sich zu groß fühlt, um kleine Aufgaben zu erfüllen,
ist zu klein, um mit großen Aufgaben betreut zu werden!«
(Jacques Tati)

»Wenn es wert ist, getan zu werden,
dann ist es auch wert, jetzt getan zu werden!«

»Wenn nicht heute – wann dann?«

Was tun mit so viel Weisheit?

Wer die Wahl hat, hat die Qual! Suchen Sie sich einen oder mehrere der aufgeführten Aphorismen (Sprüche) aus, die zu Ihrer jetzigen

Lebenssituation passen, und schreiben Sie jeweils einen auf ein Blatt Papier. Deponieren Sie diese Blätter überall da, wo Sie gelegentlich hinschauen, zum Beispiel an der Tür, auf Ihrem Schreibtisch, in Ihrer Brieftasche, in Ihrem Terminkalender, an der Wand usw. Schaffen Sie sich auf diese Art visuelle Gedächtnisstützen, die Ihnen dabei helfen, Ihr Gehirn mit den Programmen zu versorgen, die es für ein erfülltes Leben benötigt.

Nun, vielleicht kommen Sie sich etwas albern dabei vor, Ihre Umgebung mit derartigen Zetteln zu spicken. Bedenken Sie aber, dass es sich hierbei um eine uralte und erfolgreiche Methode handelt. Schon immer haben sich Menschen ihre Umgebung so geschaffen, dass sie zu ihren Lebenseinstellungen passte und diese sich dadurch bestätigten. Im fünften Jahrhundert vor Christus schrieb beispielsweise der griechische Redner Antiphon:

>*»Die Umgebung, in der sich der Mensch*
>*den größten Teil des Tages aufhält,*
>*bestimmt seinen Charakter.«*

Sehen Sie sich Umgebungen an, die von unmotivierten, depressiven Zeitgenossen bewohnt werden. Sie werden feststellen, dass die Umgebungen immer den Lebenseinstellungen angepasst werden und dadurch diese Einstellungen noch bekräftigt und bestätigt werden. Leute, die sich beispielsweise zur »Null Bock«-Generation zählen, tapezieren die Wände mit Sprüchen wie »No Future«. Und wenn sie natürlich den ganzen Tag an der Wand geschrieben sehen, dass sie keine Zukunft haben, dann liegt es doch auf der Hand, dass ihr »Null Bock«-Gefühl nicht unbedingt kleiner wird. Oder denken Sie an Leute, die eine depressive Phase durchmachen. In der Regel pflegen sie dann weder ihre Umgebung noch ihr Äußeres. Nicht selten laufen sie in »Sack und Asche« durch die Gegend und spiegeln damit über Äußerlichkeiten ihren inneren Seelenzustand wider. Jede Partei hat ein »Motto« für den Wahlkampf, das sich auf sämtlichen Plakaten wieder findet. Und wenn Sie gläubig sind, dann haben Sie möglicherweise einen »Taufspruch« bekommen und hören, sobald Sie in die Kirche gehen, wie immer wieder Psalme und Glaubensbekenntnisse wiederholt werden.

Wenn also Ihre Lebenseinstellung ab jetzt auf ein Maximum an Genuss ausgerichtet sein soll, dann ändern Sie auch Ihre Umgebung dahingehend. Schaffen Sie sich ein Umfeld, in dem Sie dauernd an Ihr Ziel erinnert werden und auf diese Weise Ihr Gehirn mit der Verwirklichung dessen, was Sie wollen, beschäftigen! Denken Sie noch einmal an das Motto des Vorworts ...

> *»Es kommt nicht darauf an,*
> *wo du herkommst,*
> *denn die Richtung, die du jetzt einschlägst,*
> *entscheidet darüber,*
> *wo du ankommen wirst!«*

Positiv Denken – das Geheimnis der Optimisten

> *»Die größte Entdeckung meiner Generation ist,*
> *dass Menschen ihr Leben ändern können,*
> *indem sie ihre geistige Einstellung ändern.«*
> (William James)

Ein weiterer Puzzlestein in dem Mosaik, das einen »Genießer« ausmacht, ist das weit verbreitete »positive Denken«. Jeder hat schon einmal davon gehört, viele versuchen es, aber nur wenige beherrschen und nutzen es. Eigentlich sehr verwunderlich, denn es gibt unendliche Mengen von Büchern zu diesem Thema, Vorträge und Seminare zu Hauf und trotzdem scheint diese Kunst für den normal Sterblichen sehr schwer erlernbar zu sein. Wenn ich mir Bücher der »Gurus« dieser Bewegung ansehe, verwundert mich dieser Umstand nicht, denn in diesen Büchern wird hauptsächlich über das positive Denken berichtet, über Wirkungen, über Hintergründe, über Fallbeispiele, über »Wunder«, die damit möglich sind, und über »kosmische Energien« und die Kraft des Glaubens. Und durch dieses Darüber-Berichten erfährt der Interessierte zwar einiges über die Methode, aber eben nicht, wie sie genau funktioniert und was er konkret tun kann, um sie für sich arbeiten zu lassen. Durch Fallbeispiele wird das Ganze romantisch untermauert. Beispielsweise findet ein »armes Hascherl« durch positives Denken den Traumprinzen (der eine Fabrik besitzt, ein Ferienhaus in Florida und das neueste Rolls-Royce-Modell) und schwimmt von nun an in Geld und lebt sorglos bis an ihr Ende (das Dank positiven Denkens erst mit etwa 130 Jahren eintreten wird). Es bleibt bei grauer Theorie und sehnsüchtiger Bewunderung derjenigen, die mit positivem Denken Sonne in ihren Alltag bringen.

Bedauerlicherweise driftet diese fantastische Methode auch immer mehr in das Reich der Esoterik ab, ein Gebiet, in dem meist simple Fragen wie »Wo ist der Beweis?« oder »Wie funktioniert das genau?« als eine Art Majestätsbeleidigung angesehen werden und lieber auf »Schwingungen«, »Energien« und den »Kosmos« verwiesen wird, weil sich angesichts dieser schwammigen und universell zu verwendenden Begriffe jeglicher Beweis erübrigt. Und so ist es kein Wunder, dass in vielen Köpfen die Vorstellung herrscht, positives Denken sei von der Wirkung her vergleichbar mit dem Schlaraffenland, in dem man ohne jegliche Anstrengung alles bekommt, was das Herz begehrt. So wird naiven Gemütern nicht selten einsuggeriert, positives Denken bestünde aus »Energiewellen«, die solche Dinge wie Glück, finanziellen Reichtum oder Gesundheit geradezu magnetisch anziehen würden. Man bräuchte nur täglich an die Dinge zu denken, die man begehrt, dann kämen sie früher oder später von selbst herbeigeflogen. Meist wird das Ganze dann mit hanebüchenen Beispielen begründet, die als »Beweis« für diesen Unsinn dienen sollen.

Vor nicht allzu langer Zeit hatte ich das Vergnügen, einem Vortrag über »die Macht positiver Gedanken« beizuwohnen, bei dem ein derartiger Blödsinn unter das Volk gestreut wurde. Die Referentin (studierte Psychologin, Doktor der Philosophie) verstieg sich in die These, dass jemand, der positiv denkt, eine Art unsichtbare Rüstung trägt, die alle Gefahren des Alltags wirkungslos werden lässt. Als »Beweis« wurde das Erlebnis einer Frau präsentiert, die einem Verkehrsunfall um Haaresbreite entgangen war. Ich will Ihnen diese Geschichte nicht vorenthalten, damit Sie sich Ihr eigenes Bild davon machen können. Besagte Frau war also mit ihrem

Auto auf einer Bundesstraße unterwegs, als ihr in einer lang gezogenen Kurve ein Motorradfahrer auf ihrer Fahrbahnseite entgegen kam. Der Motorradfahrer riss im letzten Moment seine Maschine auf die andere Fahrbahnseite und prallte dann auf den Wagen hinter ihr. Ein Wunder, nicht wahr? Und nur deshalb möglich, weil die Frau an diesem Tag positiv gedacht hatte und so eine Art »Schutzglocke« um sich aufgebaut hatte ...

Ich werde nie die ehrfürchtigen Gesichter der Zuhörer vergessen, als ihnen dieser »Beweis« präsentiert wurde. Offensichtlich hatte ein Großteil von ihnen ihren gesunden Menschenverstand an der Garderobe abgegeben. Sehen wir uns den Vorfall doch einmal ganz nüchtern, ohne jegliche »Strahlung«, »Schutzglocke« oder anderen Hokuspokus an. Nehmen wir an, Sie wären dieser Motorradfahrer. Sie fahren also mit hoher Geschwindigkeit in eine Linkskurve, und um sich besser in die Kurve legen zu können, benutzen Sie die linke Fahrbahnseite. Plötzlich kommt Ihnen ein Auto entgegen, was würden Sie jetzt tun? Nun, Sie würden Ihre Maschine nach rechts reißen, um wieder auf Ihre reguläre Fahrbahn zu gelangen, nicht wahr? Wenn Sie aber das tun, fliegen Sie bei dieser Geschwindigkeit aus der Kurve, und um das zu verhindern, werden Sie nach einem kurzen Rechtsruck sofort wieder nach links lenken – und schon krachen Sie in das nachfolgende Auto! Ein Vorgang, der nichts mit Wundern oder Käseglocken, sondern mit Physik und Fliehkräften zu tun hat. Wenn derartige »Beweise«, wie sie auch in der mannigfaltigen Literatur zu diesem Thema gern verwendet werden, kritiklos geschluckt werden, dann verkommt positives Denken zu einer Psychoreligion, die sich hervorragend dazu eignet, den Leuten das Geld aus der Tasche zu ziehen. Dass positives Denken, das auf derartig kindlichen Allmachtsfantasien begründet ist, nicht funktionieren kann, erfährt der Aspirant in relativ kurzer Zeit, nämlich dann, wenn er schon eine Woche hartnäckig »positiv gedacht« hat, und das heiß ersehnte »Manna« immer noch nicht vom Himmel gefallen ist.

Beschäftigen wir uns deshalb damit, was positives Denken wirklich ist, nämlich eine logisch erklärbare und nachvollziehbare Methode, die auf psychologischen Gesetzmäßigkeiten beruht und damit vermittel- und trainierbar ist. Eine Methode also, die Sie ohne

Hokuspokus für sich arbeiten lassen können, die Ihnen hilft, Probleme in den Griff zu bekommen und eine gewisse Leichtigkeit in Ihren Alltag zu bringen.

Das positive Denken, das ich meine

Positiv denken heißt nichts anderes, als sich auf die positiven Aspekte einer Situation zu konzentrieren. Oft wird deshalb unterstellt, jemand der positiv denkt, wäre naiv und weltfremd, weil es eben im Leben nicht nur positive Seiten gäbe und das ganze Positiv-Denken eine Art Flucht vor der Realität wäre. Ich gestehe, dass das auch einer meiner Hauptkritikpunkte an dieser Methode war, bis ich folgenden Satz in die Hände bekam:

>*»Ein positiv denkender Mensch weigert sich nicht,*
>*das Negative zur Kenntnis zu nehmen.*
>*Er weigert sich lediglich, sich ihm zu unterwerfen!«*
>(Norman Vincent Peale)

Jedes Ereignis, das Ihnen im Laufe Ihres Lebens widerfährt, und mag es auf den ersten Blick noch so negativ wirken, birgt zwei Aspekte in sich, einen positiven und einen negativen. In der Regel haben wir keinerlei Problem, den negativen Aspekt sofort zu entdecken, uns darin ausgiebig zu wälzen und damit eine Menge an Verdruss zu erschaffen. Das ist uns von der Wiege an beigebracht worden, darin sind wir Experten. Dass das so ist, hat auch einen nachvollziehbaren Grund: Jemand, der sich auf negative Aspekte konzentriert, will damit Enttäuschungen vermeiden, eventuellen Fehltritten vorbeugen und sich vor möglichen Gefahren schützen. Klingt doch eigentlich ganz vernünftig, nicht wahr? Also wäre doch gegen negatives Denken nichts einzuwenden, es ist doch offensichtlich sogar lebensnotwendig! Das stimmt, im Sinne von »Gefahren voraussehen können« durchaus!

Was passiert aber, wenn diese Art zu denken zur Gewohnheit wird, wenn die sprichwörtlichen Haare in der Suppe bei allem und überall gesucht werden, wenn überhaupt keine »Gefahr« in dem Sinne mehr vorhanden ist? Nun, dann lauten Lebensmottos so:

- »Nimm immer das Schlechteste an, dann kannst du nicht enttäuscht werden!«
- »Setz dir kein Ziel, dann kannst du dich auch nicht verlaufen!«
- »Wage nichts, dann bleibt dir die Enttäuschung eines möglichen Fehlschlages erspart!«
- »Genieße auf keinen Fall das gute Essen, das vor dir steht. Du könntest dich daran gewöhnen, und wer weiß schon, ob du dir morgen noch eines leisten kannst!«

Und damit tritt genau das ein, was Norman Vincent Peale unter »sich dem Negativen unterwerfen« versteht. Das Leben wird nach dem Motto: »Genieße es lieber heute nicht, denn morgen könntest du bereits Verdruss haben!« geführt. Eine Lebenseinstellung, die dazu führt, dass das Leben »abgesessen« wird, dass Pessimismus, Unzufriedenheit, Zukunftsängste, Rückzug und vertane Chancen zur Tagesordnung gehören und die Welt als ein düsterer Ort angesehen wird, der nichts als Enttäuschungen und Gefahren birgt.

Sie werden mir Recht geben, wenn ich behaupte, dass eine derartige Lebenseinstellung unmöglich zu einem Maximum an Genuss führen kann. Eine Konzentration auf negative Aspekte des Daseins kann nur zu einem Leben führen, in dem es Widrigkeiten geradezu konzentriert hagelt, nicht, weil diese durch »negative Energieschwingungen« oder ähnlichen Hokuspokus angezogen würden, sondern weil der Betreffende nur diese negativen Aspekte wahrnimmt. Und was wir von der Welt wahrnehmen, das ist »unsere Welt« und wird damit für uns zur Wirklichkeit. Jemand, der an einem heißen Sommertag über die Hitze stöhnt und die verschwitzten Hemden beklagt, wird diesen Tag als lästig verbuchen. Ein anderer, der die Sonne auf der Haut genießt, der sich über die Miniröcke der Mädchen freut, wird diesen Tag als wundervoll empfinden, obwohl die Hitze ihm auch den Schweiß aus den Poren treibt und sein Hemd auch verschwitzt ist. Während also der eine einen Tag voll Verdruss erlebt, hat der andere sein Maximum an Genuss erreicht. Durch positives oder negatives Denken wird nicht die Welt verändert, sondern lediglich unterschiedlich wahrgenommen und unterschiedlich bewertet. Das aber führt wiederum dazu, dass, je nach Wahrnehmung und Bewertung, in der gleichen Situation Verdruss oder Genuss entstehen kann. Diese simple Erkenntnis ist seit Bestehen der Menschheit bekannt und immer wieder haben helle Köpfe darauf hingewiesen:

> *»Die Dinge sind weder gut noch schlecht.*
> *Erst unser Denken macht sie dazu!«*
> (William Shakespeare)

> *»Mir ist aufgefallen, dass die meisten Menschen ungefähr so glücklich sind,*
> *wie sie sich entschlossen haben zu sein.«*
> (Abraham Lincoln)

Wenn es also von Ihrer Wahrnehmung abhängt, wie viel Genuss oder Verdruss Ihnen eine Situation bringt, können Sie mir einen Grund nennen, weshalb Sie ein Ereignis so wahrnehmen sollten, dass Sie sich damit ein Maximum an Verdruss bereiten? Ich gehe davon aus, dass es dafür keinen triftigen Anlass gibt, es sei denn, dieses Ereignis ist wirklich lebensgefährlich – aber, Hand aufs Herz, wie oft passiert Ihnen das?

Ihr Denken setzt selbsterfüllende Prophezeiungen in Gang!
Positives Denken führt zu einer verstärkten Wahrnehmung der sonnigen Seiten des Lebens und damit zu einer Zunahme der sonnigen Momente, das heißt zu einer Erhöhung des Genusses. Das ist die Wirkung, die sich durch die Psychologie der Wahrnehmung erklären lässt. Wie aber steht es mit der immer wieder verbreiteten Behauptung, jemand, der positiv denke, würde das Glück und den Erfolg geradezu magisch anziehen? Nun, auch dazu brauchen wir keine »kosmischen Kräfte und Energiestrahlungen« bemühen, die Ihnen inzwischen wohl bekannte selbsterfüllende Prophezeiung reicht völlig aus. Wie Sie wissen, führt jede Einstellung, die ein Mensch hat, zu einem dieser Einstellung entsprechenden Verhalten. Mit diesem Verhalten wirkt der Mensch auf seine Umwelt und seine Mitmenschen ein und bewirkt dort bestimmte Ergebnisse. Und diese Ergebnisse bestätigen und bekräftigen die ursprüngliche Einstellung.

Jemand, der beispielsweise glaubt, eine Sache hätte keine Aussicht auf Erfolg (Einstellung), wird nur lustlos und mit halber Kraft an die betreffende Aufgabe herangehen (Verhalten). Geht das Ganze daraufhin schief (Ergebnis), so wird dieses Ergebnis seine ursprüngliche Einstellung, dass die Sache sowieso keinerlei Aussicht auf Erfolg hatte, bestätigen. Sie sehen, wie sich auf diese Weise Einstellungen relativ leicht verwirklichen lassen, nicht etwa, weil die Einstellung der Wirklichkeit entsprochen hätte, sondern, weil durch diese Einstellung nur solche Ergebnisse erzielt werden konnten, die der Einstellung Recht geben. Jemand, der nur mit halber Kraft an eine Sache herangeht, weil er glaubt, es hätte keinen Sinn, erhöht eben dadurch beträchtlich die Wahrscheinlichkeit, dass er wirklich scheitert.

Selbsterfüllende Prophezeiungen gehören zum Menschen wie das Wasser zum Ozean, sie bestimmen das Schicksal des einzelnen wie das ganzer Völker. Unzählige Kriege, unermesslicher Hass und unvorstellbares Leid sind durch diesen oft nicht leicht zu durchschauenden Mechanismus über die Menschheit gekommen. Jede dieser Tragödien begann mit dem, was immer am Anfang einer selbsterfüllenden Prophezeiung steht: einer Einstellung. Meist entstammt diese Einstellung dem Gehirn eines Politikers, der sich nicht im Klaren darüber ist, welche Lawine dadurch ins Rollen gebracht werden kann. An einem ganz einfachen Beispiel möchte ich Ihnen demonstrieren, wie sich mit Hilfe der selbsterfüllenden Prophezeiung Feindbilder und Bedrohungen aufbauen lassen, die, wie die Geschichte eindrucksvoll beweist, nicht selten in Katastrophen enden.

Nehmen wir an, Sie wären Staatsoberhaupt irgendeiner Bananenrepublik. Und nehmen wir weiter an, in Ihrem Kopf hätte sich die fixe Idee festgesetzt, vom Gebiet eines benachbarten Staates ginge eine Bedrohung für Ihr Land aus. Was würden Sie in diesem Fall als Politiker, von dem man Taten erwartet, tun? Nun, Sie würden diesem besagten Staat zuerst drohen und wenn das fruchtlos bliebe, die Aufrüstungsmaschinerie in Gang setzen. Sie würden veranlassen, dass immer mehr und immer wirksamere Waffen gebaut würden, um so gegen einen möglichen Angriff gewappnet zu sein. Nehmen wir weiter an, dass Sie sich diese Bedrohung nur eingebildet hätten und der andere Staat bisher überhaupt nicht daran gedacht hätte, Ihr Land zu bedrohen oder anzugreifen. Was würde dieser Staat aber jetzt tun, nachdem er hätte feststellen müssen, dass Sie Ihr Militär kampfbereit machten? Ganz klar, er würde ebenfalls aufrüsten, weil er sich jetzt bedroht fühlte. Das aber würde wiederum dazu führen, dass Sie sich noch mehr bedroht fühlten, sich in Ihrer Meinung bestätigt sähen und deshalb weiter Ihre Aufrüstung vorantrieben – aufgrund Ihrer weiteren Aufrüstung baute natürlich der andere Staat auch noch mehr Waffen. Das Spielchen ginge so lange weiter, bis sich einer der beiden so sehr bedroht fühlte, dass er zum Angriff überginge und damit den Krieg vom Zaun bräche. Tausende und Millionen von Menschen ließen dann ihr Leben, die Wirtschaft der Länder bräche zusammen, Jahrzehnte vergingen, bis die Schäden zumindest notdürftig beseitigt wären. Und alles hätte mit der Weltanschauung eines Politikers begonnen ...

Einstellung – Verhalten – Ergebnis, die drei Zutaten jeder selbsterfüllenden Prophezeiung lassen sich in jedem menschlichen Schicksal, egal, ob von Erfolg und Genuss oder von Misserfolg und Verdruss gekrönt, wieder finden. Ein Mensch, der jahrelang auf der Straße lebt, der zu den so genannten »Verlierern der Gesellschaft« zählt, hat in der Regel eine bestimmte Einstellung zum Leben, die sein Verhalten beeinflusst, ein Verhalten, das ihn schließlich in die Lage gebracht hat und auch in dieser Lage hält, in der er sich jetzt befindet. Vielleicht bemerken Sie bei dieser meiner Behauptung einen leichten Aufschrei der Empörung tief in Ihren Gehirnwindungen, der Sie darauf hinweisen will, dass ich die Sache nun doch etwas zu einfach schildern würde, da bei solch einem Fall ja viele Faktoren zusammenspielen würden und man das Ganze nicht so einfach sehen könne. Nun, natürlich kann jemand durch unvorhersehbare Ereignisse von einem Tag zum anderen auf der Straße landen, das will ich nicht bestreiten. Wenn jedoch dieses Leben für ihn zum Schicksal wird, wenn er nicht mehr von der Straße wegkommt, wenn er sich in dieses Schicksal fügt, ohne nennenswerte Anstrengungen zu unternehmen, wieder auf die Beine zu kommen, dann werden Sie mir Recht geben, wenn ich behaupte, dass diese Lage weniger mit irgendeiner kosmischen Schicksalskraft als mit einer Einstellung zu tun hat – einer Einstellung, die eine selbsterfüllende Prophezeiung in Gang setzt, deren Ziel nur die Gosse sein kann.

Was ich mich immer wieder frage, das ist, weshalb manche Menschen Erfolg haben bei dem, was sie tun, während andere über die Unbilden des Schicksals klagen und behaupten, sie hätten »nie eine Chance bekommen«. Ich kann es drehen und wenden, wie ich will, immer wieder stoße ich bei dieser Frage in erster Linie auf die Kraft von Einstellungen, von Denkweisen und Lebensanschauungen und damit auf selbsterfüllende Prophezeiungen. Ich stoße weniger auf solche Dinge wie »Schicksal«, »nicht gegebene Chancen«, »fehlende Möglichkeiten« oder Ähnliches. Lassen Sie mich Ihnen meine Überlegungen zu diesem Thema anhand eines einfachen Beispiels näher bringen.

Während in unserem Land Leute auf der Straße leben, von der Gesellschaft »benachteiligt« werden, »keine Chancen bekommen« und behaupten, dass es keine Möglichkeit gäbe, diese Lage zu ändern, gibt es auf der anderen Seite Menschen, die weit schlechtere Karten haben und trotzdem in kurzer Zeit Fuß fassen. Beispielsweise kenne ich einen Mann aus der Türkei, der vor etwa sieben Jahren nach Deutschland kam. Damals sprach er kein Wort Deutsch, hatte keine Berufsausbildung, keine Wohnung und auch seine finanziellen Mittel waren relativ bescheiden. Nach kurzer Zeit eröffnete er einen kleinen Kebab-Stand, in dem er seine belegten Fladenbrote verkaufte. Von diesen Ständen besitzt er inzwischen mehrere, er beschäftigt Angestellte, er hat eine Wohnung und er besitzt eine neue Luxuslimousine. Er hat sich in diesen sieben Jahren einen gewissen Wohlstand erarbeitet. Welche Voraussetzungen hatte dieser Mann, die ein anderer nicht hat? Was hat dieser Mensch getan, was ein anderer nicht könnte? Braucht man, um täglich Kebab zu braten, eine langwierige Berufsausbildung? Kosten die dazu nötigen Utensilien ein Vermögen? Ist es unmöglich, sich das notwendige Geld durch Betteln oder Arbeiten, wie zum Beispiel Regale im Supermarkt auffüllen, Dosen sammeln, auf Baustellen helfen, Gehsteige reinigen oder Putzen, zu besorgen? Nein, mit Sicherheit nicht, aber man braucht dazu eine andere Einstellung als »Man hat mir nie eine Chance gegeben!« oder »Das hat doch alles keinen Wert!«. Denn diese Einstellungen sind es, die das Schicksal bestimmen, indem sie zur selbsterfüllenden Prophezeiung werden, nicht etwa das »Karma«, »die Gesellschaft«, »die Erziehung« oder andere Begriffe, die sich der Mensch seit Jahrtausenden ausdenkt, um jegliche Verantwortung für seinen Lebensweg zu vermeiden.

Am Anfang war die Einstellung ...

»Wie ihr denket, so werdet ihr sein!«, soll Jesus laut Bibel vor rund 2000 Jahren gesagt haben. Religionsführer und Philosophen weisen seit Tausenden von Jahren immer wieder darauf hin, welchen immensen Einfluss Einstellungen auf unser Leben haben. Wie und was ein Mensch ist, hängt zu einem großen Teil von seinem Denken ab, von seinen Einstellungen zu sich selbst, seinen Mitmenschen und der Umwelt. Wie sehr unsinniges und unlogisches Denken an der Entstehung von Stress, Verdruss und Krankheit beteiligt ist, wissen Sie. Ich hoffe, dass Begriffe wie »ich muss, du musst, die Welt muss«, »schlimm, furchtbar usw.« und »Ich kann nicht« inzwischen aus Ihren Gehirnwindungen verschwunden sind. Diese »Dreifaltigkeit des Verdrusses« haben Sie nicht mehr nötig, denn zu einem erfüllten und glücklichen Leben passen diese Denkweisen genauso wenig wie Motoröl in einen Gebirgsbach.

Jede Einstellung setzt Verhalten in Gang und produziert damit Ergebnisse. Und jeder Mensch, der seine Einstellungen und Denkweisen nicht bewusst wählt, läuft Gefahr, damit Ergebnisse zu erhalten, mit denen er sich sein Leben verdrießt. Einstellungen sind die Saat, Ergebnisse die Ernte. Wenn Sie Hafer ernten wollen, würden Sie doch nie auf die Idee kommen, irgendwelche Körner auf Ihr Feld zu säen; Sie würden dazu Hafersamen nehmen. Und wenn Sie als »Ernte« Ihres Lebens Genuss haben möchten, dann geht das eben auch nicht mit irgendwelchen Einstellungen, die man Ihnen irgendwann eingepflanzt hat, sondern nur mit solchen, die zu Genuss führen. »Musturbieren«, »Katastrophisieren« und »Ich kann nicht« können nicht zu Genuss führen. Mit diesen Einstellungen können Sie nur eine »Verdruss-Ernte« einfahren!

Wie kann ich das, was gerade geschieht, nutzen, um Genuss zu haben?

Eine Frage, die uns ja schon geraume Zeit beschäftigt. Wir haben uns schon ausgiebig damit beschäftigt, wie sich beispielsweise körperliche Bewegung, Farben, Gegenstände, Musik, Autosuggestion und Körperhaltung nutzen lassen, um sich wohl zu fühlen. Wie steht es aber mit Situationen des Alltags, die auf den ersten Blick nichts Positives erkennen lassen? Wie sollten Sie diese nutzen, um Genuss zu haben? Was um Himmels Willen sollte denn an einer unaufgeräumten Küche, einem verbeulten Auto, einem gekündigten Arbeitsplatz oder einem gebrochenen Bein positiv sein?

Und sofort sind wir wieder bei dieser quälenden Frage, ob positives Denken vielleicht nicht doch nur eine Flucht vor der Realität ist, eine mühsam zusammengeflickte Konstruktion, die beim ersten leichten Windstoß in sich zusammenfällt. Ich habe die Erfahrung gemacht, dass alles, worüber ich in diesem Buch schreibe, nur dann funktioniert, wenn Sie davon überzeugt sind, wenn Sie wissen, dass es geht. Denn etwas, das Sie wissen, lässt keinen Zweifel mehr zu, führt zu Entscheidungen, die auf einem grundsoliden Fundament ruhen und zu Verhaltensweisen, die Sicherheit beinhalten. Solange Sie nur glauben, werden immer wieder Zweifel aufkommen, werden Ihre Entscheidungen sich ändern wie die Windrichtung und werden Ihre Verhaltensweisen weniger durch Sicherheit als durch »Ich versuch's mal« gekennzeichnet sein. Und dann haben Sie das, was viele Anhänger des positiven Denkens haben, die ihren Gurus bedingungslos glauben, anstatt deren Behauptungen zu hinterfragen: ein wackeliges Konstrukt, das bei der kleinsten Erschütterung den Geist aufgibt. Um eben diesen Effekt zu verhindern, weise ich Sie immer wieder darauf hin, mir nichts von dem, was ich hier behaupte, zu glauben. Und genau deshalb stelle ich Ihnen Fragen, deshalb fordere ich Sie auf, Ihr Denken zu überprüfen und nach Beweisen zu suchen, und deshalb erkläre ich Ihnen die Wirkungsmechanismen des positiven Denkens. Selbsterfüllende Prophezeiungen beispielsweise sind für Sie keine böhmischen Dörfer mehr, sondern Sie haben einen Überblick darüber, wie und weshalb sie funktionieren. Sie glauben nicht mehr, dass ein solches Denken über irgendwelche unsichtbaren »Energien«

Ergebnisse verursacht, sondern Sie wissen, dass dahinter ein völlig einfach und logisch zu erklärender Mechanismus steckt. Und Sie wissen auch, dass der Sinn des positiven Denkens nicht in naiver Schönfärberei oder geduldsamem Warten auf Wunder besteht, sondern in der bewussten Ingangsetzung einer selbsterfüllenden Prophezeiung.

> *»Egal, was du über dein Leben,*
> *die Welt oder die Menschen denkst,*
> *du wirst meistens Recht behalten!«*

Jemand, der positiv denkt, verhält sich anders als ein Pessimist und erzielt dadurch auch andere positivere Ergebnisse als eben ein »Schwarzseher«. Dadurch, dass er positivere Ergebnisse erzielt, wird er in seinem positiven Denken bekräftigt, und schon dreht sich die Spirale der selbsterfüllenden Prophezeiung nach oben. Sehen wir uns auch diesen Vorgang an einem Beispiel an:

Nehmen wir an, Sie wären ein bedingungsloser »Positivdenker«, Sie würden sich auf die positiven Aspekte der Vergangenheit, Gegenwart und Zukunft konzentrieren, weil Ihnen das einfach mehr Genuss verschafft, als Trübsal zu blasen. Eine Ihrer positiven Grundeinstellungen könnte zum Beispiel lauten: »Die Welt besteht aus unzähligen Chancen, Geld zu verdienen!« Aufgrund dieser Einstellung werden Sie ein völlig anderes Verhalten an den Tag legen, als ein Zeitgenosse, der felsenfest davon überzeugt ist, dass ihm das Leben keine Chance gibt. Dadurch, dass dieser Satz in Ihrem Kopf ist, werden Sie anfangen, bei allem, was Sie tun, Chancen wahrzunehmen, um Geld zu verdienen. Sie werden Zeitungen aufmerksamer lesen, Sie werden sich eventuell Bücher zu diesem Thema besorgen, Sie werden Kontakte knüpfen, Sie werden eventuell an Ihrem Urlaubsort ausloten, welchen Bedarf die Menschen dort haben, Sie werden sich möglicherweise damit beschäftigen, ob Sie nicht mit Ihrem Hobby noch etwas Geld dazu verdienen könnten und Sie werden einige der Ideen, die Sie haben, in die Tat umsetzen. Sie werden damit sicher nicht immer Erfolg haben, aber dadurch, dass Sie anders handeln als jemand, dem »das Leben keine Chance gibt«, wird die Wahrscheinlichkeit, dass Sie Erfolg haben, steigen. Und diese Erfolge werden Sie anspornen, weiterhin die Welt als einen Ort voll von Chancen wahrzunehmen.

Oder nehmen wir an, Sie hätten die ebenfalls positive Grundeinstellung: »Die Welt ist ein freundlicher Ort!«, dann würde sich diese Einstellung ebenfalls auf Ihr Verhalten übertragen. Sie wären meist gut gelaunt, würden sich an den Schönheiten dieser Welt erfreuen und für jeden Ihrer Mitmenschen ein Lächeln übrig haben. Aufgrund Ihres Auftretens würden andere Ihre Gesellschaft schätzen, man wäre auch meist freundlich zu Ihnen und es würden Ihnen viele Chancen geboten, von denen Pessimisten nicht einmal zu träumen wagen. Das wiederum würde Ihnen tagtäglich bestätigen, dass Ihre Meinung, die Welt wäre ein freundlicher Ort, genau die richtige ist. Wie schnell dieser Mechanismus wirkt, kann Ihnen jeder Arbeitsberater bestätigen. Wenn Sie zwei gleich qualifizierte Arbeitskräfte zur gleichen Firma in ein Vorstellungsgespräch schickten, welcher Kandidat hätte wohl mehr Chancen, den Job zu bekommen: der optimistische, gut gelaunte und freundliche oder der pessimistische, leicht depressive und verschlossene? Und wenn der freundliche Kandidat tatsächlich den Job erhält, dann würde sich für beide die jeweiligen Weltsichten bestätigen. Der Optimist hätte die Bestätigung, dass das Leben voll von Möglichkeiten ist, während der Pessimist wieder einmal den Beweis hat, dass er keine Chancen im Leben bekommt.

> »Jeder Erfolg, egal auf welchem Gebiet,
> beginnt mit der dazu gehörenden Einstellung!«
> (Helmut Lautner)

»Schön und gut«, werden Sie sagen, »was aber ist, wenn der Positivdenker Misserfolge einsteckt, dann funktioniert das doch nicht, mit der selbsterfüllenden Prophezeiung. Dann wird ihm doch seine Denkweise nicht bestätigt, dann ist dieser doch frustriert, dann ist er doch an dem Punkt, wo er sich eingestehen muss, dass er sich nur etwas vorgemacht hat und dass die raue Wirklichkeit eben ganz anders aussieht!«

Sehen Sie, und das ist genau der Punkt, worin sich überzeugte Positivdenker von Leuten unterscheiden, die lediglich versuchen, positiv zu denken. Jemand, der nur oberflächlich glaubt, dass positives Denken funktioniert, wird beim ersten Misserfolg, bei der ersten Situation, die auf den ersten Blick sehr negativ aussieht, umfallen. Sein Glaube hat sich nicht bestätigt. Er glaubt, sich nur vorgemacht zu haben, die Welt wäre ein rosaroter Ort, an dem Probleme nicht existieren. Rufen Sie sich den Satz über Positivdenker von Norman Vincent Peale ins Gedächtnis: »... weigert sich nicht, das Negative zur Kenntnis zu nehmen, sondern weigert sich, sich ihm zu unterwerfen!«. Ein positiv denkender Mensch bleibt also trotzdem Realist, er macht sich nicht vor, dass alles, was auf dieser Welt geschieht, wunderbar wäre, er geht lediglich mit der Realität so um, dass er auch in augenscheinlich negativen Situationen positive Aspekte sucht und sie für sich nutzt. Wenn man so will, ist richtig angewandtes positives Denken (damit meine ich das bewusste Ingangsetzen einer selbsterfüllenden Prophezeiung, nicht naive Schönfärberei, esoterischen Hokuspokus oder kindlichen Wunderglauben) eine Intelligenzleistung, denn Intelligenz wird in der Psychologie unter anderem als »die Fähigkeit, zielgerichtet zu handeln, rational zu denken und sich wirkungsvoll mit seiner Umwelt auseinander zu setzen« bezeichnet. Positives Denken ist auf ein Ziel hin ausgerichtet, nämlich Maximum an Lebensgenuss, es ist rational, also vernunftbezogen, so lange es als Methode benutzt wird, um selbsterfüllende Prophezeiungen in Gang zu setzen, und es hilft dabei, sich mit seiner Umwelt wirkungsvoll auseinander zu setzen, weil es die Erfolgswahrscheinlichkeiten auf vielen Gebieten erhöht. Geht man von dieser Definition aus, wäre negatives Denken alles andere als intelligent. Es ist auf kein Ziel hin ausgerichtet, bestenfalls auf Vermeidungsverhalten. Es ist in den seltensten Fällen vernünftig, weil die Probleme eher vergrößert als beseitigt werden. Eine wirkungsvolle Auseinandersetzung mit der Umwelt findet meist nicht statt, weil eben diese aus Angst vor Enttäuschung vermieden wird.

Jede selbsterfüllende Prophezeiung beginnt mit einer Einstellung, die in Ihrem Gehirn einprogrammiert ist. Wie Sie Ihr Gehirn mit solchen Einstellungen programmieren können, damit hatten wir uns schon beim Thema »Autosuggestion« beschäftigt (siehe ab Seite 120).

Was aber, wenn Situationen schief laufen oder wenn Sie Aufgaben vor sich haben, die Ihnen absolut keinen Spaß machen? Was ist denn so toll an einer unaufgeräumten Küche, einem zerbeulten Auto, einem gekündigten Arbeitsplatz oder einem gebrochenen Bein? Sehen Sie, hier scheidet sich die Spreu vom Weizen. Es ist keine Kunst, positiv zu denken, solange die Welt in Ordnung ist und alles wie geschmiert läuft. Wahre Optimisten haben aber für derartige, auf den ersten Blick negativ erscheinende Situationen bestimmte Taktiken, die ihnen helfen, diese positiv zu nutzen. Hier sind sie.

So konzentrieren Sie sich auf die positiven Aspekte im Falle eines Misserfolgs

Positives Denken ist keine Schutzglocke gegen Misserfolge und Fehlschläge. Jeder erfolgreiche Mensch hat in der Regel wesentlich mehr Fehlschläge als jemand, der nichts wagt und dem Sicherheit über alles geht. Jeder Optimist erlebt während seines irdischen Daseins mindestens genauso viele Fehlschläge wie ein Pessimist. Aber er nimmt sie anders wahr und nutzt sie anders; Fehlschläge sind für ihn Herausforderungen und bieten Chancen, die der Pessimist nie sieht, weil er viel zu sehr damit beschäftigt ist, sich zu ducken.

> *»Fehlschläge lassen sich hervorragend als Pflastersteine*
> *für den Weg zum Erfolg verwenden!«*

Handeln Sie in Zukunft nach den folgenden fünf Regeln, und Fehlschläge werden für Sie zu Herausforderungen, die der Suppe des Lebens erst die richtige Würze geben, anstatt sie zu versalzen!

Regel Nr. 1: Regen Sie sich nie über Kleinigkeiten auf!
99% der Dinge, über die sich der heutige zivilisierte Mensch aufregt, erweisen sich bei näherer Augenscheinnahme als »Pipifax«. Kein Hahn kräht in hundert Jahren danach, dass man Ihnen den Parkplatz vor der Nase weggeschnappt hat oder Ihr Kind das Zimmer nicht aufgeräumt hat! Solange Ihr Leben oder Ihre Gesundheit nicht

bedroht sind, handelt es sich um Kleinigkeiten! Zementieren Sie
sich diesen Grundsatz in Ihre Gehirnwindungen ein, Sie ersparen
sich eine Menge Verdruss damit!

**Regel Nr. 2: Konzentrieren Sie sich nie auf das, was schief
gelaufen ist, sondern auf das, was Sie trotzdem haben!**
Sie kennen das psychologische Phänomen, dass alles, was Sie
beachten, stärker wird. Jede Frustration, mit der Sie sich ausgiebig
beschäftigen, wächst und gedeiht hervorragend. Ihr Gehirn wird
immer in die Richtung denken, die Sie ihm vorgeben. Ich hatte
Ihnen gesagt, dass Gedanken vergleichbar sind mit Saatgut und
dass Sie immer nur das ernten können, was Sie gesät haben. Wenn
Sie sich also gedanklich mit Ihren Fehlschlägen beschäftigen,
können Sie nur Verdruss ernten, genauso wie Sie mit Karot-
tensamen nur Karotten ernten können. Andererseits werden Sie
aber Genuss ernten, wenn Sie sich vor Augen halten, was Sie trotz
eines Misserfolgs besitzen. Solange Sie nicht fähig sind, sich an
Dingen zu erfreuen, die Sie haben, sind Sie auch nicht fähig Ihr
Leben zu genießen, weil Sie das, was Genuss ausmacht, gar nicht
bemerken.

Haben Sie heute schon etwas getrunken? Möglicherweise mag
Ihnen diese Frage äußerst seltsam erscheinen, natürlich haben Sie
heute schon etwas getrunken! Vielleicht einen Kaffee, einen Tee,
ein Bierchen, einen Fruchtsaft, eine Limonade, Mineralwasser oder
etwas anderes. Ist kein Problem für Sie, denn Sie können sich diese
Getränke in der Regel beschaffen. Haben Sie jemals darüber nachgedacht, dass es auf dieser Welt nicht wenige Menschen gibt, die das
nicht können, weil sie die finanziellen Möglichkeiten dazu nicht
haben oder an Orten leben, an denen es keine Getränke gibt? Was
würden Sie machen, wenn Sie mitten in der Nacht heftigsten Durst
verspürten, aber keinerlei Getränke im Haus hätten? Nun, dann
würden Sie wahrscheinlich zur Not Wasser aus Ihrer Wasserleitung
trinken und damit Ihren Durst löschen, nicht wahr?

Wussten Sie, dass beispielsweise in Tadschikistan lediglich ein
Viertel der Bevölkerung Zugang zu reinem Wasser hat und in der
zentralafrikanischen Republik gerade einmal 12% der Bevölkerung?
Oder wie sieht es aus, wenn Sie einmal ernsthaft krank werden? Ist

es für Sie ein Problem, einen Arzt oder ein Krankenhaus aufzutreiben? Wahrscheinlich nicht, denn in Deutschland oder den Vereinigten Staaten kommt ein Arzt auf etwa 300 Einwohner. Wären Sie aber in Ruanda zur Welt gekommen, dann müssten Sie sich mit 40.000 Einwohnern einen Arzt teilen, in Malawi mit 50.000 und in Burkina Faso sogar mit 57.000! Und das könnte im Falle einer ernsteren Erkrankung oder eines Notfalls über Ihr Leben entscheiden. In den reichen Industriestaaten haben Sie zurzeit eine durchschnittliche Lebenserwartung von fast 80 Jahren. Wären Sie aber zufällig in Afghanistan oder Guinea-Bissau geboren worden, dann könnten Sie durchschnittlich nur mit 44 Jahren rechnen, in Malawi mit 45 Jahren und in Dschibuti mit 49 Jahren. In Malawi beispielsweise wäre die Chance, dass sie Analphabet wären, über 50%, und das Risiko, dass Sie Ihre eigene Geburt nicht überlebt hätten, läge bei über 20%!

Machen Sie sich jeden Tag von neuem klar, über welche Reichtümer Sie verfügen! Um diese Zeilen lesen zu können, benötigen Sie beispielsweise Ihre Augen – würden Sie Ihr Augenlicht für 1 Million DM verkaufen? Wahrscheinlich nicht, nicht einmal für einen höheren Preis. Es gibt Menschen, die nicht sehen können, die möglicherweise Millionenbeträge für ihr Augenlicht zahlen würden, aber eben für kein Geld der Welt eines kaufen können. Sehen Sie, wie reich Sie sind?

Auch wenn Sie sich ein Bein brechen, Ihren Wagen zu Schrott fahren oder Ihren Arbeitsplatz verlieren, Sie haben trotzdem genug, an dem Sie sich freuen können. Wenn Sie sich ein Bein brechen, haben Sie Glück gehabt, denn es hätte auch eine Querschnittslähmung sein können. Wenn Sie Ihren Wagen in einem Unfall demoliert haben, haben Sie Glück gehabt, denn Sie sind dabei unverletzt geblieben, und wenn Sie Ihren Arbeitsplatz verloren haben, haben Sie Glück gehabt, denn andere haben in der gleichen Zeit ihr Leben verloren! So kann man die Welt auch sehen ...

Sagen Sie mir einen Grund, nur einen einzigen, der dagegen spricht, die Dinge so zu sehen!

Regel Nr. 3: Suchen Sie positive Seiten und konzentrieren Sie sich darauf!

Alles, was Ihnen im Laufe Ihres Lebens begegnet, birgt zwei Seiten in sich, eine negative und eine positive. Manchmal halten sich beide Seiten die Waage, manchmal überwiegt die positive, ein anderes Mal die negative. Die Kunst des positiven Denkens besteht nun darin, auch in negativen Situationen die positiven Aspekte zu erkennen und sich darauf zu konzentrieren. Lassen Sie mich noch einmal eine Weisheit der Positivdenker wiederholen:

> *»Betrachte immer die helle Seite der Dinge;*
> *und wenn sie keine haben,*
> *dann reibe die dunkle so lange, bis sie glänzt!«*
> (Norman Vincent Peale)

Nehmen wir an, Sie sind ein Mann und stellen fest, dass Ihr Haupthaar langsam, aber sicher dünner und dünner wird und an einigen Stellen Ihres Kopfes bereits die Glatze in vollster Pracht zu bewundern ist. Nun können Sie sich auf die negativen Aspekte, wie Schönheitsverlust, Alter oder schwindende Chancen bei der Damenwelt, konzentrieren und Ihren Verdruss bei jedem Blick in den Spiegel steigern. Oder Sie tragen das Ganze mit Humor und genießen die Vorteile, die eine Glatze mit sich bringt:

- weniger Shampooverbrauch,
- weniger graue Haare,
- auffälliges Leuchten in der Dunkelheit,
- Kämme können auch mit fehlenden Zinken noch verwendet werden,
- Glatzen sind sexy, weil sie von hoher männlicher Sexualhormonkonzentration zeugen,
- endlich wird auch Ihre Kopfhaut im Sommer braun,
- Ihre Haare trocknen nach einem Bad schneller,
- endlich können Sie ein Toupet tragen und damit Form und Farbe Ihrer Haare problemlos selbst bestimmen,
- niemand kann Sie mehr an den Haaren ziehen,
- Sie haben kein Problem mehr mit durch Haare verstopfte Waschbeckenabflüsse,

- Ihnen fallen während des Essens keine Haare mehr in die Suppe,
- Sie benötigen keinen Föhn mehr,
- die Friseurkosten nehmen drastisch ab,
- Sie brauchen keine Angst mehr vor Haarverlust zu haben, denn wo nichts wächst, kann auch nichts verloren gehen usw.

Gut, ich weiß, dass das Glatzenbeispiel etwas »an den Haaren herbeigezogen« ist, doch dieses bewusste Suchen nach positiven Seiten ist beispielsweise in der Werbebranche eine Grundvoraussetzung, um Produkte an den Mann/die Frau zu bringen.

Nicht selten haben nämlich bestimmte Produkte Eigenschaften, die auf den ersten Blick eher ungünstig erscheinen. Beispielsweise knittern manche Stoffe und daher auch sämtliche Kleidungsstücke, die daraus gefertigt werden. Nun, was tat die Modeindustrie, um der Kundschaft knitternde Bekleidung verkaufen zu können? Sie erfand den »Knitterlook«, und während vorher niemand ein knitterndes Kleidungsstück gekauft hatte, war es über Nacht zum »letzten Schrei« geworden.

Oder denken Sie an das relativ bekannte Getränk »Schweppes«. Diese Erfrischung ist so bitter-sauer, dass es den Leuten beim Trinken automatisch die Gesichtszüge entgleisen lässt – nicht unbedingt das, was man mit »angenehm« bezeichnen würde. Und genau diese durch den sauren Geschmack verzerrten Gesichter nahm Schweppes dazu her, den Konsumenten klarzumachen, wie toll dieses Getränk wirkt. Vielleicht erinnern Sie sich noch an den Slogan: »Keine Erfrischung ohne Schweppes-Gesicht«, das heißt aus einem Nachteil wurde ein Vorteil gemacht.

Auch im Obsthandel bediente man sich dieses Prinzips, indem man Äpfel, die durch Hagelschaden Beulen und Flecken davongetragen hatten und damit eigentlich sehr schlecht zu verkaufen waren, kurzerhand als Freilandäpfel deklarierte, die noch in unbelasteter Natur gewachsen wären und durch Unwetter und Kälte ein ganz besonderes Aroma entwickelt hätten. Es erübrigt sich, zu sagen, dass derartige Äpfel in der Gunst des Verbrauchers trotz ihrer offensichtlichen Mängel erheblich stiegen ... Was haben die cleveren Unternehmer gemacht?

> *»Wenn dir das Leben eine Zitrone zuwirft,*
> *mach Limonade daraus!«*
> (Dale Carnegie)

Der Schlüssel zum Lebensgenuss besteht darin, die Dinge so zu interpretieren, dass sie trotz offensichtlich negativer Aspekte positiv verwendet werden können. Wenden Sie diese Form der Interpretation beharrlich an, wird sie zur Gewohnheit und damit zur Weltsicht. Und es ist Ihre Sicht der Dinge und der Welt, die letztendlich darüber bestimmt, wie Ihr Leben verlaufen wird! Finden Sie doch einmal die positiven Aspekte in folgenden Situationen!

1) Ihr Konto ist überzogen.

_____

_____

2) Sie haben Ihre Arbeit verloren.

_____

_____

3) Man hat Ihnen die Wohnung gekündigt.

_____

_____

4) Das Finanzamt will von Ihnen 5.000 DM Einkommensteuernachzahlung.

_____

_____

5) Ihr Arbeitskollege haut Sie in die Pfanne, wo es nur geht.

_____

_____

6) Sie haben schon einige Anläufe hinter sich, aber der große Erfolg hat sich noch nicht eingestellt.

_____

_____

Suchen Sie die positiven Seiten dieser Situationen, kommen Sie nicht mehr mit Ihrem alten »Das geht nicht!« oder »Ich kann das nicht!« daher. Diese Zeiten sind für Sie endgültig vorbei, die »Ich kann nicht«-Krankheit steht Ihrem Genuss im Wege und deshalb werden Sie sie ablegen, nicht irgendwann, sondern jetzt gleich! Also finden Sie die positiven Seiten dieser sechs Situationen, auch wenn Ihnen diese Übung lästig erscheinen mag, denn konstruktiver Optimismus entsteht durch *Arbeit an sich selbst*, nicht durch verständnisvolles Nicken oder Verharren in Althergebrachtem.

Eine sichere Methode, wie Sie jedes positive Denken sabotieren können, besteht darin, in dem Moment, wo Sie die positiven Seiten einer Sache entdeckt haben, sich anschließend sofort wieder die möglicherweise negativen Aspekte ins Gehirn zu pflanzen. Bei einem Großteil der Zeitgenossen passiert das schon fast instinktiv. Sie merken gar nicht mehr, wie blind sie für das Positive geworden sind - auf Augenblicke der Erleuchtung reagieren sie sofort mit Verdunkelung. Meist benutzen sie dabei die allseits beliebte

»Ja, aber ...«-Formulierung

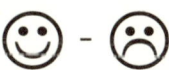

»Mann, ist das Wetter heute schön!« - »Ja, aber morgen soll es regnen!«

»Schönes Sakko haben Sie da an!« – »Ja, aber es war nicht teuer!«
»Ich freue mich auf mein neues Auto!« – »Ja, aber denk an die Raten, die du bezahlen musst!«
»Herrlich so ein Sommerregen!« – »Ja, aber man wird nass dabei!«
»Diese Hunde sind aber putzig!« – »Ja, aber die scheißen immer alles voll!«
»Was für ein herrlicher Sonnenuntergang!« – »Ja, aber die Moskitos bringen mich noch um!«

Vielleicht kennen Sie diese Formulierungen irgendwoher? Es muss sich dabei nicht unbedingt um eine »Ja, aber ...«-Formulierung handeln, sehr beliebt sind auch »Na ja, schon, doch ...«, »Stimmt schon, nur ...« oder »Denk aber auch an ...«. Egal, wie sie formuliert sind, gemeinsam ist allen diesen Reaktionen, dass jeglicher Genuss sofort »abgetötet« wird und damit das weit verbreitete negative Weltbild wieder seinen rechtmäßigen Platz erhält. Es ist für viele zur Gewohnheit geworden, nicht mehr bedingungslos genießen zu können. Dass es morgen regnen könnte, dass dieses Sakko nicht teuer war, dass man für ein Auto Raten bezahlt, dass man bei einem Sommerregen unter Umständen nass wird, dass junge Hunde eventuell ihr Geschäft auf dem neuen Teppich erledigen oder dass es im Sommer Moskitos gibt, das weiß der Betreffende doch in der Regel. Er braucht sich in dem Moment, wo er diese Dinge genießt, nicht damit zu beschäftigen, für Genuss reichen die positiven Seiten völlig aus! Wenn Sie sich beispielsweise einen herrlichen Sonnen-untergang ansehen, sich aber dabei gleichzeitig von fünf kräftigen Männern zusammenschlagen lassen, wie viel von diesem Sonnen-untergang werden Sie genießen können? Oder wenn Sie sich eine lecker belegte Pizza schmecken lassen möchten und gleichzeitig kippt Ihnen jemand einen Liter Schokoladensoße darüber, was wäre dann noch da, das Sie sich schmecken lassen könnten?

Deshalb gewöhnen Sie sich bezüglich Ihres Lebensgenusses »Ja, aber ...«-Sätze ab. Nehmen Sie die Dinge positiv, suchen Sie nach den positiven Seiten und lassen Sie sich weder von Ihren alten Gewohn-heiten, sprich Ihrem inneren Schweinehund, noch von anderen Schwarzmalern den Genuss am Leben verbauen. Zugegeben, man wird Sie dann für »nicht mehr normal« halten und Ihnen immer wieder vor Augen halten, dass vieles im Leben eben nicht positiv ist und Sie lediglich auf einer rosaroten Wolke herumschweben.

Lassen Sie sich davon nicht weiter beeindrucken. Sie wissen, dass Sie durch positives Denken nicht den Bezug zur Realität verlieren, sondern lediglich die Realität so nutzen, dass ein Maximum an Lebensgenuss als Ergebnis dabei herauskommt – und das ist eben in unserer Gesellschaft »nicht normal«.

Regel Nr. 4: Lernen Sie bei jedem Misserfolg dazu!
Albert Einstein, Thomas Alpha Edison, Leonardo da Vinci und alle Genies, die jemals auf der Erde gelebt haben und leben, haben eines gemeinsam: Sie hatten bei allen ihren Forschungen, Experimenten und Plänen unzählige Misserfolge hinnehmen müssen. Und weiterhin ist ihnen allen gemeinsam, dass sie diese Fehlschläge nutzten, um dazu zu lernen, um Neueres und Besseres daraus entstehen zu lassen.

> Während Pessimisten bei Misserfolgen aufgeben,
> nutzen sie Optimisten, um dazu zu lernen.

Egal, welchen Misserfolg, welchen Fehlschlag, welchen Schicksalsschlag Sie in Ihrem Leben einzustecken haben, Sie können ihn immer nutzen, um dazu zu lernen. Positiv Denken heißt, alles im Leben zu nutzen, um zu genießen, oder, wenn das nicht möglich ist, Chancen daraus zu entwickeln und dadurch zu wachsen.

> *»Wenn Sie schon hinfallen,*
> *dann fallen Sie nach vorne,*
> *Ihrem Ziel entgegen!«*

Von Tom Watson, dem Begründer der Weltfirma IBM, erzählt man sich folgende Anekdote. Einem Angestellten seiner Firma war ein folgenschwerer Fehler unterlaufen, der das Unternehmen etliche Millionen Dollar kostete. Als der Unglücksrabe in Watsons Büro kam und kleinlaut seinen Job kündigen wollte, sagte Watson seelenruhig: »Sind Sie verrückt? Wir haben gerade für Ihre Ausbildung etliche Millionen Dollar ausgegeben!«

Sie können jedes Ereignis dazu benutzen, neue Erfahrungen zu machen und wertvolle Lektionen zu lernen. Nichts ist so schlecht, dass Sie es nicht noch für Ihre Lebenserfahrung gebrauchen könnten. Als ich vor rund zwanzig Jahren, kurz vor meinem Studium, anfing, in meiner Freizeit alte Autos zu restaurieren, steckte ich mein erstes Restaurationsobjekt durch unsachgemäßes Schweißen in Brand und konnte nichts anderes tun, als zuzusehen, wie das Objekt meiner Begierde völlig ausbrannte. Um mir den Wagen und das Schweißgerät kaufen zu können, hatte ich damals monatelang als Bauhelfer gearbeitet. Vom Schweißen allerdings hatte ich keine Ahnung, weshalb sich ein Großteil des sauer verdienten Geldes in Luft und verkohltes Blech auflöste. Ich weiß noch, wie niedergeschlagen ich damals vor dem rauchenden Wrack stand, Sätze wie »Das hat doch alles keinen Sinn«, »Das kannst du nicht, überlass das Fachleuten!« und »Wieso klappt bei mir nichts?« schossen mir durch den Kopf. Obwohl ich damals noch nichts über positives Denken wusste, tat ich das einzig Sinnvolle: Ich kratzte den Rest des verbliebenen Geldes zusammen und kaufte davon gleich die nächste Rostlaube. Und die brannte mir beim Schweißen nicht mehr ab, denn ich hatte meine Lektion gründlich gelernt. Als ich sie dann allerdings mit einem geliehenen Kompressor ohne jegliche Lackiererfahrung in der heimischen Garage lackierte, sah sie aus wie ein roter Streuselkuchen. Aber das ist eine andere Geschichte, die mir ebenfalls wertvolle Erfahrungen bescherte ...

»Jeder Stolperstein lässt sich auch als Startblock benutzen!«

Jede neue Entdeckung beruht im Endeffekt auf Fehlschlägen. Wie viele Schiffe mussten ergebnislos umkehren, ehe Christoph Columbus Amerika entdeckte? Wie vieler vergeblicher Mischungen bedurfte es, bis man das Schwarzpulver erfand? Wie viele Flugzeugerfinder sind im wahrsten Sinne des Wortes »baden« gegangen, bis das erste Fluggerät wirklich flog? Und wie viele Pfeile verschießt ein Anfänger, bis er das Bogenschießen meisterlich beherrscht? Ohne Fehlschläge ist Lernen und Fortschritt unmöglich. Kenneth Boulding hat einmal gesagt:

*»Nichts ist erfolgloser als der Erfolg –
einfach deshalb, weil man daraus rein gar nichts lernt.
Misserfolg ist das Einzige, woraus wir Lehren ziehen können!«*

Und er hatte zweifellos Recht mit dieser Aussage. Lebenserfahrung und Weisheit beruhen zum großen Teil auf Misserfolgen und Schicksalsschlägen, nicht auf gut gemeinten Ratschlägen der Eltern. Erst die eigenen Erfahrungen, und vor allem das Lernen aus diesen Erfahrungen, ist das, was die Reife eines Menschen ausmacht. Möglicherweise haben auch Sie bestimmte Erfahrungen in Ihrem Leben gemacht, die Sie bewogen haben, dieses Buch zu lesen; vielleicht sehr negative Erfahrungen, die Sie trotzdem nutzen können, um dazu zu lernen und gewisse Dinge in Ihrem Leben zu ändern.

*»Meine Erfolge verbesserten meine Situation,
aber meine Misserfolge verbesserten mich!«*
(M. R. Kopmeyer)

Regel Nr. 5: Handeln statt Klagen
Eine der auffälligsten Eigenschaften so genannter »sonniger Gemüter« besteht darin, auch ungeliebte und lästige Tätigkeiten mit Leichtigkeit und guter Laune zu verrichten. Eine Fähigkeit, um die sie in der Regel heftig beneidet werden, denn sie ist für Lebensgenuss und Erfolg unerlässlich. Jemand, der sich über mühselige oder lästige Arbeit ärgert, der ungeliebte Tätigkeiten vor sich herschiebt, der nicht in der Lage ist, über seinen eigenen Schatten zu springen und Gelegenheiten sausen lässt, weil ihm der Weg dahin zu beschwerlich erscheint, wird weder sein Maximum an Genuss erreichen, noch sonderlich erfolgreich hinsichtlich gesteckter Ziele sein.

Was aber macht denn nun ein Postivdenker bei ungeliebten Aufgaben anders als jemand, dem sie lästig erscheinen? Um das zu verstehen, benötigen wir etwas Grundwissen über Motivationspsychologie. Jemand, der freudig an normalerweise mühselige oder lästige Tätigkeiten herangeht, scheint anders »motiviert« zu sein, als jemand, der diese Tätigkeiten aufschiebt oder lustlos hinter sich bringt. Das ganze Geheimnis, das darüber entscheidet, ob sich jemand mit einer Tätigkeit quält oder sie genießt, scheint in dem Wort »Motivation« zu stecken bzw. in dem »Motiv«, das er hat. Das Wort »Motiv« ist Ihnen aus jedem Krimi bekannt – danach sucht der Kommissar als Erstes bei einem vermeintlichen Mörder. Das Motiv ist der Beweggrund, aus dem der Betreffende so gehandelt hat. Genauso, wie ein Motor ein Auto antreibt, treibt ein Motiv einen Menschen an. Ein Motiv (von lat.: *movere* = bewegen) ist also eine Kraft, die einen Menschen bewegt, bestimmte Dinge zu tun und dadurch ein gesetztes Ziel zu erreichen. Und das ist ein sehr wichtiger Punkt: Wenn ein Mensch kein Ziel hat, dann hat er auch kein Motiv! Wenn ein Mensch aber kein Motiv hat, dann hat er auch keinen Beweggrund, um Verhalten in Gang zu setzen. Und wenn kein Beweggrund für Verhalten besteht, dann erscheint eben dieses Verhalten sinnlos, lästig und mühselig! Und schon lüftet sich das Geheimnis:

Um Spaß an einer Tätigkeit zu haben,
brauchen Sie sich nur auf das damit angestrebte Ziel
und den dadurch erreichbaren Genuss zu konzentrieren!

Die Fragen, die Sie sich zur Bewertung einer Tätigkeit, einer Situation und den damit zusammenhängenden Zielen stellen sollten, sind: »Weshalb tue ich das?« und »Was hat das mit meinem Maximum an Lebensgenuss zu tun?«. Weshalb lesen Sie zum Beispiel dieses Buch? Welches Ziel möchten Sie mit dem Durcharbeiten dieses Buches erreichen? Und was hat dieses Ziel mit Ihrem Lebensgenuss zu tun? Nun, ich kenne Ihre Beweggründe nicht, aber möglicherweise möchten Sie Ihre Lebensqualität verbessern, Ihre Probleme besser im Griff haben, endlich aufstehen und losgehen ...

Ihr Verhalten, das Lesen dieses Buches, ist auf ein Ziel hin ausgerichtet, nämlich Ihren Genuss des Lebens zu maximieren. Wenn Sie sich darauf konzentrieren, wie sich Ihr Leben in ein Feuerwerk von Genuss, Zufriedenheit und Erfolg verwandeln wird, dann werden Sie dieses Buch mit einem ganz anderen Elan durcharbeiten, als wenn Sie jeden Tag mit der Unlust kämpfen müssen, dass Sie jetzt schon wieder zwanzig lange Seiten von Lautners hirnrissigem Geschwafel lesen *müssen*. Und das ist genau das Prinzip, das die erwähnten »sonnigen Gemüter« bewusst oder unbewusst anwenden. Sie konzentrieren sich auf das Ziel, auf den erreichbaren Genuss, nicht auf die lästige oder schwere Arbeit. Dieses Prinzip lässt sich auf alle Bereiche des menschlichen Lebens anwenden. Wenn Sie zum Beispiel eine Schule besuchen und täglich sechs lange Stunden Unterricht haben, dann können Sie sich zu Tode langweilen, gegen jeden und alles sein, unzufrieden sein, dass draußen die Sonne scheint, während Sie Ihre Zeit im Klassenraum verplempern. Oder Sie können sich darauf konzentrieren, wie es sein wird, wenn Sie mit dieser Ausbildung fertig sind, wie Sie sich fühlen werden, wenn Sie das Abschlussdiplom in Händen halten, wie Sie in diesem Beruf arbeiten und Spaß daran haben, wie Sie das verdiente Geld für tolle Sachen ausgeben usw.

Nicht anders verhält es sich mit so lästigen Sachen wie einer nicht aufgeräumten Küche. Sie können entweder dem sich stapelnden dreckigen Geschirr, dem vor Fett glänzenden Boden, den ketchupverschmierten Kacheln oder dem umgeschütteten Kaffee Ihre gesamte Aufmerksamkeit schenken, dann ehrfürchtig vor diesem Berg Arbeit kapitulieren und sich in Ihrem »Ich schaff das nicht«-Gefühl wälzen (hier klopft wieder einmal das Ihnen inzwischen wohl bekannte »Ich kann nicht« an). Oder Sie können sich trotz all dieses Elends auf Ihr Ziel konzentrieren, nämlich den Genuss, den Ihnen eine saubere, aufgeräumte, wohlriechende und blitzende Küche bescheren wird, und während Sie ausschließlich das tun, nebenbei dazu aufräumen und dadurch Ihr Ziel erreichen. Oder denken Sie nur an die Millionen von Diäten, denen sich Männlein und Weiblein mehr oder weniger dauernd unterziehen. Wer wird eine höhere Chance haben, die Diät durchzuhalten: der, der darunter leidet, oder der, der trotz des Fastens fröhlich ist? Um unter einer Diät zu leiden, brauchen Sie sich nur auf das ständige Hungergefühl, auf tolle, wohlschmeckende Speisen und die Tatsache, dass die Pfunde nur grammweise purzeln, zu konzentrieren, und es wird gar nicht lange dauern und Sie sind überzeugt, dass es keinen Sinn hat.

Gewöhnen Sie sich an, bei allem, was Sie tun,
ausschließlich an das damit verbundene Ziel und
an Ihren Genuss zu denken, und die
»Vereinigung der sonnigen Gemüter« wird
ein Mitglied mehr in ihren Reihen begrüßen können!

Kapitel 4
Tun Sie es endlich! Wie lange wollen Sie noch warten?

Der Preis, den Sie bezahlen werden ...

Was müsste ich Ihnen bieten, damit Sie mir dafür Ihr Leben, Ihre Gesundheit und Ihre Freude geben würden? Würden Sie mir für viel Geld Ihre Gesundheit und die glücklichen Momente Ihres Lebens verkaufen? Gäbe es irgendetwas auf dieser Welt, für das Sie bereit wären, Ihr Leben zu lassen? Wie hoch wäre der Preis, für den Sie Ihre Freude am Leben hergeben würden?

Seltsame Fragen, werden Sie vielleicht denken, für keinen Preis der Welt würden Sie auch nur eines davon hergeben. Sicher gibt es Menschen, die ihr Leben für ihre Kinder, ihre Partner, ihre Religion oder ihre politische Weltanschauung opfern würden, wer aber würde seine Gesundheit oder gar sein Leben für einen aufgeräumten Schreibtisch, Pünktlichkeit, seinen Beruf oder soziales Ansehen hergeben? Natürlich keiner! Jeder, dem Sie diese Frage stellen würden, würde entschieden dafür plädieren, dass es solche Dinge nicht wert wären, dafür seine Gesundheit und seine Lust am Leben herzugeben.

Trotzdem können Sie überall auf dieser Welt tagtäglich das Gegenteil beobachten. Führen wir uns nur ein paar typische Fälle zu Gemüte:

Inge. Sie führte ein beschauliches Leben, sie war versorgt, sie hatte ein Heim, sie hatte Kinder, auf die sie stolz war, sie hatte alle erdenkliche Sicherheit, sie würde sich über nichts im Alter Sorgen machen müssen ...

Sicher, ihr Mann schlug sie ab und zu, sicher, sie liebte ihren Mann nicht mehr, sicher, die Kinder waren seit kurzer Zeit aus dem Haus, sicher, sie vertrug sich nicht sonderlich mit ihrer Schwiegermutter, sicher, ihr Mann hielt sie wie in einem goldenen Käfig, sicher, sie hatte sich ihr Leben ganz anders vorgestellt ...

Und eines Tages bekam sie aus heiterem Himmel diesen Panikanfall mitten im Kaufhaus: Todesangst, Atemnot, Herzklopfen bis zum Hals. Nun, sie ging von da an einfach nicht mehr in das Kaufhaus, in der Hoffnung, dann auch so etwas nicht mehr erleben zu müssen. Als sie den nächsten Panikanfall im Bus bekam, fuhr sie von da an nicht mehr Bus, sondern nahm vermehrt das Auto. Als die nächsten Panikanfälle im Auto auftraten, fühlte sie sich daraufhin schon beim Anblick des Wagens beklommen und weigerte sich, in diesen einzusteigen. Sie schränkte ihr Leben immer weiter ein, um nicht von Panik befallen zu werden. Es war ja auch im Grunde ganz einfach, sie brauchte sich nur nicht den Situationen auszusetzen, dann bekam sie auch keinen dieser unangenehmen Anfälle. Schließlich vergrub sie sich in ihrem Haus, sie setzte keinen Fuß mehr vor die Tür, um jeden Panikanfall von vornherein zu vermeiden. Sie nahm Medikamente gegen ihre Ängste, die ihr nicht halfen, sie hörte sich von ihrem Hausarzt an, dass sie sich nicht so dämlich anstellen sollte, ihre Freundinnen zogen sich immer mehr zurück, weil ihnen ihr Verhalten mehr als befremdlich erschien, sie verfiel immer mehr in Passivität und sie glitt schließlich in eine Depression ab, weil sie keinen Sinn mehr in diesem Leben sah.

Aber wie gesagt, sie war versorgt, und sie brauchte sich keine Sorgen zu machen ... .

Franz. Er war einer derjenigen, die das Zeug hatten, sich hochzuarbeiten. Sein Arbeitstag hatte keinen Anfang und kein Ende, die Firma war sein Leben. Er stöhnte zwar immer häufiger über den Stress, er fühlte sich immer häufiger abgespannt und müde, aber er steckte das weg. Seine Kollegen überschütteten ihn geradezu mit Arbeit, denn er nahm alles, was liegen geblieben war. Er übernahm die Arbeit von anderen, denn er konnte nicht Nein sagen. Er war beliebt in der Firma, denn auf ihn konnte man sich verlassen. Selbst abends konnte man ihn noch zu Hause anrufen, Privatleben kannte er nicht ...

Nun, in letzter Zeit wirkte er zwar etwas kränklich, aber er verstand es hervorragend, das zu überspielen. Obwohl er eigentlich ins Bett gehört hätte, schleppte er sich tagtäglich in die Firma. Obwohl er eigentlich keine Kraft mehr hatte, übernahm er noch die Arbeit eines ausgefallenen Kollegen, denn wie gesagt, er konnte nicht Nein sagen. Er war einer, der die Firma am Laufen hielt. Seine Bauchschmerzen nahmen zwar in letzter Zeit immer mehr zu, das Essen wollte auch nicht mehr so richtig schmecken, der Arzt murmelte etwas von einem Magengeschwür, aber er beachtete das weiter gar nicht, es gab ja schließlich Medikamente!

Und dann kam die Nacht, in der er vor Schmerzen fast wahnsinnig wurde, in der er das Gefühl hatte, sein Bauch würde mit glühenden Zangen bearbeitet und seine Eingeweide würden ihm bei lebendigem Leibe herausgerissen. Der herbeigerufene Notarzt ließ ihn sofort ins Krankenhaus bringen, er hatte noch einmal Glück, die Operation rettete sein Leben.

Am nächsten Tag fragte man sich in seiner Firma, wo er wohl bliebe, denn ohne ihn lief bekanntlich überhaupt nichts ...

Weshalb erzähle ich Ihnen von diesen zwei Menschen? Weshalb erzähle ich Ihnen alltägliche Geschichten, die Sie aus den Tageszeitungen, Magazinen und Ihrem Bekannten- und Verwandtenkreis gut genug kennen? Was hat das Ganze mit Ihnen zu tun?

Glück, Lebenszufriedenheit und Erfüllung kann man weder kaufen noch erzwingen. Man kann sie nur erleben. »Erleben« aber bedeutet, dass man so lebt, dass es überhaupt möglich ist, diese Dinge zu erfahren. Jemand, der täglich einen Job verrichtet, der ihm nicht behagt, der einen Partner hat, mit dem er sich nicht versteht, der seine Ziele nicht verwirklicht, der nichts dafür tut, um nach seinen eigenen Vorstellungen leben zu können, jemand, der unter Depressionen, Angstzuständen oder Selbstzweifeln leidet und nicht mindestens stündlich etwas tut, um davon loszukommen, dieser jemand braucht sich nicht wundern, dass Begriffe wie »Glück«, »Zufriedenheit« und »Erfüllung« für ihn Fremdworte sind und auch bleiben. »Glück« ist etwas Aktives, ein Weg, eine Tätigkeit. Glück hat etwas mit »tun« zu tun, nicht mit »warten«.

> *»Wer das tut, was er gerne tut, der wird Erfolg haben.*
> *Wenn wir am Ende unseres Lebens stehen, zählt nicht das,*
> *was wir haben, sondern das, was wir gemacht haben.«*
> (Reinhold Messner)

Glück, Erfüllung und Lebensfreude ist nicht etwas, was von außen über Sie kommt, sondern etwas, was Sie sich erschaffen. Jeder von uns kann sich nur selbst glücklich machen, indem er sich sein Leben so einrichtet, dass er nach seinen eigenen Vorstellungen leben kann, dass er in seinem Privat- und Berufsleben so viele Glücksmomente wie möglich erfährt. Nun, wie Sie inzwischen sicher bemerkt haben, hat Glück etwas mit »Arbeit« zu tun, etwas mit »sich Gedanken machen« und vor allem etwas mit »Gedanken in die Tat umsetzen«. Kein Goldsucher käme auf die Idee, 30 Jahre zu Hause im Schaukelstuhl zu sitzen und darauf zu warten, bis ihm endlich ein großer Goldklumpen aus der Kniescheibe wächst. Keine Katze, die Hunger hat, würde darauf warten, bis endlich eine Maus in ihren Rachen krabbelt und am besten auch noch das Kauen selbstständig organisiert.

Aber fragen Sie einmal einen Menschen, der unter Depressionen, Angstzuständen oder einfach nur unter einer gewissen Unzufriedenheit leidet, was er in dieser Stunde, in den nächsten Stunden, morgen und übermorgen unternehmen wird, um aus diesem Zustand herauszukommen. Meistens ernten Sie mit dieser Frage einen verständnislosen Blick, zumindest erlebe ich das des Öfteren in meiner Praxis, wenn ich mit dieser »unverschämten« Frage daher komme. Lebenszufriedenheit, Genuss und Glück scheinen Dinge zu sein, auf die man offensichtlich warten muss ...

Genießen Sie Ihren Beruf?

Oder leiden Sie auch an dem, was man als »EF-Syndrom« (»Endlich Feierabend« bzw. »Endlich Freitag«) bezeichnen könnte, dieses Sehnen nach dem Feierabend und den Wochenenden, um endlich die

»Alltagslast« abschütteln zu können? Nicht gerade wenige Menschen sehen in ihrem Beruf nur ein Mittel zum Zweck, ein Mittel, um Geld zu verdienen. Täglich wird also die meiste Zeit damit verbracht, etwas zu tun, um dieses begehrte Geld zu verdienen, gelebt in dem Sinn wird dann erst nach Feierabend bzw. an den Wochenenden. Und diese Einstellung zum Beruf führt dazu, ihn als etwas Ungeliebtes anzusehen, etwas, was man möglichst schnell hinter sich bringen will, etwas ausgesprochen Lästiges – das »EF-Syndrom« ist die direkte Folge davon. Jemand, der seine Arbeit widerwillig verrichtet und sich darauf freut, wenn sie vorbei ist, der sich schon am Montag nach dem nächsten Wochenende sehnt, wünscht sich nichts anderes, als dass die Arbeitswoche, also fünf Tage seines Lebens möglichst schnell vergehen sollten. Umgerechnet auf ein Jahr, mit 30 Tagen Urlaub, würde sich dieser Jemand also wünschen, dass etwa 230 Tage des Jahres schnell vergehen sollten. Zwei Drittel des Jahres »lebt« er also nicht, denn er wünscht sich diese Zeit fort. Und wenn man davon ausgeht, dass er etwa 40 Jahre in diesem Beruf bis zu seiner Pensionierung arbeitet, dann hat er es fertig gebracht, 10.000 Tage seines Lebens zu verschwenden! 10.000 Tage! Nicht einen einzigen davon wird er je zurückholen können, so sehr er sich auch anstrengen mag!

Wann immer Sie sich wünschen,
dass ein Tag bald herumgehen möge,
ist das ein Tag, den Sie nicht bewusst gelebt haben,
ein Tag, der Ihnen am Ende Ihres Lebens fehlen wird!

Diese Erkenntnis nutzt Ihnen nichts mehr, wenn Ihr Leben endet, deshalb nutzen Sie sie jetzt, wo Sie mitten im Leben stehen! Beruf leitet sich ab von »Berufung«, was laut Lexikon so viel wie »Bestimmung, Lebensaufgabe« bedeutet. Robert Louis Stevenson prägte vor über 100 Jahren den Satz:

»Den Menschen, der seine Arbeit
unabhängig von Ruhm und Erfolg liebt,
haben die Götter auserkoren!«

Dieser Satz hat in den vergangenen 100 Jahren nichts an Aktualität eingebüßt. Es gibt Milliarden von Wegen, Geld zu verdienen, weshalb sollten Sie sich ausgerechnet den heraussuchen, der Ihnen keinen Spaß bereitet? Nur weil Sie einmal einen Weg eingeschlagen haben, heißt das doch nicht, dass Sie ihn auch zu Ende gehen müssen oder nicht umkehren können.

Was ist dran an einem Beruf, der einen »urlaubsreif« macht?
Wenn Sie sich das Arbeitsverhalten vieler Ihrer Mitmenschen ansehen, dann werden Sie bemerken, dass es in unserer Zivilisationsgesellschaft so etwas wie Urlaub, Wochenenden oder gar Kuren gibt, Einrichtungen also, die dazu dienen, sich von der Arbeit zu »erholen«. Ist das nicht seltsam, dass man sich von der Arbeit erholen muss? Ist es nicht seltsam, dass man einmal oder mehrmals pro Jahr »urlaubsreif« wird, oder dass man nach jahrelanger Arbeit eine Kur benötigt, um nicht krank zu werden? Wie ist es bei primitiven Indianerstämmen im tropischen Regenwald, brauchen die Urlaub, Wochenenden oder gar Kuren? Nun, mir ist nichts Derartiges bekannt, offensichtlich braucht ein Mensch, der einen Sinn in dem sieht, was er tut, nichts dergleichen. Sie werden jetzt argumentieren, dass diese primitiven Stämme ja auch nicht so einen Wohlstand genießen, wie wir ihn haben, dass es bei uns ja auch nicht mehr möglich ist, sich sein Essen selbst zu jagen, seine Kleidung selbst zu fertigen oder sein Haus aus ein paar Ästen selbst zu bauen. Und Sie werden weiter ausführen, dass wir in unserer Zivilisationsgesellschaft eben deshalb Arbeit verrichten müssten, die mit unseren ursprünglichen Bedürfnissen überhaupt nichts mehr zu tun hat und für uns deshalb auch in gewisser Weise sinnlos ist. Sie dient lediglich dazu, Geld zu verdienen, um sich dann mit diesem Geld die Wünsche zu erfüllen, die Genuss versprechen. Karl Marx hat diesen Vorgang einmal treffend als die »Entfremdung des Menschen durch die Arbeit« beschrieben. Und natürlich hätten Sie, falls Sie so argumentieren würden, nicht ganz Unrecht. Es stimmt, dass in unserer Gesellschaft die Arbeit nicht mehr an den Grundbedürfnissen wie Essen, Trinken, Schlafen oder den Sicherheitsbedürfnissen orientiert ist. Was aber wird passieren, wenn Sie einen Beruf nur deshalb ausüben, um damit Geld zu verdienen?

Was wird passieren, wenn Sie Ihre Arbeit unter dem Motto sehen, das ich als Kind oft zu hören bekam: »Zuerst die Arbeit, dann das Spiel!«? Nun, dann wird Arbeit und die Arbeitszeit etwas Lästiges, etwas, was quälend lange dauert, etwas, was man hinter sich bringen will. Und damit wird sie zur vergeudeten Zeit – Zeit aber ist das, woraus Ihr Leben besteht.

Soll Arbeit nicht auch Spaß machen?
Ich habe mich schon als Kind gefragt, wieso Arbeit nicht Spiel und Spaß sein kann, weshalb diese beiden Bereiche so ausschließlich getrennt werden. Ich erinnere mich noch daran, als mein Großvater mir bei meinem Schuleintritt sagte: »Ab jetzt weht ein anderer Wind!«, der Satz hat mich damals schwer beeindruckt, denn offensichtlich wollte er damit andeuten, dass es jetzt mit der »Leichtigkeit des Seins« vorbei war. Und auf eine gewisse Weise hatte er Recht, ab diesem Zeitpunkt tat ich manche Dinge, die mir alles andere als Spaß bereiteten.

Ich will Sie hier nicht mit Episoden aus meiner Schulzeit beglücken, ich nehme an, auch Sie haben die Institution Schule durchlaufen und Ihre Erfahrungen damit gemacht. Von daher wissen Sie, dass für Kinder durchaus der Zwang besteht, Dinge zu tun, die manchmal sinnlos sind bzw. Tätigkeiten auszuüben, die lästig erscheinen. Sie haben als Kind nicht viele Möglichkeiten, sich dagegen zu wehren, denn einerseits sind Sie von den Erwachsenen abhängig, was Nahrung und Wohnung betrifft, andererseits sind Ihnen diese Erwachsenen körperlich und intellektuell überlegen. Also fügen Sie sich in der Regel und bringen Ihre Schulzeit so hinter sich, wie sich das Papa und Mama vorstellen. Möglicherweise ergreifen Sie nach Ihrer Schulzeit einen Beruf, den Sie weniger mit Berufung verbinden, als mit einer gewissen Notwendigkeit, endlich Geld zu verdienen.

Irgendwann aber sind Sie erwachsen, das heißt für Ihr Leben selbst verantwortlich: Kein Papa, keine Mama, kein Lehrer und keine Gesellschaft zwingen Sie mehr, Dinge zu tun, die Ihnen sinnlos erscheinen. Jetzt sind Sie in der Lage, auszukundschaften, ob nicht doch die Möglichkeit besteht, Arbeit und Spaß miteinander zu verbinden. Sie erinnern sich an die Frage, die sich wie ein roter Faden durch dieses Buch zieht? Die Frage »*Stimmt das, was ich denke?*«. Und wenn Sie der Meinung sind, Arbeit und Spaß wären zwei Dinge, die nicht zusammenpassen, dann fragen Sie sich doch einmal, wer Ihnen diesen Blödsinn eingeredet hat, und ob das, was man Ihnen da beigebracht hat, wirklich stimmt! Ob es stimmt, dass Sie eine Arbeit, die Ihnen keine Freude macht, Ihr Leben lang beibehalten müssen, ob es stimmt, dass Sie einen Arbeitsplatz unbedingt behalten müssen, auch wenn Sie dort täglich Verdruss erfahren, ob es stimmt, dass wenn Sie sich einmal für etwas entschieden haben, dieses auch bis zu Ihrem seligen Ende beibehalten müssen!

Fühlen Sie sich wie die Fliege auf der Leimrute?

Ich habe einen Bekannten, der mit seinem Beruf nicht sonderlich glücklich ist. Er arbeitet in einem Holzverarbeitungsbetrieb und seine Tätigkeit dort »kotzt« ihn manchmal mehr, manchmal weniger an, aber sie »kotzt« ihn an, und das permanent. Wann immer ich ihn treffe, sind seine ersten Worte: »Alles Scheiße!«. Er will die Arbeit nicht mehr machen, er sieht keinerlei Sinn darin, aber er bleibt an dieser Arbeitsstelle kleben wie die Fliege auf der Leimrute. Jahr um Jahr vergeht und er dreht sich nur im Kreis: Er »müsse« doch dort arbeiten, wie solle er denn sonst sein Geld verdienen? Eine Argumentation, die ich immer wieder zu hören bekomme, ist, dass man auf den Job, den man ausübt, angewiesen sei, weil man sonst kein Geld verdiene. Und auch hier stellt sich wieder die Frage: »Stimmt das wirklich?«. Stimmt das, dass man nur mit dieser Arbeit, mit diesem Beruf, den man gerade ausübt, Geld verdienen kann?

Wenn wir zu unserem Beamtenbeispiel (siehe Kapitel »Der Zauderer und Zögerer«, Seite 18) zurückgehen, stimmt es, dass man auf dieser Welt nur als Beamter Geld verdienen kann? Nein, natürlich nicht, denn das würde bedeuten, dass jeder, der nicht die Beamtenlaufbahn einschlägt, niemals Geld verdienen würde; man kann genauso in der Computerbranche und selbstständig für seinen Lebensunterhalt sorgen! Dieser Beamte, von denen ich Ihnen erzählt habe, wusste, dass ihm der Umgang mit Computern viel Freude machte, er wusste, dass ihm das wesentlich mehr Freude bereitete als sein todlangweiliger Beamtenjob, er hatte auch genügend Wissen über Computer, um auf diesem Gebiet arbeiten zu können, aber er tat es nicht, er schob es Jahr für Jahr vor sich her, nur um die »Sicherheit« nicht zu verlieren, eine Sicherheit, die, wie Sie wissen, als solche gar nicht existiert.

Sicherheit scheint eines der Hauptbedürfnisse
des zivilisierten Menschen zu sein
und damit auch der größte Hemmschuh für seinen Lebensgenuss;
denn alles, was ein Mensch meint, haben zu müssen,
macht ihn abhängig.
Abhängigkeit und Lebensgenuss aber sind zwei Dinge,
die sich ausschließen!

Das Streben nach Sicherheit wird in dem Moment zum Unsinn, wo der Preis für diese Sicherheit darin besteht, sich langfristigen Verdruss zu bereiten. Und wenn Ihre berufliche Tätigkeit nicht dem entspricht, was wirklich Ihre »Berufung« ist, wenn Sie täglich Arbeiten verrichten, zu denen Sie absolut keinerlei Bezug haben, wenn Sie täglich mit Menschen zusammenarbeiten, mit denen eine harmonische Beziehung für Sie nicht möglich ist, dann wird ein weiteres Verbleiben in dieser Situation unsinnig. Ändern Sie nichts, zahlen Sie den Preis dafür: Ihre körperliche und psychische Gesundheit leidet und Ihr Leben oder ein Teil davon ist mit Verdruss angefüllt. Sie werden mir Recht geben, wenn ich sage, dass es absolut unsinnig ist, an etwas festzuhalten, was Ihnen Schaden bereitet, nur, weil es Ihnen eine fragwürdige Sicherheit vermittelt.

Kein Mensch, der »alle Tassen im Schrank hat«, würde an einer schmerzhaften und eventuell tödlichen Krebsgeschwulst festhalten, nur weil sie ihm die Sicherheit gibt, im Krankenhaus ein Dach über dem Kopf zu haben und tägliches Essen und Trinken ans Bett serviert zu bekommen. Beschäftigen wir uns deshalb mit Ihrer aktuellen beruflichen Situation, lassen Sie uns einmal hinter die Kulissen blicken. Nehmen wir an, Sie könnten noch einmal von vorne anfangen, und Sie bekämen die Garantie, dass alles, was Sie auch beginnen, von Erfolg gekrönt würde. Wie sähe die Tätigkeit aus, mit der Sie sich Ihren Lebensunterhalt verdienen, die Tätigkeit, die Ihnen wirklich Spaß macht, die Tätigkeit, bei der es Ihnen völlig egal wäre, ob es Mittwoch oder Sonntag ist, die Sie nicht als Belastung, sondern als interessant und aufregend ansehen würden, bei der Sie nicht am »EF-Syndrom« leiden würden? Also, was würden Sie tun? Machen Sie sich darüber jetzt Gedanken und seien Sie ehrlich zu sich selbst!

Schritt 1:
Was wäre für Sie Arbeit und gleichzeitig Spaß?

_____

_____

_____

_____

_____

Wie würde ein Tagesablauf in diesem Traumjob aussehen? Wann würden Sie beispielsweise Ihren Arbeitstag beginnen, wie lange würden Sie Pausen machen, wie lange würden Sie arbeiten? Tragen Sie Ihren Wunsch-Tagesablauf doch einfach einmal in die folgende Liste ein.

6 Uhr: _____

7 Uhr: _____

8 Uhr: _____

9 Uhr: _____

10 Uhr: _____

11 Uhr: _____

12 Uhr: _____

13 Uhr: _____

14 Uhr: _____

15 Uhr: _____

16 Uhr: _____

17 Uhr: _____

18 Uhr: _____

19 Uhr: _____

20 Uhr: _____

21 Uhr: _____

22 Uhr: _____

23 Uhr: _____

24 Uhr: _____

Lassen Sie Ihrer Fantasie freien Lauf, gestalten Sie sich einen Tag, an dem Sie Tätigkeiten verrichten, die Ihnen Spaß machen und sich gleichzeitig eignen, Geld zu verdienen. Denken Sie daran, dass, was immer Ihnen Spaß macht, sich jederzeit auch dazu nutzen lässt, Geld damit zu verdienen. Es gibt in unserer Welt so gut wie nichts, für das nicht ein Markt und damit eine Nachfrage bestünde. Wo aber Nachfrage besteht, ergibt sich auch die Möglichkeit, Geld zu verdienen. Sie glauben mir nicht? Nun, das ist auch gut so, ich hatte Sie ja ausdrücklich gebeten, mir nichts zu glauben! Wie alt sind Sie jetzt? Wie haben Sie es geschafft, bisher für Ihren Lebensunterhalt

Geld zu verdienen? War es nicht so, dass Sie einen Beruf gelernt haben und daraufhin eine Arbeit angetreten haben? Oder vielleicht haben Sie auch keinen Beruf gelernt und sich einfach einen Job besorgt? Oder vielleicht leben Sie von der Sozialhilfe? Egal, was Sie im Moment tun, Sie haben eine Möglichkeit gefunden, an Geld zu kommen! Weshalb glauben Sie also, dass es unmöglich sein sollte, mit Tätigkeiten, die Ihnen Spaß bereiten, an Geld zu kommen? Der Weg ist doch derselbe, Sie benötigen ein gewisses Wissen und mit diesem Wissen beschaffen Sie sich den dazu gehörenden Job. Ich kenne Leute, die erst nachdem sie 50 Jahre alt waren, begonnen haben, Medizin zu studieren oder als Heilpraktiker zu arbeiten, weil Sie erst dann reif genug waren, zu erkennen, was ihre wirkliche Berufung ist. Auf der anderen Seite kenne ich einen Arzt, der nach erfolgreichem Medizinstudium seine Arzttätigkeit an den berühmten Nagel hängte und den Beruf des Korbflechters erlernte, sich einen alten Bauernhof zulegte, seine Lebensmittel selbst zieht und ein selbstbestimmtes Leben führt, der offensichtlich auch das gefunden hat, was Beruf sein sollte – Berufung. Doch zurück zu Ihnen. Denken Sie an das bekannte Sprichwort:

> *»Wer immer nur das tut,*
> *was er schon immer getan hat,*
> *wird immer nur das erreichen,*
> *was er schon immer erreicht hat!«*

Und wenn Sie sich bisher mit Ihrer Arbeit unnötig Verdruss bereitet haben, wird es Zeit, einiges daran zu ändern. Ihren idealen Arbeitstag haben Sie schon skizziert, wie steht es aber mit Ihren Fähigkeiten und Ihrem Wissen? Welche Fähigkeiten, welches Wissen, das Ihnen hilft, diesen für Sie idealen Job zu erledigen, haben Sie schon und welches fehlt Ihnen noch?

Schritt 2:
Fähigkeiten und Wissen, das ich schon habe:

_____

_____

_____

_____

_____

Fähigkeiten und Wissen, das ich mir noch aneignen werde:

_____

_____

_____

_____

_____

Das schönste Ziel nützt Ihnen ohne konkreten Aktionsplan überhaupt nichts. Es nützt Ihnen nichts, wenn Sie wissen, wie Ihr
Berufsleben aussehen könnte und welche Fertigkeiten dazu not-
wendig wären. So lange Sie nicht konkret planen, wann und wie Sie
sich diese Fertigkeiten aneignen, werden Sie auch nur zur breiten
Masse der »Eines-Tages-werde-ich-Zeitgenossen« gehören, Menschen, die bis zu ihrem Ende in Vorsätzen und Tagträumereien
schwelgen, Menschen, die ihre Zeit verschwenden, anstatt sie zu
nutzen.

Ich nehme an, Sie haben keine Lust mehr, zu dieser Gemein-
schaft von Verdrossenen zu gehören, denn die Entscheidung, dieses
Buch bis hierhin zu lesen, dürfte Ihnen inzwischen die Erkenntnis
gebracht haben, dass es nur von Vorteil sein kann, die Kontrolle

über sein Leben zu übernehmen. Deshalb nun zum dritten und damit wichtigsten Schritt der konkreten Planung, wann und wie Sie genau tätig werden. Sehen wir uns die drei Schritte vorher noch einmal kurz an:

Schritt 1:
Was genau wollen Sie? (Ihr Ziel)

Schritt 2:
Was benötigen Sie dazu? (Die Mittel, die Ihnen noch fehlen)

Schritt 3:
Was genau werden Sie tun, um sich diese fehlenden Faktoren zu beschaffen, und wann genau werden Sie das tun?

Um praktische Probleme, gleich welcher Art, zu lösen, bedarf es einer bestimmten Vorgehensweise, die ich Ihnen schon als »Wo-ist-die-nächste-Maus-Prinzip« vorgestellt habe. Wenn einer Katze eine Maus »durch die Lappen« gegangen ist, interessiert sie nur, wo die nächste Maus ist, und was sie tun muss, um diese zu erwischen. Und in dem Moment, wo Sie sich beruflich hin zu mehr Genuss verändern möchten, haben Sie ein ähnliches Problem, also wenden Sie einfach auch hier das »Wo-ist-die-nächste-Maus-Prinzip« an! Spielen wir das Ganze zur Verdeutlichung an unserem inzwischen etwas strapazierten Beamtenbeispiel durch. Wie Sie sich erinnern, hatte dieser Mensch durchaus eine Möglichkeit gefunden, Arbeit und Spaß miteinander zu verbinden, nämlich bei einer Tätigkeit, die mit Computern zu tun hat. Schritt 1 wäre also, dass er sich darüber Gedanken macht, was genau er will, »Umgang mit Computern« ist ein »Wischiwaschi-Ziel«, weil es nicht konkret formuliert ist. Will er Computer verkaufen, will er Computer reparieren, will er Computer recyclen, will er Computer selbst herstellen, will er Software entwerfen, will er mit Computern Dienstleistungen erbringen, was genau darf es denn sein? Nehmen wir an, unser Freund wäre sich im Klaren darüber und möchte einen Versandhandel für Computer gründen. Dann käme Schritt 2, die Überlegung, was ihm noch dazu fehlt, diesen Schritt zu tun. Nun, der gute Mann weiß zwar

viel über Computer, Software und anderen technischen Schnickschnack, aber er hat vom Versandgeschäft keine Ahnung, er hat
keinerlei Herstellerkontakte, er weiß nichts über effektive Werbung, über Geschäftsgründung und dergleichen.

Also folgt jetzt, um das Ganze in Gang zu setzen, Schritt 3. Was
ist zu tun, und wann ist es zu tun, um diese Lücken auszugleichen?
Er braucht doch nichts anderes zu tun, als das, was all die anderen
auch getan haben, die in dieser Branche arbeiten. Zu allen diesen
Themen gibt es Bücher, Zeitschriften, Experten, Berater und Anlauf-
stellen, die ihn mit Wissen und Orientierungshilfen versorgen können. Also nehmen wir weiter an, unser angehender Computerver-
sender legt sich folgende Strategie zurecht:

Um etwas über Geschäftsgründung zu erfahren, besucht er ein
Existenzgründungsseminar bei der örtlichen Industrie- und Han-
delskammer. Dort versucht er auch Computer- und Softwareher-
steller ausfindig zu machen. Daneben besorgt er sich Herstelleran-
schriften über einschlägige Computerzeitschriften. Um über effektive Werbung Bescheid zu wissen, besorgt er sich Bücher über einen
Fachverlag für Geschäftsneugründungen. Außerdem informiert er
sich bei den zuständigen Stellen über Existenzgründungsdarlehen
und mögliche staatliche Zuschüsse. Und um nicht gleich ins kalte
Wasser zu springen, arbeitet er zunächst nebenbei in einem Com-
putergeschäft, um die Praxis genauer kennen zu lernen und sich so
wertvolles Insiderwissen zu beschaffen.

Jetzt weiß er also genau, was zu tun ist, um seine Lücken auszugleichen, sodass sich nur noch die Frage stellt, wann er das zu tun
gedenkt. Und um zu verhindern, dass aus diesem »Wann« ein »Irgendwann ...« wird, bietet sich an, das zu betreiben, was man in der
Wirtschaft als »Zeitmanagement« bezeichnet, das heißt die genaue
zeitliche Festlegung, wann eine Tätigkeit erfolgen soll, die als Bau-
stein zur Erreichung eines Zieles dient. Denn nur auf diese Weise
lässt sich Zeit zur Verwirklichung von Zielen einsetzen, nur so lässt
sich Zeit nutzen, um damit bewusst Genuss zu erzielen. Die Zeit, die
Sie hier auf der Erde zur Verfügung haben, können Sie mit einem
begrenzten Vorrat an Wasser vergleichen. Sie können sich die
Hände entweder so waschen, dass Sie dabei den Wasserhahn auf-
drehen, die Hände kurz in den Strahl halten, Sie dann ausgiebig

einseifen und abrubbeln, um sie dann wieder unter den Strahl zu halten und die Seife abzuspülen. So wäscht man sich in der Regel die Hände in unserer modernen Industriegesellschaft, was zur Folge hat, dass sehr viel Wasser während des Einseifens ungenutzt durch den Gulli fließt. Aber das kümmert uns wenig, da wir anscheinend Wasser in unbegrenzten Mengen zur Verfügung haben und man nur den Wasserhahn aufzudrehen braucht, um das Nass in Empfang zu nehmen.

Ganz anders verhält es sich in Regionen, wo Wasserknappheit besteht. Niemand käme dort auf die Idee, während des Einseifens und Rubbelns das Wasser weiter laufen zu lassen. Wasser wird bewusst genutzt, auf diese Art und Weise erzielt man mit weitaus weniger Wasser das gleiche Ergebnis – saubere Hände! Wenn Sie Ihre Lebenszeit mit Wasser vergleichen, werden Sie feststellen, dass Sie davon nur eine begrenzte Menge zur Verfügung haben. Und wenn Sie diese Zeit nicht bewusst nutzen, sondern »durch den Gulli laufen lassen«, dann werden Sie damit eben nicht die gleichen Ergebnisse erzielen können, wie jemand, der seine Zeit nutzt.

Sehen wir uns also Schritt 3 genauer an. Sie wissen inzwischen, was Sie wollen, und Sie wissen, was Sie dazu benötigen, jetzt geht es darum, damit anzufangen, das heißt Zeitpunkte festzulegen, also das »Wo-ist-die-nächste-Maus-Prinzip« in die Praxis umzusetzen. In der Praxis haben sich dafür so genannte Zeitplanbücher bewährt, die wie ein normaler Terminkalender benutzt werden, aber eben zusätzlich so konstruiert sind, dass es damit möglich ist, die Zeit so zu nutzen, dass gesetzte Ziele erreicht werden. Es hat sich ausgesprochen gut bewährt, Dinge, die Sie täglich benutzen, mit Ihren Zielen zu verbinden. Sie erinnern sich daran, dass ich Ihnen geraten hatte, Autosuggestionstexte, Sprüche oder Ziele auf Klebezettel zu schreiben und diese an gut sichtbaren Stellen in Ihrer Wohnung, an Ihrem Arbeitsplatz oder in Ihrem Auto zu befestigen? Sie wissen, dass dieses dazu dient, Ihr Gehirn mit den Programmen zu versorgen, für die Sie sich selbst entschieden haben, denn etwas, mit dem Sie sich auf diese Weise immer und immer wieder beschäftigen, wird auf die Dauer zur Gewohnheit. Nach dem gleichen Prinzip lässt sich nun Schritt 3 so umsetzen, dass Ihr Gehirn mehr oder weniger dauernd damit konfrontiert ist und sich mit Schritten zum

Ziel anstatt lediglich mit guten Vorsätzen beschäftigt. Ob Sie dazu gleich professionell ein Zeitplanbuch benutzen wollen oder einfach gut sichtbare Zettel bevorzugen, spielt eine untergeordnete Rolle, wichtiger ist, dass Sie Ihre Umgebung nach der Ihnen bekannten Methode so präparieren, dass ein »Vergessen« nicht mehr möglich ist. Zum Beispiel können Sie sich Zettel wie den Folgenden zulegen und diese auf Ihren Schreibtisch legen, in der Toilette, am Badezimmerspiegel oder am Autoarmaturenbrett befestigen.

Übung: Ich plane meinen Genuss

Schritt 1:
Was will ich?

_____

_____

_____

Schritt 2:
Was brauche ich dazu?

_____

_____

_____

_____

_____

Schritt 3:
Maßnahmen, die ich durchführe

_____

_____

_____

_____

_____

_____

_____

_____

Schreiben Sie auf diesen Zettel unter Schritt 1 auf, was genau Sie möchten. Dieser Punkt ist deswegen so wichtig, weil er Ihnen hilft, bei dem, was Sie tun, Ihr Ziel nicht aus den Augen zu verlieren. Wenn es Menschen gibt, die das, was Sie erreichen möchten, bereits erreicht haben, dann nutzen Sie diese als Vorbilder. Besorgen Sie sich Bilder von diesen Leuten, Biografien, Interviews, Bücher, Zitate und Ähnliches. Fügen Sie bei Schritt 1 ruhig irgendetwas ein, einen Namen, ein Zitat, ein Bild, einen Zeitungsausschnitt usw., was Sie an dieses Vorbild erinnert. Das Wort »Vorbild« bedeutet, dass Sie sich von Ihrem Ziel ein Bild machen und dieses vor Ihrem geistigen Auge als eine Art Wegweiser postieren. Vorbild bedeutet nicht, dass Sie Ihre Persönlichkeit aufgeben und einem Menschen ähnlich werden möchten, den Sie anhimmeln, wie es oft im Sektenbereich der Fall ist. Ein Vorbild dient lediglich als Kompass – wenn Sie Ihr Ziel erreicht haben, brauchen Sie dieses Vorbild nicht mehr, denn Sie haben es bereits überholt.

Wann immer Sie daran gehen, Ihr Leben zu verbessern, Träume zu verwirklichen und Ziele zu erreichen, ist der entscheidende Faktor, dass Sie sich nicht nur über das »Wie« Gedanken machen, sondern auch das »Wann« exakt planen und in Angriff nehmen – nur dann werden Sie vom »Eines-Tages-werde-ich-Zeitgenossen« zum Baumeister Ihres Lebens.

Wenn Sie nicht über Ihr Leben bestimmen,
wer soll es dann tun?

Wie sieht es mit Ihrem Privatleben aus?

Sie erinnern sich an den Ausgangspunkt dieses Kapitels? Die gleichen Fragen, die Sie sich bezüglich Ihres Berufes gestellt haben,
lassen sich für alle Lebensbereiche verwenden:

>*»Wie würden Sie Ihr Leben ändern,*
wenn Sie wüssten,
dass Sie nur noch ein Jahr zu leben hätten?«
und
»Was würden Sie in Ihrem Leben ändern,
wenn Sie die Garantie hätten,
dass dabei nichts schief gehen könnte?«

Diese Fragen werden Sie von jetzt ab begleiten, sie dienen als
Maßstab für ein erfülltes Leben, denn anhand dieser simplen zwei
Fragen können Sie Ihre derzeitige Lebensposition jederzeit beurtei-
len. Und wenn sich herausstellen sollte, dass es einiges zu ändern
gibt, dann handeln Sie nach den dargestellten Schritten der »3 Ws«.
Die konsequente Anwendung der »Was-will-ich-Was-brauche-ich-
dazu-Wann-tue-ich-es-Methode« (Ihnen als Kenner der Lautner'-
schen Nomenklatur auch unter dem Fachausdruck »Wo-ist-die-
nächste-Maus-Prinzip« bekannt) bringt das, was wahren Erfolg ausmacht: ein Leben nach seinen Vorstellungen, ohne Wenn und Aber,
führen zu können.

Planen Sie Ihr Leben und leben Sie Ihre Pläne!
Damit ist nicht gemeint, dass Sie Ihr Leben verplanen sollten und
zum Sklaven eines überzogenen Kontrollanspruchs werden, sondern dass Sie sich das aneignen, was man unter dem Wort »Selbst-
bestimmung« versteht, dass Sie selbst es sind, der über sein Leben
bestimmt, dass Sie die Richtung angeben, nicht die Gesellschaft, der
Zeitgeist, Erlebnisse Ihrer Kindheit, Ihr Partner, Ihre Vorgesetz-
ten..., aber auch nicht Ihre Trägheit und Ihre Ängste!
Es gibt ein Lied von Udo Jürgens: »Mit 66 Jahren, da fängt das
Leben an, mit 66 Jahren, da hat man Spaß daran ...«, Sie brauchen
gar nicht so lange zu warten, Spaß können Sie auch jetzt gleich

haben! Sehen wir uns doch einmal die wichtigste Dimension Ihres Lebens an, Ihre persönliche Entwicklung:

Nehmen Sie an, Sie hätten die Möglichkeit, die Persönlichkeit zu werden, die Sie schon immer sein wollten. Nehmen Sie an, Ihre gesamte persönliche Entwicklung läge ab jetzt in Ihren Händen, was würden Sie an sich verbessern wollen?

Welche Charaktereigenschaften möchten Sie verbessern?
Selbstsicherheit? Durchsetzungsfähigkeit? Dynamik? Gelassenheit? Heiterkeit?
Was möchten Sie lernen?
Eine Fremdsprache? Schmuck herstellen? Autos reparieren? Steuererklärungen ausfüllen?
Wo möchten Sie leben?
Im sonnigen Süden? Auf dem Lande? In der Stadt? An der See? In den Bergen?
Wie soll Ihr Körper sein?
Leistungsfähig? Fit? Gesund?
Wie soll Ihr Freundeskreis aussehen?
Klein? Groß? Lockere Freundschaften? Enge Beziehungen?
Wie möchten Sie Ihre Freizeit verbringen?
Fremde Länder bereisen? Wandern? Boot fahren? Gärten anlegen?
Was möchten Sie sich zulegen?
Ein eigenes Haus? Einen Hund? Eine Segelyacht? Einen Weinkeller?

Wie lange möchten Sie von all dem träumen? Weshalb eigentlich beginnen Sie nicht, diese Träume Schritt für Schritt in die Realität umzusetzen? Was hält Sie davon ab, sich einmal die Zeit zu nehmen, den ersten Schritt zu tun und alle Ihre Träume konkret aufzuschreiben? Solange Sie nicht wissen, was genau Sie wollen, können Sie weder Ihr Ziel erreichen noch die nötige Motivation aufbringen, um Verhalten in Gang zu setzen.

»Dein Traum wird so lange ein Traum bleiben,
bis du ihn wahr machst!«

Sie sind inzwischen Experte darin, wie man Ziele erreicht, zumindest haben Sie sich das dazu nötige Wissen angeeignet. Aber der beste Experte hat keinerlei Nutzen, wenn er sein Wissen nicht anwendet, wenn er es nicht einsetzt, um Chancen zu nutzen und Wege zu gehen, die sich vor ihm auftun. Träume sind etwas Wunderbares, solange Sie nicht aus unerfüllter Sehnsucht bestehen, sondern als Motor benutzt werden und von Taten gefolgt werden. Nichts von dem, was Sie sich erträumen und worüber Sie die Kontrolle haben, ist unerreichbar. Die Gebrüder Wright träumten vom Fliegen, sie haben es erreicht. Edison träumte von der Glühbirne, er hat sie erfunden. Hannibal träumte davon, mit Elefanten die Alpen zu überqueren, er hat es geschafft. Wo immer Menschen leben, haben sie Träume und immer wieder gibt es Menschen, die diese Träume in die Wirklichkeit umsetzen, anstatt ihnen mit Bedauern nachzuhängen.

Ich träumte schon lange davon, ein Buch über meine Ideen zu schreiben, ein Buch, das anwendbares Wissen vermittelt und anderen dabei helfen soll, ihr Leben zu genießen und ihre Ziele zu erreichen. Ich habe lange davon geträumt, und die Tatsache, dass Sie jetzt diese Zeilen lesen, beweist, dass mein Traum Wirklichkeit wurde. Was also sollte Sie davon abhalten, mit Ihren Träumen genauso zu verfahren?

Nehmen Sie sich die Zeit und gehen Sie den ersten Schritt, schreiben Sie auf, was Sie von Ihrem Leben erwarten!

Meine persönliche Entwicklung

Welche Charaktereigenschaften möchte ich haben?
Wie möchte ich sein?

_____

_____

_____

_____

_____

Was möchte ich lernen, welche Fertigkeiten möchte ich erwerben?

_____

_____

_____

_____

_____

Wo möchte ich leben?

_____

_____

_____

_____

_____

Wie soll mein Körper sein?

_____

_____

_____

_____

_____

Wie soll mein Freundeskreis aussehen?

_____

_____

_____

_____

_____

Wie möchte ich meine Freizeit verbringen?

_____

_____

_____

_____

_____

Was möchte ich mir zulegen?

_____

_____

_____

_____

_____

Nun, gibt es da nicht einiges, was Sie ändern möchten? Wie würde Ihr Leben aussehen, wenn Sie alle diese Dinge erreichen würden? Wie fühlen Sie sich bei diesem Gedanken? Möglicherweise kommen Ihnen bei diesen Fragen Gedanken wie »Ein Mensch, der jedes Ziel erreicht, hat keine Träume mehr« in den Kopf oder »Das ist doch öde, alles zu bekommen«. Und in einer gewissen Weise haben Sie damit auch Recht. Doch die Fähigkeit, sich Ziele zu setzen und diese zu erreichen, betrachte ich lediglich als Mittel zum Zweck. Sie ist nicht die Erfüllung des Lebens, sondern sie zeigt Ihnen, welche

Kraft Ihr Willen hat. Und die Erfahrungen, die Sie auf diesem Weg machen, sind das, was Ihren Charakter, Ihre Persönlichkeit in die Richtung lenkt, für die Sie sich selbst entschieden haben. Durch Zielsetzungen werden Sie zu der Persönlichkeit, die Sie werden wollen. Das alte Sprichwort: »Der Weg ist das Ziel!« beschreibt diesen Sachverhalt mit wenigen Worten. Die Richtung, die Sie einschlagen, bestimmt über Ihren Genuss und Ihren Erfolg, nicht irgendwelche Pfade, die man Ihnen in Ihrer Kindheit aufgedrängt hat.

Sich über sein Ziel im Klaren zu sein, ist der erste Schritt in Richtung Veränderung. Ohne weiteres Zutun wird daraus ein wunderschöner Vorsatz, ein unerfüllter Traum, der sich in die Milliarden von Vorsätzen und Träumen einordnen lässt, die stündlich auf unserer Erde in Trägheit und Untätigkeit enden. Um aus einem Vorsatz ein erreichbares Ziel zu machen, bedarf es, wie Sie wissen, der 3 Ws des »Wo-ist-die-nächste-Maus-Prinzips«.

Was will ich?

Was brauche ich dazu?

Wann tue ich das?

Was Sie wollen, wissen Sie bereits, jetzt ist es an der Zeit, Schritt 2 in die Wege zu leiten. Gehen wir dazu Ihre Liste noch einmal durch. Tragen Sie Ihre Antworten aus Liste 1 noch einmal in diese neue Liste ein und machen Sie sich dann die Mühe, nachzuforschen, was Sie benötigen, um diese Ziele zu erreichen.

Frage 1:
Welche Charaktereigenschaften möchte ich haben? Wie möchte ich sein?
Antwort:

_____

_____

_____

Welche Möglichkeiten bestehen, um mir diese Eigenschaften anzueignen? Was kann ich tun?
(Benutzen Sie das gute alte Brainstorming, das heißt, notieren Sie alles, was Ihnen an Möglichkeiten einfällt, ohne zu zensieren.)

_____

_____

_____

_____

_____

_____

_____

_____

_____

Frage 2:
Was möchte ich lernen? Welche Fertigkeiten möchte ich erwerben?
Antwort:

_____

_____

_____

Welche Möglichkeiten bestehen? Was kann ich tun?
(Wenn Sie beispielsweise Italienisch lernen möchten, können Sie dementsprechende Kurse besuchen, sich Italienisch-Bücher zulegen, Kassettenprogramme anhören, eventuell im Fernsehen dementsprechende Programme ansehen, einen Sprachkurs im Urlaub belegen, einen Italiener suchen, der es Ihnen beibringt, Abreißka-

lender kaufen, mit deren Hilfe Sie jeden Tag eine neue italienische
Redewendung lernen, ein Buch über den Grundwortschatz durcharbeiten usw.)

_____

_____

_____

_____

_____

_____

_____

Frage 3:
Wo möchten Sie leben?

_____

_____

_____

Welche Möglichkeiten bestehen? Was ist zu tun?
(Wie sind die Aufenthaltsbestimmungen? Welche Möglichkeiten
bestehen, dort Geld zu verdienen? Wie sind die Miet-/Immobilien-
preise? Welche Möglichkeiten gibt es, dort eventuell günstiger als
an Ihrem jetzigen Wohnort zu leben? Gibt es Leute, die über ihre
Erfahrungen dort berichten können usw.)

_____

_____

_____

_____

_____

_____

_____

_____

Frage 4:
Wie soll Ihr Körper sein?
Antwort:

_____

_____

_____

Welche Möglichkeiten bestehen? Was ist zu tun?
(Bücher, Trainer, Fitnessstudios, Geräte, Ernährungsumstellung, Jogging, Sportarten, Trainingspläne, zeitlicher Rahmen, Informationsveranstaltungen, Kosten, Gleichgesinnte, Vereine usw.)

_____

_____

_____

_____

_____

_____

_____

_____

Frage 5:
Wie soll mein Freundeskreis aussehen?

_____

_____

_____

Welche Möglichkeiten bestehen? Was ist zu tun?
(Kontaktanzeigen, Vereine, Orte, um Menschen kennen zu lernen, Kurse, Menschen, zu denen ich den Kontakt abbrechen werde, Aktivitäten usw.)

_____

_____

_____

_____

_____

_____

_____

_____

Frage 6:
Wie möchte ich meine Freizeit verbringen?
Antwort:

_____

_____

_____

Welche Möglichkeiten bestehen, was ist zu tun?
(Was habe ich früher getan, was ich jetzt nicht mehr tue, was interessiert mich, was würde ich gerne einmal tun, wozu habe ich sonst zu wenig Zeit?)

_____

_____

_____

_____

_____

_____

Frage 7:
Was möchte ich mir zulegen?
Antwort:

_____

_____

_____

Was ist zu tun?
(Informationen einholen, Geld sparen, Möglichkeiten erkunden, günstig an das Begehrte bzw. die dazu eventuell notwendigen finanziellen Mittel heranzukommen, Zeitungsannoncen studieren, selbst inserieren usw.)

_____

_____

_____

_____

_____

_____

_____

_____

Wie Sie unschwer erkennen, wird die Vorstellung über Ihr Ziel und der Weg dorthin durch Anwendung der ersten beiden Ws schon wesentlich genauer. Dadurch, dass Sie sich schriftlich mit Ihren Träumen auseinandersetzen, nimmt das Ganze klare Formen an. Jede neue Konstruktion, sei es Gebäude, Auto, Computer oder was auch immer, entsteht zuerst auf dem Reißbrett, wird zuerst schriftlich und in Skizzen detailliert ausgearbeitet, bevor es an die praktische Umsetzung geht. Kein Architekt käme auf die Idee, ohne sich Gedanken über benötigte Materialien zu machen und ohne einen Plan zu erstellen, einfach Stein auf Stein zu setzen, um damit ein 20-stöckiges Hochhaus zu bauen. Ein derartiger Bau würde im Chaos enden, die Einzelteile würden nicht zusammenpassen und das Ganze würde, falls es überhaupt fertig werden würde, in sich zusammenstürzen. Das ganze Material und sehr viel Zeit wären durch Planlosigkeit verschwendet.

206

Oder denken Sie an den Automobilbau. Kein Mensch käme auf die Idee, einen Klumpen Metall zu nehmen und mit einem Hammer darauf herumzuklopfen, bis dabei irgendwann zufällig ein funktionierender Motor entstünde. Jeder Neuentwicklung geht vielmehr eine intensive Planungsphase voraus, in der Ziele, Mittel und zeitlicher Umfang des Projekts sorgfältig aufeinander abgestimmt werden. Das fertige Produkt ist dann nur noch das logische Endergebnis dieser wohl durchdachten Planung.

> *»Jede menschliche Errungenschaft begann als Gedanke.*
> *Unklare Gedanken spucken wie eine nasse Rakete.*
> *Zielbewusstes Denken ist wie die Flamme eines Schweißbrenners.«*
> (Raymond Hull)

Und was in allen Lebensbereichen recht ist, kann Ihnen für das Wertvollste, Ihr Leben, nur billig sein. Wenn Sie als Endergebnis ein Leben haben möchten, das Sie nach Ihren Vorstellungen führen können, dann ist es unumgänglich, diese Vorstellungen zu konkretisieren, Mittel und Wege zu finden, und vor allem diese Mittel anzuwenden und diese Wege zu gehen, nicht irgendwann, sondern jetzt. Sie können Ihr ganzes Leben lang auf den Erfolg warten – besser ist, Sie verursachen ihn!

Nachdem Sie nun die Schritte 1 und 2 erfolgreich bewältigt haben, kommen wir schließlich und endlich zum wichtigsten Schritt, dem dritten W, dem »Wann tun Sie was?«. Wenn Sie sich Ihre bisherigen Aufzeichnungen ansehen, werden Sie feststellen, dass die Verwirklichung aller Ihrer Wünsche und Träume unterschiedlich viel Zeit in Anspruch nimmt. So lassen sich beispielsweise bestimmte Freizeitaktivitäten mehr oder weniger sofort, nach Feierabend oder an Wochenenden verwirklichen, während der Wunsch, perfekt italienisch zu sprechen, im Vergleich dazu wesentlich mehr Zeit in Anspruch nimmt. Was jedoch allen Ihren Wünschen gemeinsam ist, ist die Tatsache, dass Sie jetzt sofort mit deren Verwirklichung beginnen können. Deshalb eine wertvolle Regel, die Ihnen hilft, Dinge ins Rollen zu bringen, und die für jeden Erfolg unerlässlich ist:

Wann immer Sie sich ein Ziel setzen, tun Sie sofort etwas für dessen Verwirklichung!

»Sofort« heißt, dass Sie, bevor Sie sich noch mit etwas anderem beschäftigen, einen Schritt in die Richtung Ihres Wunsches tun. Es kommt nicht darauf an, wie groß dieser Schritt ist, sondern dass der Wunsch sofort von Aktion gefolgt wird. Jeder Wunsch, der nicht sofort von dementsprechender Handlung begleitet wird, für den nicht jede noch so kleine Gelegenheit zum Handeln genutzt wird, ist auf dem besten Wege, ein guter Vorsatz zu werden und damit ist, wie es William James einmal formulierte, »der Weg zur Hölle gepflastert«. Jemand, der beschließt, von jetzt an reine Luft statt Nikotinqualm einzuatmen, kann sofort, in diesem Moment, seine angebrochene Zigarettenschachtel wegwerfen, jemand, der von nun an vegetarisch leben möchte, kann sofort, in diesem Moment, einen Einkaufszettel schreiben oder Gemüse und Salat einkaufen, und jemand, der die englische Sprache erlernen will, kann sofort, in diesem Moment, im Telefonbuch unter Volkshochschule, Spracheninstitut usw. nachschauen oder Kontakt zu einem entsprechenden Institut aufnehmen oder in eine Buchhandlung gehen und sich über dazu benötigte Literatur informieren.

»Sofort« ist die mächtigste Waffe gegen »irgendwann«

Auch der längste Weg beginnt mit dem ersten Schritt, und wer diesen Schritt nicht sofort tut, tut ihn irgendwann, und »irgendwann« ist in der überwiegenden Mehrzahl der Fälle lediglich die elegante Umschreibung für »Nie«. Wann immer Sie sich in Ihrem Leben ein Ziel setzen, wann immer Sie sich entscheiden, es nicht mehr länger beim Träumen zu belassen und nicht gleichzeitig mit der Entscheidung bereit sind, den ersten Schritt zu gehen, fragen Sie sich, wie ernst es Ihnen tatsächlich mit dieser Entscheidung ist. Kein Mensch redet mir ein, dass ein Telefonanruf, ein schriftlich skizzierter Plan, ein Brief oder das Studium einer Zeitschrift Dinge sind, die man nicht sofort machen könnte. Trotzdem gibt es genügend Zeitgenossen, die derart »lästige erste Schritte« vor sich herschieben oder andere damit beauftragen. Ich erlebe es in meiner Praxis immer wieder, dass Eltern für ihre erwachsenen Kinder anrufen oder Ehefrauen für ihre Männer. Ich arbeite prinzipiell nicht mit derartigen Klienten, denn wenn ein persönlicher Telefonanruf schon zu viel Aufwand bedeutet, gehe ich davon aus, dass dieser Mensch nicht vorhat, irgendetwas in seinem Leben zu ändern. Mag sein, dass er einen guten Vorsatz hat, das zu tun, mag sein, dass er einen gewissen Leidensdruck hat – aber den Willen, wirklich etwas zu ändern, hat er nicht, denn Willen bedeutet Engagement und Engagement zeigt sich in Handlung, nicht in Warten auf den Weihnachtsmann.

Nun also zum dritten W, dem »Wann?«. Dazu verwenden wir den Ihnen bekannten »Genussplaner«. Dieser Planer lässt sich auf jedes beliebige Ziel anwenden und hilft Ihnen dabei, aus »Wischiwaschi«-Zielen und unerfüllten Träumen durch konkrete Handlungsvorgaben handfeste Realität zu erschaffen. Also: Fotokopieren Sie ihn gleich 100-mal! So lässt er sich zu unterschiedlichen Zwecken und bei allen Ihren Zielsetzungen verwenden.

Nehmen Sie sich die Zeit und arbeiten Sie diesen Genussplaner für alle Ihre bisher notierten Ziele detailliert aus. Dazu benötigen Sie zuerst einmal ausreichend Fotokopien des Planers. Falls Sie jetzt versucht sein sollten, einfach weiterzulesen, weil erstens das Anschaffen von Fotokopien und zweitens das Ausfüllen der Planer für Sie lästig erscheint, denken Sie einen Augenblick über den Grund nach, weshalb Sie sich mit diesem Buch beschäftigen. Denken Sie aber auch über erfolgreiche Leute und Leute mit guten Vorsätzen, die im Land »Irgendwann« leben, nach.

Entscheiden Sie sich jetzt,
zu welchen dieser Menschen Sie in Zukunft gehören möchten
und handeln Sie dementsprechend!

Ich plane meinen Genuss

Schritt 1:
Was will ich?

_____

_____

_____

_____

_____

_____

Schritt 2:
Was brauche ich dazu?

_____

_____

_____

_____

_____

_____

Schritt 3:
Maßnahmen, die ich durchführe:

1 _____

2 _____

3 _____

4 _____

5 _____

Ein schönes Stück Arbeit liegt nun hinter Ihnen und damit haben Sie den Ausgangspunkt für ein sehr interessantes, erfolgreiches und erfülltes Leben geschaffen, das jetzt vor Ihnen liegt.

Es kommt nicht so sehr darauf an, dass Sie sich von vornherein eine begrenzte Zeit, wie etwa ein halbes oder ein ganzes Jahr zur Erreichung mancher Ziele setzen, sondern vielmehr, dass Sie jeden Tag etwas dafür tun, Ihrem Ziel näher zu kommen. Das Prinzip »Der Weg ist das Ziel« ändert Ihr Leben, nicht ein Zeitdruck, zu dessen Sklaven Sie sich machen. Einen Weg beschreiten, beinhaltet, auf eine bestimmte Art und Weise zu leben, und leben tun Sie jeden Tag. Was haben Sie also heute getan, um Ihren Zielen näher zu kommen? Was werden Sie morgen tun, um Ihren Zielen näher zu kommen? Und übermorgen? Ihr Leben besteht im Moment aus diesem Tag, den Sie heute zur Verfügung haben, gestern können Sie nicht mehr und morgen noch nicht nutzen, aber den heutigen Tag, diesen Moment Ihres Lebens, können Sie dazu verwenden, Ihr Leben zu gestalten. »Carpe diem«, »Nutze den Tag«, eine Aufforderung, deren Befolgung seit tausenden von Jahren der Schlüssel zum Erfolg ist. Wann wollen Sie diesen Schlüssel benutzen? Wenn Sie heute noch nichts dergleichen unternommen haben, dann tun Sie es jetzt ...

Sofort!

Kapitel 5
Das 30-Tage-Training

Die nächsten 30 Tage Ihres Lebens ...

Das sind 30 Tage, die Ihr Leben verändern werden. Nun, geneigter Leser, auf das Wissen folgt die Praxis, deshalb möchte ich Sie jetzt einladen, eine Erfahrung zu machen, die für Ihr weiteres Leben von grundlegender Bedeutung sein wird. Ich möchte Sie bitten, 30 Tage lang die Prinzipien anzuwenden, die ich Ihnen in diesem Buch vermittelt habe. Die Tatsache, dass Sie jetzt das Wissen haben, um ein erfülltes und erfolgreiches Leben zu führen, bringt Sie keinen Schritt weiter, wenn Sie das, was Sie wissen, nicht konsequent anwenden. Wissen, das nicht angewendet wird, hat den gleichen Stellenwert wie Nichtwissen, der einzige Unterschied besteht darin, dass viel Zeit damit verschwendet wurde, sich dieses nutzlose Wissen anzueignen. 30 Tage lang konstruktiv und positiv leben dürfte für Sie keine Schwierigkeit darstellen, 30 Tage positive Formulierungen, positive Autosuggestionen benutzen, 30 Tage lang täglich etwas für den Genuss tun, 30 Tage lang daran gehen, Pläne zu verwirklichen. 30 Tage, was ist das schon im Vergleich zu Ihrer Lebenserwartung? Und obwohl 30 Tage eine relativ kurze Zeit umfassen, werden Sie nach dieser Zeit eine Änderung an sich bemerken. Sie werden aufhören, sich in Problemen zu wälzen, Sie werden aufhören, sich aus Ihrem seelischen Gleichgewicht bringen zu lassen und Sie werden die Welt positiver sehen und Dinge in Gang bringen, von denen Sie bisher eventuell nur geträumt haben. Und Sie werden feststellen, dass es keinen Weg mehr zurück in Ihr altes Leben gibt, denn Sie haben Maßstäbe entwickelt, die Ihnen die Sicherheit geben, so zu leben, wie es Ihren Vorstellungen entspricht. Möglicherweise meldet sich nun Ihr alter innerer Schweinehund und erzählt Ihnen etwas von »nicht leicht«, »anstrengend« oder »unmöglich«. Aber wie man mit diesem Geschöpf umgeht, brauche ich Ihnen nicht mehr zu erklären, Sie wissen es längst! Es ist nicht wichtig, ob etwas »schwer« oder »leicht« zu bewältigen ist, die einzige Frage, die von nun an für Sie zählt, ist, ob Sie es wollen oder nicht. Sie kennen die Wirkung von Worten, deshalb streichen Sie »schwer«, »anstrengend« und ähnliche Wörter aus Ihrem Wortschatz, Sie brauchen sie nicht mehr!

Mit den nächsten 30 Tagen legen Sie den Grundstein für Ihre Zukunft. Bedenken Sie, wenn Ihnen bereits die Grundsteinlegung zu viel Aufwand bedeutet, dann können Sie auch kein Haus bauen! Und wenn es Ihnen 30 Tage Ihres Lebens nicht möglich ist, die Kontrolle darüber auszuüben, wie wollen Sie dann jemals ein Leben nach Ihren Vorstellungen führen? Also werfen Sie Ihren inneren Schweinehund über Bord, treten Sie aus dem Club der Schweinehundehalter aus, Sie brauchen ihn nicht, um mit Genuss zu leben, Sie benötigen ihn nur, um sich Verdruss zu bereiten, und genau das möchten Sie ja nicht mehr, nicht wahr?

In meinem ersten Buch »Nimm Dir einfach mehr vom Leben« und im Vorwort dieses Buches habe ich Ihnen die Regeln für ein glückliches Leben genannt, drei einfache Regeln, deren konsequente Befolgung Stress, Sorgen und psychisches Leid aus Ihrem Leben verschwinden lässt.

Regel Nr. 1:
Genieße alles, was dir über den Weg läuft!

Regel Nr. 2:
Wenn du etwas nicht genießen kannst, ändere es!

Regel Nr. 3:
Wenn du etwas nicht genießen und nicht ändern kannst, dann vermeide es, oder akzeptiere es!

Ihre Aufgabe besteht nun darin, 30 Tage bewusst nach diesen drei Regeln zu leben, 30 Tage, in denen Sie nicht »vor sich hin leben«, sondern in denen Sie alles Erdenkliche dafür tun, zu genießen, Ziele zu verwirklichen und Ihr Leben so einzurichten, dass es für Sie sowohl kurz- als auch langfristig Freude statt Verdruss bereit hält. 30 Tage, in denen Sie ausschließlich nach dem Maßstab leben:

Maximum an Genuss – Minimum an Verdruss

Wie Sie wissen, bedeutet das nicht, dass Sie jetzt 30 Tage lang auf einer rosaroten Wolke durch die Gegend schweben. Sie sollen nicht auf Kosten anderer leben und jeglichen Blick für die Realität verlieren, sondern sich in den psychischen Zustand begeben, für den Sie sich entscheiden. Übernehmen Sie die Verantwortung für Ihre Gefühle und Verhaltensweisen und denken und handeln Sie lösungsorientiert. Mit anderen Worten, leben Sie sofort, nicht irgendwann!

Bevor wir zur praktischen Umsetzung dieses 30-Tage-Trainings kommen, möchte ich Ihnen eine wichtige Frage stellen:

Wie viel von dem, was Sie in diesem Buch gelesen haben,
haben Sie bisher auch angewendet?

Ich gehe davon aus, dass Sie dieses Buch nicht in einem Tag konsumiert haben, sondern sich damit schon eine gewisse Zeit beschäftigen, das heißt, Sie haben schon seit geraumer Zeit die Möglichkeit, nach diesen Maßstäben zu leben und Erfahrungen damit zu machen. Wie sieht es also aus bisher? Haben Sie angefangen, Ihr Gehirn zu programmieren, indem Sie sich täglich mehrmals durch positive Autosuggestion auf den dazu nötigen Weg bringen? Benutzen Sie immer noch das Wort »Problem« anstatt denselben Sachverhalt als »Herausforderung« zu betrachten? Was haben Sie für Ihr körperliches Wohlbefinden getan? Inwieweit haben Sie Ihre Umgebung so verändert, dass Sie zu Ihren Zielen passt? Nutzen Sie das Wissen, das in diesem Buch steckt, für sich oder lesen Sie es nur so passiv, wie Sie eventuell auch andere Bücher gelesen haben?

Ich frage Sie das deshalb, weil mir die menschliche Trägheit durch meine tägliche Arbeit und sicher auch durch mein eigenes

Verhalten wohl bekannt ist. Wenn Sie zu denjenigen gehören sollten, die viel lesen, sich großes Wissen aneignen und dann nichts
oder nur wenig davon umsetzen, bedenken Sie, dass der Preis für
eine derartige Trägheit Ihr Lebensgenuss sein wird. Ein Preis, der,
egal, für was Sie ihn bezahlen, zu hoch ist, denn dieser Preis ist es,
der ein erfülltes Leben vom Dahinvegetieren unterscheidet. Wenn
Sie also bisher nur wenig von dem, was wir bisher besprochen
haben, angewendet haben, besteht jetzt noch die Möglichkeit, aus
Ihrem alten Muster auszubrechen und Ihrem Leben die Kehrtwen-
dung in Richtung Genuss zu verpassen. Sollten Sie auch diese
Möglichkeit ungenutzt vorbeiziehen lassen, verschwenden Sie
Ihre Zeit nicht weiter mit diesem Buch. Kein Werkzeug, wie fantastisch es auch funktionieren mag, nutzt Ihnen etwas, wenn Sie
sich weigern, damit zu arbeiten ...

Das 30-Tage-Training

Dieses Training ist so aufgebaut, dass Sie jeden Tag nach den
Prinzipien dieses Buches leben. Ihr absolut oberstes Ziel ist es,
täglich Ihr Maximum an Genuss zu erreichen, das Beste aus jedem
dieser 30 Tage herauszuholen, und zwar unabhängig davon, was
Ihnen an diesem Tag widerfährt. Dieses Training wird Ihnen helfen,
alles, was Sie sich inzwischen angeeignet haben, systematisch anzuwenden und über den überschaubaren Zeitraum von 30 Tagen
hinaus Gewohnheiten und Weltsichten zu entwickeln, die Sie auf
Ihrem weiteren Lebensweg begleiten werden und Ihnen dadurch
die Türen zu einem fantastischen Aufenthalt hier auf diesem Planeten öffnen.

Lange Rede, kurzer Sinn, reden wir nicht lange darüber, fangen
wir an!

Tag 1 und 2
Womit beginnt ein Tag, der mit Genuss enden soll? Richtig, mit
einer Programmierung Ihres Biocomputers unter der Schädeldecke.
Der erste Schritt, mit dem Sie jeden dieser 30 Tage beginnen, ist die
bewusste positive Autosuggestion. Wenn Sie nicht mehr wissen
sollten, wie so etwas funktioniert, lesen Sie bitte noch einmal das

entsprechende Kapitel. Prägen Sie sich das, was ich Ihnen über die Macht der Worte vermittelt habe, gut ein, denn die Wirkung dieser Methode hängt entscheidend davon ab, wie gut Sie sich damit auskennen. Jede Autosuggestion, die nicht nach den bekannten drei Grundregeln formuliert wird, ist wirkungslos bzw. bewirkt unter Umständen das Gegenteil. Das beinhalten die drei Grundregeln:

positive Formulierung,
das so genannte »Als-ob-Prinzip«
und
ständige Wiederholung.

Falls Sie sich unsicher sind, was genau damit gemeint ist, lesen Sie nach! Im Kapitel über Autosuggestion (siehe Seite 120 ff.) hatten Sie sich Ihre persönliche Formel bereits zusammengestellt. Tragen Sie sie bitte hier ein.

Meine Suggestionsformel:

_____

_____

_____

_____

_____

_____

Mit dieser immer gleich bleibenden Formel und der dazu passenden Körperhaltung beginnen Sie von nun an jeden Tag. Verbinden Sie sie mit täglichen Routinetätigkeiten, dann ist gewährleistet, dass Sie sie nicht vergessen können. Zum Beispiel lässt sie sich hervorragend mit der allmorgendlichen Toilette, der täglichen Fahrt zur

Arbeit, der Frühstückspause, mit dem Mittagessen, dem Arbeitsschluss, dem Abendessen oder anderen täglich wiederkehrenden Tätigkeiten kombinieren. Dieses Prinzip wird seit Jahrtausenden in allen Kulturen angewendet. Moslems beten zu bestimmten, immer gleich bleibenden Zeiten, manche Christen beten vor jeder Mahlzeit, der Engländer nimmt seinen »5-Uhr-Tee«, in südlichen Ländern hält man zwischen 12 Uhr mittags und 15 Uhr Siesta, kurzum: Viele wichtige Dinge werden schon immer mit bestimmten Zeiten gekoppelt und auf diese Art und Weise automatisiert, wiederholt und gefestigt.

> Richten Sie es so ein, dass Sie sich
> mindestens 12-mal täglich
> ausgiebig mit Ihrer Suggestionsformel beschäftigen.

Mit »ausgiebig beschäftigen« meine ich, dass Sie die betreffende Formel mehrmals bewusst laut oder leise aussprechen, genauso, wie ein gläubiger Mensch bewusst betet und nicht das Gebet lediglich unbeteiligt herunterleiert. Und um die Wirkung noch zu verstärken, schreiben Sie sich Ihre Formel auf Zettel und bringen diese überall dort an, wo Sie sich tagsüber gewöhnlich aufhalten. So macht man Nägel mit Köpfen, nicht indem man halbherzig eine Formulierung auswählt, diese dann ein paar Mal lustlos vor sich hinsagt, um sie dann für die nächsten zwei Wochen wieder zu vergessen und um sich damit unbewusst zu bestätigen, dass der ganze »Psychoquatsch« doch nichts nützt.

Tag 3

Sie starten auch diesen Tag mit Ihrer Autosuggestionsformel, die Sie ja inzwischen von etlichen Zetteln in Ihrer Umgebung anlacht. Aber das ist nicht alles, was Sie an Zetteln anbringen. Sie erinnern sich an die konstruktiven Sprüche, die Sie im Kapitel »Quelle der Lebensweisheiten« für sich ausgewählt haben? Sprüche, Sprichworte und Lebensweisheiten, die genau auf Ihre jetzige Situation zugeschnitten sind! Schreiben Sie diese einzeln auf große Zettel und bringen Sie diese ebenfalls an Stellen an, die Sie täglich mehrmals im Blick haben.

Meine konstruktiven Sprüche:

_____

_____

_____

_____

_____

_____

_____

_____

Tag 4 und 5

Nachdem nun Ihr Tag mit Power beginnt, leben Sie diesen Tag als Problemlöser, nicht als Problemwälzer. Was immer Ihnen heute passiert, ist für Sie eine »Herausforderung«, kein »Problem«. Was immer Ihnen an diesem Tag widerfährt, wird ausschließlich unter dem Aspekt »Lösung« betrachtet. Lösung bedeutet Herausforderung, nicht Bedrohung. Jede Herausforderung (früher als »Problem« bezeichnet) gehen Sie heute mit dem »Wo-ist-die-nächste-Maus-Prinzip« an. Genau wie eine Katze, der gerade eine Maus durch die Lappen gegangen ist, sofort die nächste Maus sucht, anstatt sich in negativen Gefühlen und Verdruss zu wälzen, tun Sie das heute auch.

»Lösung« heißt: Was will ich? Was ist dafür zu tun? Wann tue ich das? Das sind drei klare, einfache Fragen, mit denen Sie Ihren Zielen näher kommen, anstatt sich in Verzweiflung zu wälzen. Gewöhnen Sie sich an, auf jede Art von Herausforderung, die Ihnen im Leben begegnet, sofort mit diesen Fragen zu reagieren, damit sparen Sie eine Menge Energie und wertvolle Zeit. Und um Ihr Gehirn darauf zu programmieren, nehmen wir ...?

Richtig, Zettel! Ich weiß, inzwischen dürfte Ihre Umgebung schon ziemlich mit Zetteln zugekleistert sein, aber es gibt kein besseres und einfacheres Mittel, um Ihren inneren Schweinehund zu bändigen. Programmieren heißt Wiederholung, und Zettel, die sich permanent in Ihrem Blickfeld befinden, sorgen geradezu automatisch dafür, dass sich Ihr Gehirn mit den Inhalten beschäftigt, die Sie ihm vorgeben. Wenn diese Inhalte für Sie zur Gewohnheit geworden sind, benötigen Sie diese Zettel nicht mehr, denn Sie haben dann Maßstäbe für Ihr Leben entwickelt, die unauslöschlich in Ihren Gehirnwindungen eingraviert sind. Also, hier ein weiterer Zettel für Ihre Eigenprogrammierung:

Wo ist die nächste Maus?

➜ Lösungen!

Was will ich?
Was ist zu tun?
Wann tue ich das?

Tag 6 und 7
Heute und morgen beschäftigen Sie sich mit den Worten, die Sie gewohnheitsmäßig tagtäglich benutzen, um sich, Ihre Umwelt und Ihre Situation zu beschreiben. Sie wissen inzwischen, dass Worte ganze Assoziationslawinen in Ihrem Gehirn lostreten. Alle Worte, die geeignet sind, Verdruss aufrecht zu erhalten, brauchen Sie nicht mehr. Die Welt, in der Sie leben, und die Welt, wie Sie sie erleben, hängt zum großen Teil von Ihrer Beschreibung dieser Welt ab. Wenn Sie einen Sachverhalt als »Problem« bezeichnen, werden Sie diesen Sachverhalt anders erleben, als wenn Sie ihn als »Herausforderung« ansehen. Wenn Sie sich einreden, etwas zu »müssen«, werden Sie sich mehr unter Druck fühlen, als wenn Sie etwas »wollen«. Wenn Sie etwas als »furchtbar« oder »schlimm« ansehen, werden Sie ein unangenehmeres Gefühl haben, als wenn Sie den gleichen Sachverhalt mit »nicht ganz optimal« bezeichnen. Und wenn Sie sich dazu noch einreden, irgendetwas »nicht aushalten«

oder »tun zu können« (die »Ich-kann-nicht-Krankheit«), werden Sie in Ihrem Leben weitaus mehr Verdruss erfahren als jemand, der Schicksalsschläge aushalten und Herausforderungen angehen kann. Hier der nächste Zettel für Ihre Sammlung! (Ich hoffe, Sie denken jetzt nicht: »Wo soll ich denn den noch hinhängen?«, damit wären Sie leider auf dem besten Wege zu »Ich-kann-nicht« ...)

Ich ersetze ab heute

»Problem« und »Schwierigkeit«
durch
»Herausforderung«

»Ich muss«
durch
»Ich will, ich entscheide mich für ...«

»Du musst«
durch
»Ich möchte, dass du ...«
»Du kannst dich entscheiden für ...«

»Die Welt muss ...«
durch
»Es wäre schön, wenn ...«

»Furchtbar, schrecklich, Katastrophe«
durch
»unangenehm, nicht ganz optimal,
große Aufgabe«

»Ich kann nicht«
durch
»Ich kann, ich werde es tun, mal sehen«

Achten Sie von jetzt an jeden Tag darauf, welche Worte Sie in den Mund nehmen, um Ihre Welt damit zu beschreiben. Sie sind in der Lage, jedes Wort, das in Ihrem Kopf negative Assoziationen weckt, durch ein besseres auszutauschen, heute noch und jetzt gleich!

Tag 8 und 9
Nachdem Sie auch diesen Tag mit Autosuggestion begonnen haben, hat dieser Tag alles, um der exzellenteste, fabelhafteste, großartigste und außergewöhnlichste Tag Ihres bisherigen Lebens zu werden! Was immer Ihnen heute passiert, wer immer Ihnen heute über den Weg läuft, heute ist der Tag der Superlative. »Fantastisch« und »perfekt« sind Worte, die Ihnen von nun an immer häufiger über die Lippen kommen. Kraftvolle Worte sind das Geheimnis einer kraftvollen Welt. Sie können mit Ihrem Gehirn jede Wirklichkeit erschaffen, die Sie möchten, weshalb also nicht eine fabelhafte und großartige? Schwelgen Sie heute in Superlativen! Dazu ein paar Antworten, die Sie richtig hoch bringen:

»Wie geht es Ihnen heute?«
▶ Fantastisch, großartig, kometenhaft!

»Wie finden Sie das Wetter?«
▶ Phänomenal, exzellent!

»Wie schmeckt Ihnen der Kaffee?«
▶ Unglaublich, unbezahlbar!

»Wie finden Sie es, an der Kasse anzustehen?«
▶ Ekstatisch, erfrischend!

»Wie ist Ihre Stimmung heute?«
▶ Turbogepowert!

Lassen Sie heute Ihre Umwelt teilhaben an Ihrer fantastischen Laune! Sorgen Sie dafür, dass nicht nur Ihr Tag großartig wird, sondern auch der Ihrer Mitmenschen.

Tag 10 und 11
Sie betreiben inzwischen täglich Autosuggestion und Ihre Umgebung ist mit Zetteln zugekleistert. Sie lösen Herausforderungen sofort, anstatt an Problemen zu verzweifeln. Sie vermehren täglich Ihren positiven Wortschatz und auch heute steht Ihnen wieder ein bärenstarker Tag bevor. Heute leben Sie nach der alten Positiv-Denker-Weisheit:

»Betrachte immer die helle Seite der Dinge – und wenn sie keine haben,
dann reibe die dunkle so lange, bis sie glänzt!«

Ab heute positiv! Alles, was Sie heute interessiert, ist die Frage: »Wie kann ich das, was mir gerade passiert, nutzen, um mein Leben zu genießen?« Also, was ist positiv ...

an Ihrem Frühstück • am heutigen Wetter • an Ihrer Arbeit • an Ihren Mitmenschen • an der unaufgeräumten Küche • an Ihrem unordentlichen Kind • an Ihren grauen Haaren • an Ihrem Mittag-/Abendessen • am Tag/an der Nacht • an ...?

Heute sind Sie ein Detektiv, heute finden Sie die verborgene Seite der Dinge, die Ihren Mitmenschen meist entgeht. Die negative Seite einer Sache zu sehen, das kann jeder, die positive zu enthüllen, ist eine Kunst, ist ein Stück Lebensweisheit. Suchen Sie das Positive, finden Sie es und freuen Sie sich unverschämt daran.

Tag 12
Heute ist der Tag, an dem Sie Ihren Körper für das nutzen, wofür er gedacht ist: zur Bewegung und um sich darin wohl zu fühlen. Ihr Gehirn ist inzwischen mit Autosuggestion, Wortwahl und positivem Denken ausgiebig beschäftigt, sodass Sie jetzt Zeit haben, die anderen Komponenten eines erfüllten Lebens zu erfahren. Um in das Thema einzusteigen, überfliegen Sie ruhig noch einmal das Kapitel über den Genuss, der durch den Körper kommt. Und wenn Sie das getan haben, machen Sie sich sofort an die praktische Umsetzung des dort Gesagten.

Bewegen Sie sich

Falls Sie es nicht ohnehin schon tun, wann sind Sie zuletzt bewusst und nur zur Freude gelaufen, gejoggt, geschwommen oder Fahrrad gefahren? Wann haben Sie zuletzt Ihren Körper lustvoll gespürt, wann waren Sie das letzte Mal sexuell aktiv? Sind Sie auch einer, den man mit dem schmeichelhaften Fachbegriff »Couch-potatoe« tituliert und der täglich tausend Ausreden findet, warum er sich ausgerechnet jetzt und heute *nicht* bewegen kann? Nun, dann entgeht Ihnen eine Menge an guter Laune und Energie. Heute ist der Tag, an dem Sie anfangen, zu joggen oder zumindest im flotten Tempo spazieren zu gehen. Achten Sie darauf, was Ihnen Ihr »innerer Schweinehund« an Ausreden anbietet, um ausgerechnet heute die ausgiebige Bewegung zu vermeiden: Ist es das schlechte Wetter, keine Zeit, das außergewöhnliche Fernsehprogramm, das nur heute läuft, die unpassende Kleidung, das Ausgelaugtsein durch die Arbeit, keine Lust ...? Machen Sie sich keine Sorgen, Ihr innerer Schweinehund wird Ihnen logisch klingende Begründungen zuhauf liefern, weshalb Sie das Ganze auf »morgen« verschieben sollten. Bewegen Sie sich ab heute täglich mindestens eine Stunde, joggen Sie, schwimmen Sie, fahren Sie Fahrrad, gehen Sie spazieren, spüren Sie Ihren Körper, regen Sie ihn an, Glückshormone zu produzieren und schädliche Stressveränderungen abzubauen. Entscheiden Sie sich jetzt, ob Sie oder Ihr innerer Schweinehund die Lenkung Ihres Lebens innehaben, und denken Sie daran, weshalb Sie ausgerechnet dieses Buch zur Hand genommen haben ...

Tag 13

Heute beginnen Sie damit, die Mundwinkel bewusst nach oben zu tragen! Wie wäre es mit einem weiteren Zettel für Ihre »Zettelwirtschaft«?

☞ **Lächeln!**

223

Egal, was Sie gerade tun (natürlich nicht unbedingt bei einer Beerdigung), gewöhnen Sie sich ab heute an, es mit einem Lächeln im Gesicht zu tun. Wenn Sie frühmorgens aufstehen, rekeln und dehnen Sie sich mit den Mundwinkeln nach oben. Lächeln Sie beim Frühstück vor sich hin, fahren Sie grinsend Auto, gehen Sie quietschvergnügt zur Arbeit ...

Ab heute werden Sie mit Sonne im Gesicht zu Mittag speisen, lächelnd Ihre Arbeit erledigen, lächelnd einkaufen, lächelnd nach Hause kommen, kurzum: eine Fröhlichkeit an den Tag legen, die »nicht mehr von dieser Welt« ist.

Lächeln Sie,
geben Sie Ihrem Gesicht den Ausdruck,
der zu dem Leben passt, das Sie haben wollen!
Lächelnd werden Sie jeden Tag Ihre Autosuggestion betreiben,
lächelnd werden Sie die positiven Seiten der Dinge suchen,
lächelnd werden Sie mit Herausforderungen umgehen ...
Lächeln Sie – und die Welt gehört Ihnen!

Tag 14 und 15
Na, Sie lächelnder, joggender, Autosuggestion betreibender, positive Seiten suchender, Herausforderungen liebender Mensch, verändert sich schon langsam, aber sicher Ihr Leben? Noch nicht genug? Nun, dann setzen wir doch noch eins drauf! Heute beschäftigen Sie sich mit Ihrer Körperhaltung. Überfliegen Sie zur Orientierung noch einmal das entsprechende Kapitel. Wie Sie inzwischen wissen, besteht zwischen Ihrer Körperhaltung und Ihrer psychischen Verfassung eine enge Verbindung. Lebensbejahende Genießer haben eine völlig andere Körperhaltung als »arme Hascherl«, denen einmal wieder alles schief gelaufen ist. Ich sage nur: »Als-ob-Prinzip«. Sie wissen, dass der erste Schritt in Richtung Veränderung darin besteht, so zu tun, als ob der erwünschte Zustand bereits eingetreten wäre. Dieses Prinzip wenden Sie bereits seit Tagen bei Ihrer Autosuggestion an, jetzt nutzen wir die gleiche Vorgehensweise bei Ihrer Körperhaltung.

Brainstorming: Die positive Körperhaltung

Wie bewegt sich jemand, der gut gelaunt ist? Wie steht jemand, der gut gelaunt ist? Welchen Gesichtsausdruck hat so eine Person? Welche Gestik? Welche Stimmlage? Was machen seine Augen? Wie trägt er seinen Kopf? Wie weit bewegen sich seine Arme beim Gestikulieren vom Körper weg? Wie groß sind seine Schritte? Wie sitzt er? Wie ist sein Händedruck? Wo sind seine Schultern? In welcher Stellung befindet sich seine Wirbelsäule? Wie fühlt sich dieses Gefühl im Körper an?

Heute ist der Tag, an dem Sie mit einem »gut gelaunten Körper« durch die Gegend rennen. Sie werden sich ab heute angewöhnen,

- sich locker zu bewegen,
- aufrecht und breit zu stehen,
- ein Lächeln im Gesicht zu tragen,
- große und weite Gestik zu benutzen,
- keine Angst davor zu haben, Platz für sich zu beanspruchen,
- laut und begeistert zu sprechen,
- Ihre Augen strahlen zu lassen,
- den Kopf gerade zu tragen (wenn Sie nicht wissen, wie das geht, legen Sie sich ein Buch auf den Kopf und balancieren Sie dieses Buch, während Sie stehen oder laufen, dann haben Sie ungefähr die Kopfhaltung, von der ich gerade rede).

Gewöhnen Sie sich einen kräftigen Händedruck an, nicht dieses »halbe Pfund warmer Leberkäse« oder den »toten Fisch«, den manche Ihrer Zeitgenossen als Händedruck ansehen. Händedruck heißt ja deswegen so, weil er dazu da ist, Hände zu drücken und nicht, um damit Leute zu erschrecken. Denken Sie an die Worte von Raymond Hull:

> *»Eine Rolle, die regelmäßig gespielt wird, wird zur Gewohnheit,*
> *und eine neue Gewohnheit wird ein Teil Ihres Charakters*
> *und verändert ihn auch entsprechend.«*

Wenn Sie also ein sonniges Gemüt haben möchten, fangen Sie an, sich so zu benehmen und tun Sie das, wo immer Sie stehen, gehen oder sitzen. Das ist anfangs sicher noch etwas ungewohnt und steif, aber mit der Zeit werden diese Verhaltensweisen bei Ihnen automatisch und Sie werden es tun, ohne großartig darüber nachdenken zu müssen. Also, worauf warten Sie noch? Aufrecht die Wirbelsäule, lächeln, bewegen, den Tag genießen!

Tag 16

Nachdem Sie auch diesen Tag mit Energie und Elan begonnen haben, lassen Sie uns sehen, was Sie heute Ihren Augen bieten können. Wie sieht es aus in Ihrer näheren Umgebung, Ihrer Wohnung, an Ihrem Arbeitsplatz? Graues Einerlei oder kräftige Farben? Farbe ist Vitalität, Farbe ist gute Laune, und gute Laune ist doch das, was Sie haben wollen, oder? Also ist heute der Tag gekommen, an dem Sie Ihre Umgebung dem »Farbtest« unterziehen. Wenn Sie nicht mehr wissen, wie man Farbe einsetzen kann, um gute Laune zu entwickeln, lesen Sie noch einmal das entsprechende Kapitel über Farben und Anker. Schaffen Sie sich eine Umgebung, in der Sie nur gute Laune entwickeln können. Ihre Kleidung, jedes Zimmer bis hin zur Toilette, jede Wandfarbe, jedes Bild, jede Möbelstellung Ihrer Umgebung wird heute daraufhin inspiziert, ob Sie damit gute Laune entwickeln können, ob Ihnen damit Kraft zufließt und ob sich daran nicht noch etwas verbessern ließe. Bringen Sie kräftige Farben in Ihr Leben. Rot, Gelb, Grün, Blau sind die Farben des Südens, des Frühlings, der Lebensfreude. Ein paar lebhafte Bilder, eine neu gestrichene Wand, ein paar umgestellte Möbel, ein kräftiges Bild an Ihrem Arbeitsplatz, massenweise positive »Anker«, positive Erinnerungen und schon wird die Welt bunter.

Okay, auf was warten Sie, es gibt heute viel zu tun! Und während Sie all das in Angriff nehmen, was tun Sie dabei? Na??? LÄCHELN!

Tag 17

Heute ist er da, der Tag für Ihre Ohren! Heute werden Sie Ihre Trommelfelle zum Jauchzen bringen! Ab heute werden diese beiden Schalltrichter an Ihrem Kopf auf Genuss eingestellt! Heute stehen

Sie vor einem verdammt »musikalischen« Tag. Heute kriegen Sie das Bacardi-Feeling, heute werden Sie sich den ganzen Tag mit dem schwingenden Gang eines Jamaikaners durch die Gegend bewegen, heute werden Ihnen Rastazöpfchen wachsen ... Das wollen Sie gar nicht? Nein, keine Panik, so schlimm wird es schon nicht. Dennoch sollten Sie die Wirkung von Musik auf Ihr Gemüt nicht unterschätzen. Musik war und ist immer noch eines der besten Mittel, um Stimmungen und gute Laune zu erzeugen. Gute Laune ist etwas, das Sie bewusst erzeugen können, wenn Sie sich die nötigen Werkzeuge dafür beschaffen. Im Kapitel »So schaffen Sie Lebensgenuss durch Musik« (Seite 97) haben Sie sich bereits ein »Energiesortiment« zugelegt, oder?

Nun, Sie und ich, wir kennen die menschliche Trägheit, wir kennen den inneren Schweinehund, der alle Tätigkeiten, die mit Arbeit verbunden sind, mit Leidenschaft boykottiert, und wir wissen auch, wo es hinführt, wenn sich jemand ein »30-Tage-Training« zulegt und dann die dazu nötige Arbeit nicht ausführt. Sie und ich, wir wissen es! Wenn Sie also zu den »Gute-Idee!-Mach-ich-irgendwann-Zeitgenossen« gehören, dann ist jetzt die Gelegenheit, aus dieser Vereinigung auszusteigen. Die »Gute-Idee!-Mach-ich-irgendwann-Zeitgenossen« sterben nämlich meistens, bevor sie irgendetwas machen – leider sind sie trotzdem bis heute noch nicht ausgestorben, sondern erfreuen sich stetig wachsender Mitgliederzahlen, genauso wie der Club der Pessimisten und Verdrossenen.

Also auf in den nächsten Musikladen, den nächsten CD-Verleih, zum heimischen Plattenschrank und an alle Orte, wo Sie Ihre Gute-Laune-Musik auftreiben können, das Ganze mit der heutigen einfachen Technik zusammengemischt zum individuellen Potpourri und dann mehrmals täglich die Hirnwindungen damit durchflutet und mitgeswingt!

Yeah, baby, der Tag kann kommen ...

Na, wachsen sie schon, die Rastazöpfchen?

Tag 18 und 19

Autosuggestion, positives Denken, aufrecht durchs Leben gehen ...
Fragen Sie sich heute doch einmal aufrichtig, ob Sie mit dem Leben,
so wie Sie es zurzeit führen, zufrieden sind. Sie kennen noch die
Fragen aus dem entsprechenden Kapitel?

Frage 1:

Wie würden Sie Ihr Leben ändern,
wenn Sie wüssten,
dass Sie nur noch ein Jahr zu leben hätten?

Frage 2:

Was würden Sie in Ihrem Leben ändern,
wenn Sie die Garantie hätten,
dass dabei nichts schief gehen könnte?

Sie können langfristig nur glücklich werden, wenn Sie sich Ihr
Leben so einrichten, dass Sie die Gegebenheiten optimal für sich
nutzen. Wie sieht das Leben aus, von dem Sie träumen? Weshalb
träumen Sie nur davon, anstatt jeden Tag Ihrem Traum einen
Schritt näher zu kommen? Der erste Schritt zur Verwirklichung
eines Traumes besteht darin, diesen Traum zu konkretisieren, was
genau wollen Sie? Der zweite Schritt bedeutet, sich Gedanken darüber zu machen, welche Mittel dazu nötig sind bzw. was genau
dafür zu tun ist. Der dritte und wichtigste Schritt aber ist das Tun,
das Handeln, und zwar sofort und heute. Wie genau diese drei
Schritte aussehen, ist ab Seite 177 detailliert beschrieben, Sie finden dort mehr als genug Aufgaben, über die Sie sich Gedanken
machen sollten und die Sie schriftlich ausarbeiten sollten. Im Idealfall haben Sie das bereits getan, falls Ihnen aber wieder einmal Ihr
innerer Schweinehund einen Strich durch die Rechnung gemacht
hat (das gute alte »Mach ich schon, irgendwann ...«), dann tun Sie es
jetzt. Die nächsten 2 Tage sind nur dafür reserviert, Ihr Leben unter
dem Aspekt der beiden obigen Fragen zu betrachten. Tun Sie das
gewissenhaft und ehrlich zu sich selbst. Wenn Sie jetzt Ihr Leben
nicht bewusst leben, wenn Sie jetzt vieles ändern möchten und es
nicht tun, werden Sie später keine Möglichkeit haben, Ihr Leben

noch einmal zu leben, um es dann besser zu machen. Denken Sie darüber nach ...

Tag 20 und 21

Schluss mit dem »EF-Syndrom«! Falls Sie nicht mehr wissen, was das ist, lesen Sie es im entsprechenden Kapitel nach (»Genießen Sie Ihren Beruf?«, Seite 180). Wenn Sie Ihr Leben lang eine Arbeit verrichten, die Ihnen keinen Spaß macht, die für Sie mit Stress und Unbehagen verknüpft ist, dann haben Sie es fertig gebracht, etwa 10.000 Tage Ihres Lebens zu verschwenden. Deshalb ist heute und morgen der Zeitpunkt, an dem Sie über Ihre Arbeit und Ihren Spaß daran nachdenken werden. Wenn Sie bei dem, was Sie zurzeit beruflich tun oder auch nicht tun, Verdruss erfahren, ist es an der Zeit, Änderungen vorzunehmen. Denn wenn Sie diese Tätigkeit oder diese Untätigkeit weiterhin wie bisher ausüben, werden Sie auch weiterhin damit nur das erreichen, was Sie bisher damit erreicht haben: Verdruss!

Wir haben uns in diesem Buch schon ausführlich mit Ihrem Beruf und Ihrem Genuss daran beschäftigt. Sie haben im Kapitel »Genießen Sie Ihren Beruf?« einige Listen ausgefüllt, den idealen Tagesablauf entworfen, über die Mittel und Wege nachgedacht, diese Sache in die Wirklichkeit umzusetzen ...

Oder haben Sie stattdessen Ihr geliebtes Haustier, den inneren Schweinehund, mit seiner Lieblingsspeise »Untätigkeit« gefüttert? Nun, dann gehen Sie diese Aufgaben eben jetzt an! Sie haben zwei Tage dafür Zeit, sich mit dieser Herausforderung auseinanderzusetzen. Lesen Sie das Kapitel noch einmal ausführlich, bearbeiten Sie die entsprechenden Aufgaben mit Elan und vor allem: Gehen Sie jeden Tag einen Schritt vorwärts in die gewünschte Richtung!

Tag 22 bis 25

Die nächsten Tage werden Sie alle bisher erarbeiteten Verhaltensweisen von der Autosuggestion über positives Denken bis hin zur bewussten Gestaltung Ihres Lebens automatisieren. Dazu ist es nötig, dass Sie die drei Teilbereiche »Genuss«, »Perspektive Beruf« und »Perspektive Privatleben« täglich ausführlich füttern, sonst wachsen sie nicht. Hier das Futter für die nächsten Tage:

Aufgabe Nr. 1:

Was tun Sie an diesem Tag für Ihren Genuss?

Warten Sie nicht, bis Ihnen der Weihnachtsmann das Glück vorbeibringt, gehen Sie Ihrem Glück entgegen!

- Betreiben Sie täglich Ihre Autosuggestion. Positives Denken, kraftvolle Wortwahl, Bewegung, Lächeln und die Gute-Laune-Haltung ist Ihnen inzwischen in Fleisch und Blut übergegangen.
- Sie erinnern sich an Ihre Genussliste? Wählen Sie jeden Tag mehrere Tätigkeiten davon aus, die Sie erledigen.
- Nutzen Sie jeden Tag die Kraft der Farben und den »Anker«.
- Benutzen Sie mehrmals täglich Ihre Musiksortimente.
- Wählen Sie Medien danach aus, wie sehr Sie Ihnen beim Genießen helfen.
- Genießen Sie heute alles, was Ihnen über den Weg läuft, und bewegen Sie sich!

Aufgabe Nr. 2:

Was tun Sie an diesem Tag dafür, dass Ihr Beruf zur Berufung wird?

Verschwenden Sie Ihr Leben nicht mit Tätigkeiten, die Ihnen keinen Spaß machen. Werden Sie aktiv, anstatt zu jammern und Ihre wertvolle Zeit mit Unzufriedenheit zu verbringen. Sie haben sich bereits einige Seiten vorher Ihren optimalen Arbeitstag skizziert und sich damit beschäftigt, welche Fertigkeiten und welches Wissen Sie dazu noch benötigen. Gehen Sie jetzt jeden Tag einen Schritt in Richtung Ihres optimalen Arbeitstages. Tun Sie jeden Tag etwas, um diesem Ziel näher zu kommen!

Aufgabe Nr. 3:

Was tun Sie an diesem Tag dafür, dass Ihre persönliche Entwicklung voranschreitet?

Hören Sie auf damit, andere zu beneiden, setzen Sie Ihre Träume endlich um, wie lange wollen Sie denn noch warten?

- Was tun Sie also für Ihre angestrebten Charaktereigenschaften?
- Was tun Sie für Ihre Lernziele?
- Was tun Sie für Ihren bevorzugten Lebensort?
- Was tun Sie für Ihren Körper?
- Was tun Sie für Ihren gewünschten Freundeskreis?

- Was tun Sie für Ihre Freizeit?
- Was tun Sie dafür, Ihre Besitzwünsche zu verwirklichen?
- Was gibt es sonst noch, was Sie für Ihre persönliche Entwicklung heute tun?

Wenn Sie sich diese Aufgaben auf den ersten Blick ansehen, scheint dafür sehr viel Zeitaufwand vonnöten zu sein. In der Praxis werden Sie aber feststellen, dass dem nicht so ist – im Gegenteil, durch konsequentes Tun sparen Sie sich eine Menge Zeit, weil Sie Dinge nicht mehr vor sich herschieben, sondern sofort erledigen. Ihre Zeit wird dadurch nicht weniger, sondern lediglich besser genützt. Verändern Sie das, was Ihnen nicht gefällt, verändern Sie sich, verändern Sie Dinge, die Sie ändern können.

Dieser Veränderungsprozess nimmt einige Zeit in Anspruch, genauso wie jede Erziehung Zeit braucht. Mark Twain hat diesen Prozess einmal in seinem unnachahmlich trockenen Stil so kommentiert:

> *»Alte Gewohnheiten kann man nicht*
> *einfach aus dem Fenster werfen.*
> *Man muss sie vielmehr Stufe für Stufe*
> *die Treppe hinunterboxen!«*

Ihre zweite Aufgabe besteht darin, am Ende eines positiven Tages den nächsten Tag zu planen, das heißt, konkret festzulegen, wann Sie morgen welche Tätigkeit ausführen, um Ihren Zielen wieder ein Stück näher zu kommen. Dazu haben Sie Ihren Tagesplaner. Hier zur Verdeutlichung ein Probedurchgang.

Mustertag

Was tue ich heute für meinen Genuss?	**Wann?**
• Genussliste: In der Mittagspause im Park spazieren gehen	12–13 Uhr

---

- Anker: Bild vom letzten Floridaurlaub
  auf den Schreibtisch stellen   8 Uhr

- Musik: Beim Spaziergang Walkman
  mitnehmen mit Musik von Cher   12–13 Uhr

Medien: »Al Bundy« im Fernsehen anschauen   19.30 Uhr

Anderes: Frischen Blumenstrauß auf den
Schreibtisch stellen   8 Uhr

Neuen Jogginganzug kaufen   16 Uhr

Was tue ich heute für meine Berufung?   **Wann?**

Bestelle mir Info beim XY-Verlag   20 Uhr

**Was tue ich heute für meine persönliche
Entwicklung?**   **Wann?**

Charakter: 10 Seiten im Buch ... lesen   23 Uhr

Lernziele: Volkshochschule anrufen,
wegen Kurs   vormittags

10 Worte Italienisch lernen nach
Grundwortschatz   ganzen Tag

Ort: Immobilienzeitschrift kaufen   16 Uhr

Körper: Eine Stunde joggen   18.30 Uhr

Freundeskreis: Jürgen anrufen   abends

Freizeit: Carmen anrufen, wegen Wanderung   abends

Besitz: Brainstorming machen, wie ich an
einen Oldtimer unter DM 5000.– komme   abends

Anderes: Heute Abend Pizza selber backen
nach Rezept von Maurizio

So könnte eine Tagesplanung aussehen – je nachdem, wo Sie Ihre
Schwerpunkte setzen, verschiebt sich das Ganze. Ist beispielsweise
Ihre berufliche Tätigkeit im Moment Ihr Hauptproblem, empfiehlt
es sich natürlich, dort mehrere tägliche Aktivitäten unterzubrin-
gen, genauso bietet sich auch an, wenn Ihnen im Moment alles grau
und trübe erscheint und Ihnen die Depression ins Gesicht geschrieben ist, die Genussrubrik verstärkt zu belegen. Die zeitliche Festlegung der Aufgaben dient Ihnen lediglich als Orientierungshilfe, es
besteht kein Grund, sich sklavisch an die Einhaltung der Zeiten zu
halten und sich damit Stress zu bereiten.

Gut, Ihre Aufgaben für die nächsten Tage sind Ihnen, denke ich,
soweit klar, das Buch haben Sie sich »einverleibt« – einer praktischen Anwendung steht nichts mehr im Wege. Nehmen Sie sich
abends etwa eine Stunde Zeit, um über den hinter Ihnen liegenden
Tag nachzudenken und den vor Ihnen liegenden zu planen. Auf
gehts, planen Sie doch gleich einmal Tag 22 bis 25, also Ihre Aktivitäten für heute, morgen und die beiden nächsten Tage.

Tag 22

Was tue ich heute für meinen Genuss?   Wann?

Was tue ich heute für meine Berufung?   Wann?

Was tue ich heute für meine persönliche
Entwicklung?   Wann?

Tag 23

Was tue ich heute für meinen Genuss?   **Wann?**

Was tue ich heute für meine Berufung?   **Wann?**

**Was tue ich heute für meine persönliche
Entwicklung?**   **Wann?**

Tag 24

Was tue ich heute für meinen Genuss?   Wann?

Was tue ich heute für meine Berufung?   Wann?

Was tue ich heute für meine persönliche
Entwicklung?   Wann?

Tag 25

Was tue ich heute für meinen Genuss?   Wann?

Was tue ich heute für meine Berufung?   Wann?

Was tue ich heute für meine persönliche
Entwicklung?   Wann?

Na, wie kommen Sie voran? Möglicherweise mag Ihnen diese tägliche Lebensplanung anfangs etwas lästig erscheinen, möglicherweise rührt sich ab und zu Ihr innerer Schweinehund und bombardiert Sie mit Begriffen wie »langweilig«, »keine Zeit«, »Blödsinn« und Ähnlichem. Ich weiß, wovon ich spreche, auch ich habe dieses Haustier und auch ich kenne die Mühe, die die Erziehung dieses blockierenden Etwas erfordert. Ich möchte Ihnen deshalb ein geeignetes Gegenmittel nicht vorenthalten. Es ist der Ihnen bekannte Satz von Christopher Morley:

> »Der größte Erfolg,
> den ein Mensch je erreichen kann, besteht darin,
> nach seinen eigenen Vorstellungen leben zu können.«

Dieser Satz hat mich, seit ich ihn zum ersten Mal gelesen habe, nicht mehr losgelassen. Geld, Ansehen, Ruhm sind keine Ziele, für die es sich zu leben lohnt, sie sind bestenfalls Mittel zum Zweck. »Erfolg«, dieses arg strapazierte Wort, wird in unserer Gesellschaft gleich gesetzt mit »Geld«, »Immobilienbesitz« und »Champagner-Leben«. Trotzdem gibt es nicht wenige Menschen, die alles das haben und trotzdem nicht glücklich sind. Täglich das Leben zu erleben, das zu tun, was einem Spaß macht, das zu tun, was für einen Sinn ergibt, hinter dem man steht ... – das heißt erfolgreich sein! Deshalb lege ich es Ihnen, kurz bevor dieses Buch endet, noch einmal ans Herz: Ihr Leben findet jetzt statt, jetzt haben Sie die Gelegenheit, sich Ihr Leben so einzurichten, wie Sie das möchten, jetzt haben Sie die Gelegenheit, Ihre Angst und Ihre Trägheit zum Teufel zu schicken, j e t z t ! Sie wissen nicht, ob Sie diese fantastische Chance morgen noch haben werden ...

Deshalb hier noch einer meiner Lieblingssätze:

> »Zukunft – das ist die Zeit, in der du bereust,
> dass du das, was du heute tun kannst, nicht getan hast.«
> (Arthur Lassen)

Also los, die letzten fünf Tage warten auf Sie!

Tag 26 bis 30

Tag . . .

Was tue ich heute für meinen Genuss?   Wann?

Was tue ich heute für meine Berufung?   Wann?

Was tue ich heute für meine persönliche
Entwicklung?   Wann?

»Einen Vorteil hat der im Leben, der da handelt, wo andere noch reden!«, hat John F. Kennedy einmal gesagt. Prägen Sie sich diesen Satz gut ein! Ich habe dieses Buch nicht als reines Lesebuch geschrieben, sondern als Werkzeug, mit dem Sie arbeiten können. Zerreden der Methode bringt Ihnen nicht den gewünschten Erfolg, Wissen, das nur gehortet wird, ohne es anzuwenden, hat denselben Stellenwert wie Geld, das nie ausgegeben wird ...

Handeln, handeln und noch einmal handeln ist das ganze Geheimnis, das hinter jedem Fortschritt steckt.

Und wenn Sie 30 Tage nach dem Prinzip Genuss und Erfolg gelebt haben, haben Sie innerhalb dieser 30 Tage Erfahrungen gemacht und die Kraft gespürt, die in Ihnen steckt. Wenn Sie wirklich wollen ... Nichts und Niemand kann Sie aufhalten, diesen Weg weiterzugehen!

Sie sind jetzt am Schluss dieses Buches angelangt und haben sich mit zwei unbequemen Fragen beschäftigt, die Ihnen die Wahrheit über Ihr bisheriges Leben vor Augen führen:

Frage 1:
Wie würden Sie Ihr Leben ändern,
wenn Sie wüssten,
dass Sie nur noch ein Jahr zu leben hätten?

Frage 2:
Was würden Sie in Ihrem Leben ändern,
wenn Sie die Garantie hätten,
dass dabei nichts schief gehen könnte?

Würden Sie Ihr Leben wirklich so weiterführen, wie Sie es bisher getan haben? Wenn nicht, dann ist es jetzt an der Zeit, die Dinge in die Hand zu nehmen. Sie haben nichts weiter zu verlieren als ein Leben, auf das Sie am Ende mit Bedauern zurückblicken, ein Preis also, der lächerlich dagegen erscheint, was Sie gewinnen können:

Ein Leben, welches Sie er-lebt haben!